渋沢栄一と
近代中国

周　見　著
Zhou Jian

西川博史　訳
Nishikawa Hiroshi

現代史料出版

日本語版へのまえがき

拙著『渋沢栄一と近代中国』が日本で出版・発行されることになりました。このことについて、私は、心から嬉しく思い、光栄なことと感じております。

時の経つのは早いもので、拙著『張謇と渋沢栄一――近代中日企業家比較研究』が日本で出版されてから、もうすでに六年も経ちました。この間、日本の学界の仲間たちからは、いつもと変わらず、研究に対する熱心な励ましと多方面のサポートをいただきました。そのおかげで、より多くの研究成果を上げることができ、本書を完成させることができました。

特に本書の訳者である北海商科大学教授の西川博史先生は、中国社会科学院大学院時代の恩師であり、本書で引用した多くの日本語の資料を正確に理解し、中国語に翻訳するのに多くの時間と精力を費やしましたが、その際、先生は惜しげもなく貴重な時間と精力を割いて、この作業に援助を与えてくれました。本書が中国で出版された後、西川先生は多忙にもかかわらず、自ら日本語へ翻訳する仕事を引き受けてくれました。また、この過程において、本書において論及したいくつかの問題に対して貴重なご意見を提起くださり、翻訳の際にそれを生かしてくださいました。先生からは新しい知識を教わっただけではなく、長年の師弟の情誼の温かさを感じ、先生の師としての学問を修める精神に改めて大きな感銘を受けました。西川先生の支援なしでは、拙著が日本の読者と対面することなどできなかったといえます。ここで、恩師である西川先生に心から敬意と感謝を申し上げます。

こうした日本からの支援ということにつきましては、感激させられたこと、決して忘れられないことがたくさんあります。日本学術振興会、国際日本文化研究センター、渋沢栄一記念財団、渋沢栄一史料館、北海商科大学、日本三井文庫などの機関は、拙著の作成に貴重な援助を提供してくださいました。また、渋沢雅英先生と野尻武敏先生からはいつも温かい励ましと支援を受けました。猪木武徳先生、安部武司先生、滝井一博先生、木村昌人先生、井上潤先生、賀村道宏先生、長野暹先生、中村政俊先生、青木歳幸先生、山本長治先生、伊香賀隆先生は、さまざまな形で私と交流していただき、たくさんの貴重な指導と啓発を受けました。そのほか、現代史料出版の赤川博昭氏はわざわざ中国に足を運ばれ、拙著の翻訳出版に関係する事項について交渉してくださり、本書の出版に力を尽してくださいました。この場を借りて、諸先生方々へ誠意を以て感謝と敬意を申し上げます。

最後になりますが、拙著の内容と論述について、少しばかり説明させていただきたいことがあります。本書の第一章では、渋沢栄一について全面的な紹介をしましたが、これは中国の読者にとって、渋沢栄一が日本近代化においていかなる歴史的位置を占め、どんな役割を果たしたかということに対する理解がいまだ十分とはいえない事情があるからです。他の章でも、内容の選択と論述について、同様に中国の読者に理解しやすいように配慮しました。そのため、渋沢栄一について熟知している日本の読者に提供できた内容は限られ、多くの方には物足りなさがあるかと思います。また、資料の制限から、本書ではいくつかの問題に対する考察と論述において、不十分なところや深い分析をおこなえなかったところがあります。例えば、本書では、渋沢栄一が実行した中国に対する経済拡張活動は、日本の政界、軍部及び独占財閥との密接な協力を通して実現されたと指摘（第三章）しました。この過程において、渋沢と各方面の重要人物たちが遭遇した問題をめぐって、多くの討議や折衝・交渉が繰り返されましたが、その各種の協力における態度と主張には、類似するものもあり、また分岐や矛盾も存在していました。これらに対して実証的な考察と分析がおこなわれるならば、中国に対する経済拡張活動の政策決定の内幕及び渋沢栄一の果たした役割がさらに明らかになるものと判断されます。しかし、遺憾ながら、本書ではそれを十分に果たすことができませんでした。日本の読者のご容赦をお願いいたします。今後、いっそう努力を重ね、これを補おうと思っております。

筆者　周見

二〇一六年七月　北京にて

目次

日本語版へのまえがき　i

第一章　日本における近代資本主義の父―渋沢栄一　1

第一節　「倒幕攘夷」の志士から「夷を以て師と為す」への転換　2
第二節　官を捨て商に従事、日本で最初の近代銀行を創立　7
第三節　新型企業の創業が工業化の新潮流を導く　12
第四節　株式会社制企業制度の導入と普及　15
第五節　近代的経済団体の発起と組織化　20
第六節　教育と慈善事業の展開に熱中　25
第七節　儒教資本主義という新思想の宣揚　27

第二章　渋沢栄一の対中経済拡張の活動　33

第一節　政策への参与と主張　33
第二節　対中投資専門機関の発起と設立　55
第三節　中国海運市場の独占　74

第三章　渋沢栄一の対中経済拡張の思想　85
第一節　対中経済拡張思想の主要な内容　86
第二節　「王道主義」という対中拡張思想形成の背景　91
第三節　「王道主義」という対中拡張思想路線の流産　96
第四章　渋沢栄一と対中経済拡張の主力軍三井財閥　101
第一節　三井の対中経済侵略とその拡張活動　102
第二節　渋沢栄一と三井の関係　113
第五章　渋沢栄一と孫中山（孫文）　125
第一節　孫中山、援助を乞う　125
第二節　孫中山との密接な接触　130
第三節　孫文の「人種論」に対する反対と「反袁第二革命」　133
第四節　孫文との友人関係の継続　140
第六章　渋沢栄一の中国訪問　145
第一節　背景と目的　146
第二節　旅程と活動　149

第三節　印象と感想　155
第四節　批評と主張　160
第七章　中国への災害救援と慈善活動　165
第一節　災害救援活動　165
第二節　中国留学生に対する援助活動　170
第八章　渋沢栄一の『論語』解読　175
第一節　孔子崇拝と『論語』熱愛の理由　176
第二節　「仁」に対する解釈の拡張　180
第三節　治国と処世の根本たる「忠」と「信」　183
第四節　「富貴」と「利」の本義　188
第九章　渋沢栄一研究の回顧と現状　195
第一節　日本における渋沢栄一研究の開始と発展　196
第二節　中国の学界における渋沢栄一研究　209
第三節　今後の課題―さらに深く検討すべき問題　219
訳者あとがき　225

第一章　日本における近代資本主義の父―渋沢栄一

渋沢栄一（一八四〇―一九三一年）は、日本の近代史上における最も著名な実業家であり、明治維新以降の日本経済の急速な勃興過程においてきわめて重要な役割を果たした。渋沢は、西洋の株式会社制度の導入と普及に力を注ぎ、生涯にわたって五〇〇余の近代企業の設立に関わった。これらの企業は、近代的産業部門の至る所に点在しており、近代日本の工業化を成功に導く基礎を築きあげた。こうしたことから、渋沢は「日本資本主義の父」ともいわれる。渋沢は実業思想においても輝かしい功績を残した。彼が提唱した「道徳経済合一説」の影響は広範囲に及び、多くの人々に受け入れられ賞賛され、彼は近代日本の商工界の精神的指導者ともみなされた。

しかし、日本近代史上の他の重要人物と同様、渋沢もまた二面性を持つ人物でもあった。彼は近代日本の財界の生みの親であり、その代表人物として近代日本の対外経済侵略と拡張過程において積極的な活動を行い、終始、画策者及び組織者としての役割を果たした。彼は対中借款と対中貿易に最初に足を踏み入れた者であり、近代になって初の日中合弁企業の設立に自ら関与した。また、日本を訪問した中国政府の要人や中国各界に影響をもつ人物のほとんどと会見した。孫文（孫中山）との交流も数多くあり、中国にも三回ほど訪れた。彼は日本政府と緊密な関係を持ち、日本政府の対中政策とタイアップして行動したが、独自の対中政策の主張者でもあった。こうしたことから、近代日中経済関係史において渋沢の存在は非常に注目すべきであり、研究すべき価値ある対象者といえる。

日本の学界の渋沢に対する研究は長期に亘って途絶えることなく、渋沢の伝記や著作に関してもすでに数多くの書物が出版されている。近年、渋沢の研究は中国の学界においても関心を呼び起こし、渋沢という名前は中国における日本近代史や経済史に関係ある著書や論文のなかに頻出するようになった。しかし、さまざまな原因から日本近代史上の他の重要政治人物と比べて、中国における渋沢という人物に対する理解はいまだ限られている。「渋沢栄一と近代中国」というメインテーマに入る前に、彼の人生の主要な履歴をすこしばかり詳しく紹介しておこう。

第一節　「倒幕攘夷」の志士から「夷を以て師と為す」への転換

1　漢書勤読と「父随商従」

渋沢栄一は、一八四〇（天保一一）年二月一三日、武蔵国榛沢郡血洗島村（現埼玉県大里郡豊里村）の農家の家庭に生まれた。父は渋沢市郎右衛門、母はエイである。渋沢家には三人の男子がおり、彼は三男で、幼名を市三郎と称した。二人の兄は残念ながら若くして死んだため、まだ物心もつかない時から、彼は家族の中の唯一の男子として育てられた。栄一の父は主に農業に従事していたが、商売にも非常に長けていたので、米作り以外に雑貨商と藍葉の取引もしていた。そのため、渋沢家は、村の中でも数少ない裕福な家庭であった。しかし、栄一の父親は金を稼ぐことのほか何も重視しないという人物ではなかった。彼は『四書五経』を熟読していたし、とりわけ栄一に対する教育についてはことさら熱心であった。栄一が五、六歳になるころ漢字を教え漢書を読ませ、その後すぐに、栄一のために親戚にあたる尾高新五郎を師として正式の教育を受けさせていた。尾高新五郎は、志士風格のある人物で、彼の教育のもとで栄一は一〇歳になる頃までに『四書五経』・『左氏伝』・『史記』・『十八史略』等を読み終わり、さらに日本の歴史に関連する書籍も読破していた。栄一は、勉強以外にも剣道に非常に興味を持ち、従兄弟で剣道無念流の達人、渋沢新三郎を師として熱心に武道（剣道）を学び、同年齢のうちでは、文武両道を修めた、ずば抜けて優れた人物になっていった。

両親は、栄一の努力ぶりを喜んでいたが、父としては彼が儒学者になることを望まなかった。栄一が一四歳の時、父は家業の商売を手伝わせるためにしばしば藍葉の取引に彼を連れていった。栄一はその場で見聞を広め、取引の何たるかを理解しただけではなく、熱心に研鑽を積み、すぐに藍葉を鑑定する技術を身につけ、暫くして、他人の手を借りることなく一人前に商売をできるようになった。栄一は頭脳の回転が速く、商才にも長けるところがあったため、彼が商売を手伝いはじめるや、たちまち渋沢家の家業は大いに繁盛した。彼自身にとっても実際の社会と接する機会が多くなったため、視野を広げることができたし、意志を強くすることができた。

しかし、未来に対して溢れんばかりの希望を抱いていた栄一は、当時の社会が農家出身の彼に遭遇させる耐え難い不平等な待遇に堪えなければならなかった。栄一が一七歳の時、彼は怒りと辱めを痛感する事件を経験した。ある時、栄一が父の代わりに領主徴収御用金の会議に出席した際、農家出身者ということから、役人の軽蔑と嘲笑を受けた。このことは、栄一に大きな衝撃を与え、当時の社会に対する強い不満を彼に植えつけることとなった。根深く堅固な階級制度の下において、本業に従事している農民は、永遠に社会から差別される地位に止まるしかすべがないのかとこの事件を深刻に受け止め、いかに自身の境遇と運命を変えるべきかについて、真剣に考えなければならないと思いはじめた。

2 「倒幕攘夷」の志士から幕府家臣に転身

渋沢が少年期から青年期に入る時期、西洋列強の侵略によって、日本の社会矛盾は非常なまでに尖鋭な様相を呈していた。当時の社会状況の混乱は極限にまで達し、有識の志士たちの憂患意識は強烈になっていた。渋沢が師と仰いだ尾高新五郎は、開国を余儀なしとする幕府を国賊とみる水戸派の人物であり、その強烈な民族意識は彼に深い影響を与えた。このような外国の侵略者と幕府への憎しみから、渋沢は二二歳の時、家業を放棄して江戸（現在の東京）に出て、仲間を募り結集して、倒幕攘夷運動の勇猛果敢な一員になった。

一八六三（文久三）年は渋沢の人生のなかで重要な転換点となる年であった。この年、渋沢は幾人かの同志とともに、きわめて大胆な「攘夷暴力行動計画」を策定した。それは、武器を入手して武力で高崎城を占領し、そこから一気呵成に横浜へ突入し、そこにいる外国人を皆殺しにし、攘夷の士気を高揚させようという計画であった。しかし、計画実施前に内部に意見の対立が生じ、やむをえずこの計画を中断せざるをえなかった。また丁度この時、内情を知る者が逮捕されるという事態が重なり、渋沢らは計画が漏れることで身の危険が生じるのではないかと案じ、その場から身を隠した。ともあれ、おそらく渋沢本人ですらこの意外な挫折が彼の人生を初期の志とは正反対の路へと導いていくとは思いもよらなかったにちがいない。この後、渋沢は生きるために、知人の紹介によって一橋慶喜の家門へ身を寄せ、幕府の要人の家臣になった。こうして、渋沢は倒幕攘夷の潮流のうちからその姿を消したのである。

一八六六（慶応二）年、一橋慶喜は徳川幕府第十五代将軍に任命され、徳川慶喜となった。封建幕府の最後の執政者としての徳川慶喜は頑迷で保守的な人物ではなかった。彼は、日本にとって開国は大きな趨勢とみて、ヨーロッパやアメリカを模倣した社会改革を行う必要があると主張し、それによって日本も強大で富裕な国になることができると期待した。こうしたことから、彼は政権を握ってすぐに弟の昭武を幕府の代表としてフランスのパリで開催される万国博覧会に派遣するとともに、続けてヨーロッパを詳しく調査させ、多くの国治の経験と知恵を学ばせようとした。その時、渋沢は二年余の努力を経て、徳川家の信頼を十分得るまでになっていた。彼は家臣としての本分を堅持しただけではなく、仕事もよくこなした。さらに財務管理の能力も備えていたことから、昭武の随員として選ばれ、ヨーロッパを訪問することになった。これは、明らかに、渋沢の人生にとって一つの重要な出来事であった。西洋主要国家を訪問する機会を得ることで、渋沢は、西洋近代文明に対する全面的な理解と新しい認識を修め、これまでにない洗礼と教育を受けた。こうして、彼自身、自分の人生における新たな目標を樹立することになった。

渋沢は、生涯、徳川慶喜を最大に崇拝し、尽きることなき感謝の念を抱いていた。徳川幕府の崩壊後も、徳川慶喜について言及する際、渋沢は常に彼のことを称讃した。渋沢は慶喜を開明的で偉大な人物と評価していた。

3　欧州遊歴と「異を以て師と為す」

一九世紀六〇年代は資本主義工業化の華やかな猛進時代であった。フランスの万国博覧会はさながら西洋の経済繁栄を展示するショーウィンドーであった。そこに展示されたものはすべて当時の世界最先端の工業製品であったが、なかでも蒸気機関車、工業用旋盤、紡績機械から医療機器まで、どれも渋沢の限りない好奇心を感嘆させるものばかりであった。渋沢は、驚きのなかで大いに目を開かされ、西洋の工業文明に対する強い探究心が湧き上がってくるのを抑えられなかった。

西洋世界の勃興の謎をより深く理解しようと、渋沢は一切の時間を切り詰めてフランス語の勉強に励んだ。何人かと一緒になってフランス語の教師を招聘した。その努力が報われ、暫くして彼はフランス語で日常会話ができるようになった。言葉の壁がなくなり、渋沢の調査と研究はいっそう順調に進み、より多くの社会各界の人々と接触できるようになった。渋沢は、こうした社会的交流の拡大を通して日本社会の時代遅れをいっそう深刻に感じるようになっていった。例えば、彼はフランス政府の役人や商人との交流のなかで、役人と商人の間には身分差別が全くなく、両者は完全に平等な関係にあることを痛感した。しかし、他方、当時の日本では、官僚と武士また商人との間の社会地位には天と地ほどの違いがあり、平等と表現すべき事態などまったくなく、商人が幕府の官僚や武士と会う時には、誰でも身を低くして自らを卑下し諂うありさまであった。こうした強烈な相違を目の当たりにして、渋沢は、日本の官尊民卑の旧弊を打破するには、農業を重視し商業を軽視する考え方を排除する必要があり、そのためには、西洋に学び、商工業こそ強国の大業とみなすべきであると痛感した。さらに加えて、高度に発達した西洋工業の秘密を探るため、銀行家のフロリ・ヘラルドといった人々を訪問し、経済に関する多くの知識について教えを乞い、彼らが説明する銀行、鉄道、株式会社、公債等に関する知識に真摯に耳を傾けた。また、有価証券取引所を訪問し、株式会社制度がいかに近代的な経済生活や工業化に対して大きな役割を果たしたかをある程度まで理解することができた。こうしたことが、その後の渋沢の商工企業活動や株式会社制度を普及させる活動の基礎となった。

フランスでの学習と調査を終えた後、渋沢はまた昭武に随行して、欧州諸国の視察旅行に出かけ、スイス・オランダ・ベルギー・イタリア・イギリスを訪問した。これらの国では、渋沢は、多くの工場（主要なものは、メリヤス工場、時計工場、各種の軍事兵器工場、鉄鋼所、機関車製造工場、ガラス工場、造幣所など）と社会インフラ施設（軍隊駐屯地、新聞社、博物館、銀行など）を視察した。これら至る所で大いに啓発され、工業文明の力強さに深い衝撃を受けた。彼はまた、建設中のスエズ運河をも参観したが、その壮大さから強力な精神的な力を感じた。こうしたなか、渋沢は、ベルギー国王レオポルド二世に謁見した際、生涯忘れられない印象を受けたとして、次のように記した。国王レオポルド二世によれば、「これからの世界は鉄の世界である……日本が将来鉄を盛んに用いるようになったなら、（わが国は）生産が豊富であり、品質も良好であるから、ぜひわが国の物を用いるようにせられたい」[1]。渋沢は、再度、思想上の啓発を受けた。一国の君主さえ、貿易商売のことを直言してはばからないのであるから、国家にとって商工業がどれほど大事なことであるか、国民には商工業を蔑視する理由などあろうはずがないと痛感した。

この西洋諸国の訪問視察を通して、渋沢は、日本とまったく異なる新しい世界を見聞し、思想上これまで経験したことがない洗礼と衝撃を受けた。西洋諸国がいかに強大であり、日本がいかに貧困で遅れているかの道理を理解し、日本には西洋を真似て商工立国の道を歩むしか選択の余地はないと深く認識した。こうして、彼は脳裏にこびりついていた排外主義を徹底的に切り捨てた。この渋沢の思想上の根本的な転換は、これまでの長年の悩みや徘徊を解決することになり、彼はついに事業において終生奮闘すべき新目標を見出した。この転換点が彼の人生の新たな一頁を開いたのである。

第二節　官を捨て商に従事、日本で最初の近代銀行を創立

1　維新政府の大蔵省高官に就任

一八六八（明治元）年一一月、渋沢は、欧州諸国の約二年間の訪問視察を終え、日本に戻ってきた。この時、日本は明治維新の成功によってすでに新たな時代に入っていた。新政府は「文明開化・富国強兵・殖産興業」の「三大治国方針」を打ち出し、これによって資本主義制度への変革と工業化への序幕を開いた。この歴史的な大きな変化は、人々を大いに鼓舞したが、渋沢もまた、商工業に従事するという人生の新しい目標を実現する時期がすでに到来したことを痛感した。渋沢はまず、西洋の株式会社制を模倣して農業用肥料と米売買の企業を設立した。しかし、彼自身思いもよらないことであったが、彼が自信満々で事業を始めようとした時、新政府の大蔵大臣大隈重信の要請を受け、大蔵省の官僚として租税正の職に誘われた。渋沢はその誘いがあった時、非常に躊躇した。始めたばかりの事業

を捨てるに忍びなかったからである。しかし、昭武に随行して欧州を訪問した時に発揮した彼の理財能力と働きぶりを新政府が高く評価したこと、そして旧幕府の家臣であってもこれを排除しようとしない新政府の態度に確かな感動を覚えた。こうしたことから、大隈重信の説得の繰り返しに耐えられず、渋沢は新政府の信頼に報いるため、この職を引き受ける決心をした。

明治維新後の日本には各種事業が復興を待っていた。新政府が直面している任務は山積しており、しかも困難を伴うものばかりであった。渋沢は多くの人々の期待に応えるだけの優秀な仕事ぶりをみせた。彼はほぼすべての主要な政策（貨幣制度改革、廃藩置県、国立銀行の設立、公債の発行、地租改正など）の構想や策定に直接参加したが、その手腕は抜群であった。そのため、彼はたびたび表彰され、官職の地位も昇進した。一八七一年には大蔵大丞にまで昇り、その後は造幣頭と大蔵少補（現在の次官に当たる）等の職務を歴任した。しかし、その後まもなく、財政支出方針問題について、新政府内において意見の不一致と対立が生じた。渋沢と井上馨は、財政の健全化を主張し、収入に見合った支出のために各政府部門の支出を適当に削減すべきであるとして「連名意見書」を提出した。しかし、彼らの意見は採用されなかった。渋沢はこれに納得できず、本心にもとる仕事に従事するわけにはいかないとして、官を辞して民となる決心をしたが、内心では、長い間ずっと商工業に従事したいと思っていた。彼は、官を捨て商に従事することを惜しんだ人たちに対して、誇り高く次のように述べた。「私の信念は変わらない。私は私自身の路を歩むことにした。才腕のある者は官吏になりたがろうとし、凡庸の者はしかたなく商工業に従事するということが世間で通用しているとしたら、国家の進歩や発展に期待などできるものではない。私のみるところ、官吏は凡庸の者でも勤まるが、商工業者は才腕ある者でなければ勤まらないといえる(2)」。

2　官を辞して商に従事し、日本で最初の近代銀行を創立

渋沢が官を辞して商業従事に踏み出した最初の一歩は、日本で初の近代的金融機関である第一国立銀行の創設であった。第一国立銀行は、その後に設立された多くの国立銀行と同様、国立という名を冠しているが、実際上は国有ということではなく、政府の出資もなく、資本はすべて民間のものであった。経営は株式会社の原則に基づいて行われ、企業形態として通貨の発行権を有する私立銀行である。渋沢は四万円を出資し、出資額の序列では七一名の当初株主のうち一二位に位置し、職責として総監役に就任した。(3) 総監役は第一国立銀行の法人に属する役職ではなかったが、渋沢が第一国立銀行と交わした契約書によると、総監役は取締役会の議長であり、取締役会で討論される問題に最終決定権を持っていた。また、代表取締役と役員たちに警告を与え教育する権限を持ち、警告を受けた者は必ずそれに従い、拒否することはできなかった。この契約書に基づけば、渋沢が実質上、第一国立銀行の管理権と策定権を握っていたことになる。いうまでもなく、このことは、渋沢にとってみれば、絶大な信頼を託されたことを意味したが、また非常に厳しい試練を課されたことでもあった。明治初期の状況からみれば、資本家階級の新政権はすでに比較的安定した状態にあったが、社会や経済は依然として激しい動揺の繰り返しのなかにあり、殖産興業という強国策が近代的銀行に付与した使命はかなり重く、直面する困難も数えきれないほどであった。このようななかで、渋沢が第一国立銀行を率いて順調に事業を行うことは容易なことではなかった。彼は、困難と知りながらもひたすら前進し、自らの意志と力量にのみ頼って、一つ一つ未知の危険にあふれた事業に挑戦していった。

第一国立銀行は一八七三年七月二〇日に正式に営業を開始した。当時の主たる銀行業務は特殊業務と普通業務の二つからなっていた。特殊業務とは、銀行券の発行（日本銀行の成立後、期限を定めて停止された）、政府官金の出納、政府の指示に従った公債証書の買取、為替業務であった。普通業務とは、金銀貨幣の売買、民間の預金・貸付、有価証

券の取扱であった。明治初期、民間資金は不足しており、企業活動もいまだ活性化しておらず、加えて銀行という新生事業がよく知られていなかったこともあり、民間向けの普通業務は大きく制限を受け、特殊業務の占める比率が大きく、預金総額の半分は政府公金が占めた。渋沢は、銀行に商工業に対する役割を十分に発揮させ、また政府業務からの離脱を図るため、第一国立銀行の多方面において調整と改革を行い、開業初期に遭遇した種々の困難と危機を克服していった。彼によれば、近代的銀行としての金融業の主たる業務対象は、政府ではなく民間、特に商工業であるべきであった。こうした認識から、渋沢は、王子製紙会社、東京鉄道会社、東京ガスなどの企業創設に積極的に参与し、産業を展開するための金融業務を育成しつつ、そのための経験を積んでいった。大蔵省が国庫業務を回収した頃には、すでに渋沢は産業を展開する金融信用貸付業務に習熟していた。彼は市場の状況や資金の需要動向をよく観察してこれを把握し、国家の経済と民生に重大な影響を及ぼす産業に対する融資事業に重点を置いた。例えば、生糸製糸業は一貫して日本の最も重要な伝統的産業であり、生糸は一八八〇年代まで日本の総輸出の多い時で三〇％ほどを占める重要な輸出品であった。製糸業は日本が外貨を獲得して工業化に必要な技術と設備を導入するプロセスの重要な環節を成しており、この順調な生産と流通を保障しなければならなかった。しかし、当時の状況からみれば、生糸生産企業の資金力は薄弱であり、いつも生糸卸問屋から流動資金を立て替え払いしてもらう必要があった。もちろん生糸卸問屋自身の資金にも所詮限界があったので、資金回転に困難が生じたとき、しばしば外国銀行からの融資を求めなければならなかった。こうした事情から、彼らは外国商館との取引でいつも不利な立場に甘んじなければならなかった。渋沢は、生糸卸問屋を主要な融資対象として支持する覚悟を決め、できる限り彼らの資金に関する要求を満足させようとした。それは、彼らを外国銀行の支配から解放しただけではなく、同時に第一国立銀行の貸付業務を拡大させた。一八八一年、横浜の生糸卸問屋は一致して連合生糸荷預所の設立を決議した。しかし、資金の欠乏から実施が困難な局面に遭遇していた。このことを知った渋沢は、自ら乗り出して各方面と協議を行い、五〇〇万円の資金

を集めて、これを連合生糸荷預所の設立のために提供した。(4)

一〇年ほどの絶え間ない模索と努力を経て、一八八〇年代に入った後、渋沢が確立した産業金融方策には明らかに著しい効果が現れ、第一国立銀行の経営は繁栄の兆候を示し、業務規模も急速に拡大していった。成立初期と比べ、資本金及びその出資者構成、資金運用状況にもはっきりとした変化が生じていた。一八七七〜八九年までの一三年間、資金総額は五五％増加し、預金額に占める政府公金の比率も大幅に低下し、民間預金比率が増大し、政府公金の一〇倍にも達した。(5)しかも、この民間預金のうちでも会社の預金比率が大きく伸長して二八・二％から四五％になった。(6)資金運用状況の変化では、貸付総額は一・七倍に増加し、手形割引の比率は七七年の四・三％から八七年の九・六％、荷為替手形のそれは八一年の一・九％から八六年の二〇・二％に増加した。(7)これと同時に、資金の運用効率も急速に向上し、収益状況は非常に好調であった。明らかに、これらの変化から、第一国立銀行はすでに近代的商業銀行へと転換したということができる。第一国立銀行の業績は他の国立銀行に比して突出しており、体制も健全であったことから、国立銀行の模範とみなされた。しかし、渋沢はこれに満足しなかった。彼にしてみれば、第一国立銀行一行のみが成功を収めたとしても、国家の観点からすれば、銀行業界全体の健全な発展こそが最も重要な事柄であって、それがなければ成功とはみなしえないものであった。こうしたことから、彼は絶えず他の銀行の発展に関心を寄せ、自ら彼らに専門知識や自身の経験を伝授し、彼らの人材育成を助け、彼らと良好な業務提携関係を築き上げていった。渋沢は、第一国立銀行を優秀な銀行業の先兵ないし手本とさせることによって、近代的金融体制の形成と発展に非常に重要な推進的役割を果たさせたのである。

第三節　新型企業の創業が工業化の新潮流を導く

明治維新後、一〇数年の歳月を経て、日本は、資本主義的体制への変革を基本的に完成した。一九世紀八〇年代初頭には、社会経済がほぼ安定し、工業化が全面的に展開する客観的な条件が成熟した。このような状況下において、渋沢栄一の実業活動も新たな段階に入った。渋沢は、第一国立銀行の急速な発展を喜んでいたが、この時の彼は、もはや一つの業種での成功に満足できなくなっており、多分野にわたる業種の発展に触手を伸ばし、種々多彩な企業の創業活動を展開していた。そのうち、日本で最初の近代的紡績会社、大阪紡績工場の創立は特筆すべき事例であった。

近代日本の紡績業が急速に勃興する過程において、大阪紡績会社の設立は重要な先駆的役割を発揮した。渋沢がこの近代日本の最も先進的な紡績企業を設立した理由は、当初から彼が当時の日本の貿易赤字問題を憂慮していたことにあった。彼は第一国立銀行の綿紡織品関連の輸入荷為替手形の業務額が大幅に増加していることに気づき、大量の綿紡織品による入超が貿易赤字の主要な原因の一つであると考えた。彼によれば、外国の綿紡織品が大量に日本市場に流入している根源的理由は、日本で生産した綿糸が価格では競争できないことにあり、日本はこの受動的な局面を転換する必要があった。伝統的な綿糸生産方式を革新しさえすれば、それが可能であった。こうして、渋沢は直ちに先進的な技術を有する大規模な新型紡績企業の設立に着手したのである。しかし、当時の実際の状況からすれば、西欧諸国と競争できる近代的紡績企業を設立することはいうほど容易なことではなかった。なによりも生産規模で西洋諸国の現有水準に達する必要があった。この目標を実現するため、第一に解決しなければならないのは資金問題であった。既存の多くの紡績企業は経営不振に陥っており、民間資金の調達方式を通してこの危険な事業を完成するには、大きな困難を伴うことは明らかであった。第二には技術と人材の問題であった。これまでの状況からすれば、旧紡績企業は一般的にイギリス人技師を雇用してきたが、実際にはすべての技術問題は彼らでは十分に解決できなかった。当時、日本の技術者のなかには、いまだ全面的に技術問題を処理できる人材はいなかった。

渋沢はこれらの困難から逃げなかった。彼はすぐにこれらを解決し克服する方法を見出した。渋沢は、まず資金調達の対象を資金力が比較的豊かな華族や大阪商人に絞り、彼らに対して辛抱強く勧誘と説得を繰り返し、大阪紡績工場の創設の必要性と意義を説明し、彼らが抱くさまざまな懸念を取り払った。このような努力の結果、これらの人たちの態度も変わり、相当の資金を出資して株主になる意思を表明した。こうして資金調達は苦境を乗り越えた。資金問題を解決して後、次の問題は技術者人材を捜し出すことであった。渋沢からすれば、当時の日本にとって外国人技術者の雇用は欠かせないことではあったが、完全に外国の技術者に依存することは長期的にみて良策とはいえなかった。そのため、彼は日本人を大阪紡績工場の技術担当者として養成する決心をした。人の紹介を通して、渋沢は、山辺丈夫という若者を見出した。当時、山辺はイギリスのロンドンで経済学を学んでいた。そこで渋沢は、ロンドンの知人に自分を代表として、山辺に機械工学の学習に目標を変更し、卒業後は大阪紡績工場で技術担当者になってもらいたいと説得するよう依頼した。このため、渋沢は、山辺に学費及び生活費として大金一五〇〇円を送り、期待と激励の意を示した。このようにして、渋沢の熱心な情意に感銘を受けた山辺は、もとの学習計画を放棄してロンドンを離れ、当時、イギリスの紡織工業が最も発達していた都市マンチェスターに行き、紡織工学を勉強した。山辺は、日本に戻っても一人前に仕事をこなせるようまじめに勉学に励み、二年近くの研鑽を経て、大量の知識と技術を身につけた。山辺は、勉学を修めて帰国するや、渋沢の依頼を受け、工場設立地の選定と工場稼働に必要な動力問題について具体的な考察に取り掛かった。そして最終的に大胆にも火力発電を選択し、所在地についても交通が便利でかつ市場が発達している大阪地域を提案した。渋沢は、山辺の仕事に最大限の信頼を置き、完全に彼の意見を受け入れ、工場用地の選択という重要な問題を円満に解決し、企業の順調な発展のための基礎を打ち固めた。

それから四年後の一八八三年、大阪紡績工場はついに完成し生産を始め、すぐに非常に良好な経済効果を獲得した。規模が大きく、海外の最先進の技術と設備を導入し、しかも労働力コストが安価であったから、綿糸の品質は欧米企業に劣らないだけでなく価格も安く、製品は国内外市場の競争においてたちまち有利な地位を占め、日本の貿易赤字状態を逆転する重要な役割を果たした。大阪紡績会社の創設は、日本紡績業の発展に成功への道を切り開き、実業家や投資家を大いに励ました。彼らは溢れんばかりの情熱と自信を持って、新型紡績企業に投資しこれを創設した。日本は紡績業によって飛躍的に発展し、人々はこれに歓喜した。その際、誰もが渋沢の功績を賞賛することを忘れなかった。

大阪紡績工場の設立は、渋沢の企業創業活動の一つの事例でしかない。「渋沢栄一事業年譜」によると、一八八〇―九三年の一四年間、渋沢が創設に関与した企業は二〇余社に上り、そのうち発起人・取締役・創立委員などの身分で創立に参与した会社は一三社に達していた。これらの企業は、銀行業、紡績業、海運業、鉱山業、化学工業など広範な産業部門に渉っていた。渋沢がこれらの企業の創業に参与した具体的な理由や経緯は種々であったが、これらの企業の大部分は当該産業部門のなかでも知名度の高い著名な企業として重要な地位を占めるものであったため、渋沢の企業活動は広く社会的注目を集めた。

第四節　株式会社制企業制度の導入と普及

1　『立会略則』の執筆とその普及

第一国立銀行の創業を端緒として、渋沢が企画・創業した企業は尽きることなく続出し、かなりの数に上った。これらの企業はさまざまな業種に及び、一流の規模を誇るだけではなく、多くの会社が株式会社制を採用するといった明確な特徴を有していた。渋沢が株式会社制企業にこれほどまでに執着した理由は、彼が西洋諸国を視察した際の見聞に関係していた。その時、彼は、企業制度としての株式会社が工業化の発展に重大な作用を発揮していることを理解し、株式会社を導入し普及させることが人生において成し遂げるべき一大事であると考えた。

渋沢が西洋諸国を視察する以前からすでに一部の政府官員や上層部の者たちが相次いで西洋諸国を訪問し視察していた。彼らのなかの幾人かは、西洋工業の高度に発達していることに感嘆すると同時に、株式会社が発揮している役割に注目し、帰国後、文章を発表したり関連書物を翻訳したりして、株式会社をある程度紹介していた。そのほかにも、明治新政府成立後、西洋の株式会社制を導入する必要性が認識され、これに倣って、各地の富豪を組織した半官半民の通商会社や為替会社が設立された。しかし、新政府のこうした試みは、ほどなく失敗に帰した。経営不振のため、この二つの会社は相次いで倒産してしまった。こうした事情は、渋沢の関心を誘い、その考察の必要性を痛感させた。当時、彼はすでに大蔵官僚になっており、この身分上の変化は、新たな高い立場から株式会社の導入と普及の意義及び問題点を再認識しなければならないという責務を負わせた。真剣に教訓を総括し、通商会社や為替会社の失敗は、官僚的体質が企業に横行し、経営者が進取を考慮しないことの必然的結果であったが、根本的には政府自身が商工民営の思想に欠けていたこと、同時に民間業者も株式会社制に対する必要な認識と理解に不足していたことにあると彼は認識した。この二つの原因が日本では株式会社の本来の意義を変えてしまった、と渋沢は考え、まず株式会社を普及させるための啓蒙から始める必要があると決心した。こうすれば、株式会社の創業は二度と回り道をしないで済むと思えたからである。

一八七一年、渋沢と部下の福地源一郎は『立会略則』を執筆した。この著書の内容は豊富で分かりやすく、まず、株式会社の設立にあたって遵守すべき原則とその根本理念が説かれ、次いで、株式会社設立の具体的な方法が明示された。この著書によれば、株式会社は多くの人々の共同資金で創業するものであり、資金を集合して成立した結社は、国家公益を重んじなければならないが、会社と政府の両者に対する任務はそれぞれ異なっており、両者の区分をはっきりさせる必要があった。一般的にいえば、政府は会社経営に干渉すべきではないとして、株式会社の民営的性格と自主権を明確化し、とりわけ「財産の私有権の個人帰属は天下に通用する公理であり、他人の侵すべからずこと」、「国家の富強は商工業の発展にある」等の信条を強調した。また、株式会社の方式について、次のように規定した。①いかなる業種の会社であろうとも、まず資本金額を定め、それから株式金額と株式数を確定し、引受株式に応じて出資しなければならない。②会社代表者及び他の管理者は出資者の選挙によって選定されることとし、出資者は出資額に相応する選挙権を有するものとする。③会社代表者は会社の日常業務を処理する権限を有し、重要事項の処理に関しては、株主総会を招集して決定しなければならない。④会社代表者あるいは経営者が会社に損害を与えた場合、あるいは法律に違反する行為をした場合、会社に対し賠償金を支払うか、相応の懲罰を受け入れなければならない。⑤会社の経営によって得られた利潤は、出資額の多少に応じて分配しなければならず、自然災害等の非常事態によって損失が発生した場合、出資額の多少に応じてこれを引き受けなければならない。⑥利潤が当初の約定通りに分配された後の留保額は会社の備蓄とすべきであり、その額をいくらにするかは会社が自ら決定する。

『立会略則』の上記の内容から看取しうることは、渋沢の株式会社に対する説明が比較的具体的であったということである。特に渋沢が株式会社の創業に関して強調したことは、徹底して民営自主であること、政府は私有権の原則を尊重しなければならないということであった。彼の主張には急所を突いた的確性があり、当時の日本企業に存在した主要な弊害を適確に指摘していた。こうしたことは、当時、社会が最も関心を寄せ、明確な回答を望んでいた問題であった。そうしたことから、『立会略則』が世に問われるやすぐに新政府の重視するところとなり、大蔵省名義で本書を印刷発行することが決定され、さらに全国各府県に推薦され、本書は準公文書的な性格を持つようになった。大阪府は、一八七二年四月二五日の公告において「会社、商社の大意を締結するに当たり、『立会略則』は熟読すべきものなり」と指摘した。『立会略則』には、例えば有限責任制の問題について指摘がないといった明らかな欠点もあったが、当時は同類の書籍のなかで最も権威のある書籍として、各方面で肯定的な評価を得て、株式会社を創設する際の行動指針となっていた。

2　初の株式会社創業の実践

すでに指摘したように、渋沢が官を辞し商に転出した後の第一歩は、第一国立銀行の創立であった。第一国立銀行の創立には二重の意味があった。それは、日本初の近代的金融機関であると同時に初の株式会社制企業でもあったということである。第一国立銀行の創立は、渋沢が株式会社を導入し普及させる活動の実践段階に入ったことを意味した。

第一国立銀行は、一八七二年に制定された「国立銀行条例」に従って構想され、創設された。この「条例」の起草者こそ当時の大蔵大臣兼紙幣頭を務めていた渋沢であった。「国立銀行条例」を早急に成立させるため、彼は、日夜を問わず、寝食を忘れて仕事に没頭し、わずか数ヶ月で「国立銀行条例」の起草から定稿まで仕上げた。この間、渋沢は、アメリカの通貨条例及び伊藤博文がアメリカから持ち帰った他の資料を緻密に研究し、さらに欧州各国の貨幣法規を比較検討し、これをいかに日本の実際情況に適合させるべきか繰り返し思考するとともに、しばしば各方面の意見をも求めた。このようにして、「国立銀行条例」がアメリカの銀行制度を模倣したものであっても、実用的な価値を失うことはないよう保証された。

この「条例」は、国立銀行の組織方式について次のように明確に規定していた。①国立銀行は株式による出資方式によること。②取締役は株主の選挙により選出し、代表取締役は取締役の選挙で選出すること。③国立銀行は株主の三分の二以上の同意を得て、解散及び閉鎖ができること。④株主が所有する株式は取締役会の承認を経て他人に譲渡すること。⑤国立銀行が損失を計上した時、株主はその持分額の損失を補償すること。「国立銀行条例」のこれらの規定から、株主は自発的に出資し、株式は譲渡と売買ができ、また株主は議決権を有し、さらに株主は出資額相応の有限責任を負う等々、西洋の株式会社制企業の基本原則がすでに承認され、体現されていたことが看てとれる。こうしたことから、日本における株式会社形成史に関する研究の多くは、第一国立銀行は近代日本の最初に設立された株式会社であると認め、その名前に付された「国立」という二字には実際上なんらの意味もないとしている。

株式会社制銀行を設立するため、渋沢と彼の上司の井上馨は、民間資金の調達問題に大きな精力を注いだ。当時の日本では、民間資金は少数の江戸時代に形成された旧豪商に集中しており、彼らの支持なくして国立銀行の創設を語れないのは明らかであった。そのため、渋沢と井上馨は何度も自ら進んで三井、小野等の旧豪商に接触し、国立銀行の創設事業に積極的に協力するよう説得した。しかし、説得工作は大きな抵抗にあった。これら旧豪商たちは、それぞれ一貫して先入観を有しており、そのことから自立した独立経営の銀行設立を希望した。井上馨と渋沢が提起した共同銀行の創設については、いろいろ考慮するところがあるのか、なかなか行動に移さなかった。井上馨と渋沢にしてみれば、このことは銀行体制そのものに関わる根本問題であったから、どうしても譲ることができなかった。個別的交渉が何らの成果ももたらさないという状況のなか、井上馨と渋沢は、ついに彼らに対して厳しい批判と警告を行った。井上馨と渋沢という両人の巨大な圧力の下、三井組も小野組も、最終的に自立銀行の設立という目論見を放棄せざるをえなくなり、共同して銀行創設を発起することを決定した。こうして「国立銀行条例」の公布とともに、直ちに第一国立銀行の設立を発表する条件が整った。

3　株式取引所開設の提唱

第一国立銀行の成立後、その組織形態を模倣した株式会社制企業の創設が大量に増加し、株式取引市場の必要性が顕著になっていた。しかし、当時の人々は、株式の市場取引の意味をよく理解していなかった。大蔵省の官僚でさえこの問題については意見が分かれていた。株式取引は米先物取引に似ており、どちらも賭博的性格を持っているので、国家に益するところなどないと考える者たちは、株式取引所の開設に反対した。渋沢にしてみれば、西洋諸国の経験こそがすでに株式や先物取引が経済の繁栄と資金市場の拡大に大いに役立っていることを証明しているのだから、小さな障害のために肝要なことを止めるわけにはいかないと考え、断固として、できるだけ早急に株式取引所を開設すべきであると主張した。その後、渋沢は官僚を辞して商業に従事したため、「株式取引所条例」の制定作業に直接参加することはなかったが、彼の主張は大蔵官僚の認識を統一するのに大きな促進作用をなした。こうしたことを背景に、明治政府は、一八七四年一〇月、「株式取引条例」を制定し、資本市場の育成に着手した。続いて、七八年五月には、先の「株式取引条例」に代わる新「株式取引所条例」が制定・発布され、これに基づいて東京株式取引所が正式に営業を開始し、同年六月には、大阪株式取引所も設立された。当初、この二つの株式取引所が売買したものは主に公債であり、国立銀行や株式会社が発行した株式ではなかったが、その後の株式会社の普及に重要な役割を果たした。

株式会社制企業制度は、日本にとってみれば「舶来品」であったが、近代日本におけるその普及過程は西洋諸国よりもはるかに早かった。関係資料によれば、九六年の日本の総会社数は四五九六社、そのうち合名会社は三四五社（七・五％）、合資会社は一六六八社（三六・三％）、株式会社は二五八三社（五六・二％）であった。株式会社は、わずか三〇年も経ないで、無から有に、しかも大量に普及したのである。(8) 明らかに、これは奇跡としかいいようがなく、この奇跡がなければ、近代日本経済の急速な勃興など想像しがたいものであった。こうした経済発展の奇跡が創造される過程において、渋沢が打ち立てた功績は他と比肩できるようなものではなかった。彼が演じた役割は多方面に渡っており、彼が成し遂げた数多くの貢献から理解されることは、渋沢はたんなる一介の企業家ではないということであり、まさに先駆者であり、啓蒙家であり、また工業化における民間組織の発起者でもあった。

第五節　近代的経済団体の発起と組織化

1　銀行業界における初の近代的経済団体「択善会」の創立

明治維新前、日本には数多くの業界団体が存在していた。明治維新後、資本主義的生産方式の確立によって、これらの封建的ギルド制の特徴を有する商人団体はすでにその存在意義と役割を失った。新興産業や企業が絶えまなく現れるなかで、いかに業界と企業の間の関係を処理するか、どう自己の利益に対応しそれを保持していくかは、当面、考慮しなければならない社会問題となっていた。こうしたことから、渋沢は機敏に新型の経済団体を創設することの切迫性を認識した。彼にはまた新たな事業目標ができあがり、新型経済団体設立のために日本中を駆け回った。

一八七七年に成立した「択善会」は、近代日本における最初の近代的経済業界の団体であり、渋沢が近代的経済団体の組織活動に足を踏み入れた最初の団体であった。渋沢が「択善会」を設立した主な目的は、銀行間の連絡や交流を強化し促進することにあった。第一国立銀行の成立後まもなく、日本では近代的銀行の創設ブームが生じたからであった。しかし、当時、多くの銀行経営者は、近代的銀行の業務に不慣れで、同時に業務上においても多くの問題に直面していた。こうした事情は銀行業全体の発展に不利であり、それは相互間の連絡を強化して長所を学び、短所を補うことでしか解決できないと、渋沢は考えた。彼は銀行業界の団体組織を創設する構想を立て、その設置を提案した。彼の提案は、銀行業界に大きな反響を呼びおこし、第二、第三など多くの国立銀行と三井銀行の熱烈な共感と支持を得て、近代日本の銀行業界に最初の業界団体が誕生した。当時の同会の最初の正会員は一六人、それぞれ一銀行から参加した。渋沢の意見により、この組織の名前を「択善会」とした。孔子『論語』（述而）の「择其善者而从之（其の善なる者を択びて之に従い）」から「択」と「善」の字をとり、「同業者の共通の行動理念」を表現した。設立大会において、会員たちは渋沢が立案した「択善会」の規程を承認した。この規程によると、「択善会」の主旨は、銀行業界における相互の友好団結を促進し業務の向上を図る、入会を希望する銀行業者は国立銀行であるかどうかを問わず、会の主旨に同意する者であれば、当会会員になる資格を有する、等々であった。これらの規程から明らかなように、「択善会」はその性格上、伝統的なギルド組織と異なっており、その基本的な出発点は、異分子を排斥し競争を防ぐのではなく、相互間の交流を通して、銀行という西洋から移植された新興産業の、日本での普及と発展を促進することにあり、組織原則としてすべての銀行業者に対する互助互恵と平等な開放を謳った。

「択善会」は、渋沢の主導の下、成立したその日から殖産興業と銀行業の発展を推進する重要な役割を発揮した。その役割の第一は、民間で初の国内外の経済問題を主要内容とする雑誌『銀行集会理財新報』を創刊したことである。この雑誌は、「択善会」の議事録を掲載したほか、多くの銀行業務に関する知識や西洋の経済学者の著書を訳出し掲載した。内容は豊富多彩で、視野が広く、読者の需要を満足させただけではなく、銀行業が早急に研究して解決しなければならない実際問題に応えることを重視していた。こうしたことから、読者には受けがよく、広範な社会的影響をもたらし、銀行業の健全な発展に大きな促進作用をなした。第二は、銀行業務の制度改善のために多方面において努力し、政府に対して数多くの銀行業務の制度上の改善に関する具体的な建議や報告を行ったことである。それらは、例えば、「銀行破損紙幣の兌換方法」、「銀行小切手裏書様式の報告」、「国立銀行の紙幣交換方法に関する建議」、「支払拒絶小切手の処理方法」、等々であった。第三は、「択善会」が銀行手形という新たな流通手段の使用を促進するうえで重要な役割を発揮したことである。周知のように、銀行手形は貨幣の一種の証拠品であり、その使用は銀行顧客の利便性を高めるだけではなく、同時に銀行間業務の能率向上をも促進する。しかし、当時の人々の銀行手形に関する理解は非常に限られており、銀行手形を使用しようとする人は少なかった。このような情況から、「択善会」はいかに銀行手形の使用を広めるかの問題について繰り返し討論し、また手形の形式・真偽鑑定の根拠・支払保証などに関する具体的事項についての共同協議を達成させた。この協議はすぐに大蔵省の正式な認可を受け、その後の銀行手形の普及及び使用、さらに手形制度の形成に重要な促進作用をなした。

「択善会」の成立から解散までの期間は三年間であった。この三年間、渋沢の指導の下で、同会は日本の銀行業の健全な発展に大いに貢献しただけではなく、財界活動の展開にも多くの有益な経験をもたらした。しかし、渋沢はこれらの結果に満足しなかった。彼は、終始「択其善者而从之」という同会の主旨を堅持し、そのため、会員から東京の別の銀行業商会組織「懇親会」と合併するという提案がなされた時、多くの会員の意見を聞き、その提案を受け入れて「択善会」を解散し、「東京銀行集会所」を創設した。一ヶ月弱の準備期間を経て、「東京銀行集会所」は一八八〇年九月一日に正式に設立を発表した。会員銀行三九行、渋沢が集会所委員長に選出され、日本の銀行業界の活動の新しい一頁が開かれた。

2　多業種に跨る経済団体組織、東京商法会議所の創立

「択善会」を創立して二年目、渋沢は、益田孝、福地源一郎らとともにもう一つの財界団体、東京商法会議所を創立した（一八七八年三月）。特定業界の経済団体「択善会」と異なり、東京商法会議所は多業種を網羅する総合的経済団体であった。会員は主に商工業各部門の大企業からなっており、広範囲な社会的代表性を有し、しかも完全に西洋諸国の近代的社会経済団体の組織原則と方法を用いて運営された。会長、副会長等はすべて会員によって選出され、主な活動経費は会員から徴収した会費によった。東京商法会議所の主な任務は、商工業の発展のうちに存在する問題を調査し、政府へ意見書を提出して政府に商工業者の希望と要求を反映させ、業者間の紛争等を調停することなどにあった。こうしたことから、渋沢にいわせれば、東京商法会議所は「名実相伴った近代的社会経済団体」であり、その創立は日本の商工業界の活動史上における一大事であった。

東京商法会議所の創立は社会各界の注目を集めた。しかし、明治初期、近代経済団体の出現は所詮一つの「新生事物」にすぎず、国民のそれに対する認識と理解にはいまだ相当の限界が画されていた。そのため、東京商法会議所が最終的に社会の普遍的承認を得るかどうかは未知数であった。このような情況下において、いかにして自らのイメージを創り上げ、自らの社会的地位を確立するか、これが東京商法会議所の直面する重要な任務であった。渋沢は、そのために知恵を絞り、グラント将軍の来日という貴重な機会を捉えて、さまざまなもくろみを企てた。

グラント将軍は、アメリカ南北戦争における著名な功労者であり、この戦争の終結後、アメリカ大統領を二期務めた。彼の来訪は、当時の日本にとって国を挙げての注目すべき一大事であり、政府はさまざまな形式の歓迎行事を計画した。渋沢は、これは開所当初の東京商法会議所にとって、明らかに自己アピールする、社会的イメージを樹立するまたとないチャンスであると考え、念入りな準備を行った。彼は政府と交渉して東京商法会議所に民間の歓迎行事

を主催する権限を取得させ、彼本人がその最高責任者を務めた。グラント将軍への尊敬と歓迎を最大限に表示するため、彼は一連の儀式や行事を準備した。それらは、西洋国家が外国の貴賓を歓迎する礼儀に倣って、礼砲を放鳴、沿道をうずめる群衆による歓迎、市民歓迎大会の挙行、社会上層人士の出席する歓迎晩餐会の開催、等々であった。さらに東京都知事、社会各界の著名人及び日本商工業界代表としての彼自身の挨拶や講話の発表、また、グラント将軍を自宅に招待することなども計画した。渋沢のこうした入念な取り組みにより、グラント将軍の来訪歓迎行事は大きな成功を収めた。

グラント将軍来訪の歓迎行事は、表面的には政治的儀礼の活動にすぎないものであったが、その成功は渋沢と東京商法会議所に念願どおりの大きな成果をもたらした。渋沢の社会的知名度と地位は大いに向上し、一躍社会各界が公認する著名人となり、同様に東京商法会議所も近代的経済団体としての新面目をアピールできた。こうして、社会全体がこの経済団体に対し具体的な認識と理解を有するようになった。渋沢と東京商法会議所が主催した市民大会は、政府が商工業者に高い信用と重視を示したことを意味し、商工界の社会的地位の向上と「官尊商卑」の社会風潮を改変するのに大きな推進的役割を果たした。また、今回の重大な社会活動の成功は、グラント将軍に個人的に深い印象を与えただけではなく、西洋諸国に対して、日本の企業家階層が迅速に成長し、明治維新後に大きな社会変化が生じていることを知らしめ、彼らが日本に対して持っていたそれまでのイメージを大きく改変させる役割を発揮した。一方、渋沢は、今回の活動を通じて重要な啓発を受け、経済団体が積極的に各種の社会活動に参加する重要性を実感し、彼がさらにその後も多彩な財界活動を展開していくうえで重要な影響を与えた。

第六節　教育と慈善事業の展開に熱中

種々の企業創業活動が広範囲に展開されるなか、渋沢は日本の商工業界における最も成績の良い実業家となったが、それに少しも満足しなかった。彼にとってみれば、明治維新後荒廃したあらゆる事業を復興させ、そのすべてが全面的な発展を実現しなければならず、自らこれに貢献しうる事業はまだまだ多く残されており、企業家が担うべき社会的責任を決して忘れてはならなかった。こうしたことから、渋沢は社会公益問題の処理と解決に非常に関心を寄せ、特に教育や慈善事業の発展に強い熱意を示した。

渋沢は、実業に身を投じはじめた頃から、すでに実業教育の重要性を認識していた。彼からすれば、日本の工業化の実現は実業教育の発展と少なからず密接な関係を有しており、実業教育がなければ、時代の発展に適応する企業経営者を育成できないということであった。こうした認識から、渋沢は、第一国立銀行を創立した際、実業教育の展開を大いに提唱し、率先して東京で初の実業教育の専門機関、東京商法講習所を設立した。一八八四年、商工業の急速な発展に適応するため、また企業に人材を育成し送り届けるため、渋沢は、商法講習所を再編して国立東京商業学校（現一橋大学の前身）に改め、自ら同校の商議委員に就いた。その後、大倉高等商業学校、高千穂商業学校、東京高等蚕糸学校、岩倉鉄道学校など商工業教育の専門学校の創立に資金を寄付した。それだけではなく、渋沢は青年学生の成長にも大いに関心を払い、これらの学校の要請に応えて多くの講演をこなした。講演では、いつも親密に青年学生が実業活動に身を投じることを励まし、社会に流布する「軽商意識」を痛切に批判し、道徳と経済の統一を提唱した。彼は自身の経歴と経験を結びつけて講演したため、生き生きとして分かりやすく、充実した内容に人々は感動し、非常に人気があった。

渋沢は、実業教育の発展に力を注ぐと同時に、また女性教育に対しても大きな関心を示した。彼は、儒教教育を受けた影響から、思想面では一貫して「貞操」・「従順」・「忍耐」こそ、女子が保持すべき美徳とみなしていた。しかし、同時に、彼はまた明確に次のようにも主張していた。女子の文化教育の普及と向上は国家の文明開化の程度の標識であり、男尊女卑の封建意識を捨てて女性の社会的地位を向上させるには、女性自身の文化教育の向上を重視しなければならない。渋沢からすれば、明治新政府は早くからこのことに気づいていたが、財政面からの支援に大きな制約があったので、自らこれに取り組む義務があると感じていた。一八八五年、彼は明治女学校に資金を援助し、翌八六年には伊藤博文の依頼を受け、女子教育奨励会の創立と東京女学館の仕事に参加した。また共立女子職業学校にも資金を提供した。一八九七年、日本女子大学創立の際、発起人、創立委員、評議員などの職務を担任し、その後、同校の三代目校長を務めた。このほか、渋沢が資金を提供した学校は、津田女子応学塾、日本女子高等商業学校、第一女子商学院などであった。寄付金の提供以外にも、渋沢は多くの女子学校でさまざまな職務を担った。渋沢が日本の女子教育事業の発展に多くの有益な仕事をしたことは、銘記されるべきである。

渋沢は、教育事業の発展に関心を示したと同じように、慈善事業の発展にも情熱を注いだ。彼によれば、資本主義経済体制のもとでは社会が繁栄し、富も増加するが、同時に「落伍者」も増える。これは必然的に起こる現象であるから、そのためには、この弊害をなくし、社会の繁栄と安定を保つために、それに相応した社会政策を採らなければならない。彼は、なかでも養育院の設立といった慈善事業が大きな役割を果たすと考えた。一八七二年、東京府は養育院を創設した。渋沢は、同院の事務長に就任し、その後、院長に任命された。養育院の運営費用は主に財政資金からの給付金であったが、これには限度があり、養育院の経営は大きな困難に直面した。当時、ある人々は、養育院という救貧機関の支出は大きすぎ、かつ貧民の社会的惰性を生む可能性があるとして、養育院の廃止を主張した。渋沢はこの主張に反対した。養育院などの慈善事業の発展は社会の安定と文明水準の向上に役立つと、彼はかたく信じていた。政府の養育院の資金不足問題の解決に助力するため、渋沢は、フランスの慈善事業の資金運用に関する成功経験を活用し、第一国立銀行の資金で国債及び社債を購入し、その利息収入によって養育院の事業支出を補った。これによって、養育院の経営状況は大きく好転した。

慈善事業に没頭する渋沢のこうした強い社会的責任感は、年齢を経るにしたがっていっそう際立っていった。二〇世紀に入り、すでに還暦を過ぎた渋沢は、これまで担任してきた各種の職務を徐々に辞し、一九一六年には、実業界でのすべての職務を辞退し、実業家としての生涯に別れを告げた。しかし、それでも彼はなお、慈善事業にこだわりつづけ、一九三一年に亡くなるまで東京養育院長の職責にあった。このように、彼の慈善事業に対する情熱は、死してはじめて止むという熱いものであった。

第七節　儒教資本主義という新思想の宣揚

渋沢は、確かに名実ともに備わった実践家ではあったが、同時にまた、実業思想を革新する大師とも称するに足る人物であった。彼は、西洋の近代的経済思想と道徳倫理観を全面的に受け入れるべきであると主張した思想家と明らかに異なっていた。彼は、西洋の資本主義経済制度を評価する一方、同時に東洋の伝統文化を尊崇し、儒家倫理を資本主義の企業経営において貫徹させるべきであると主張し、「経済道徳合一」という新思想と新理念を提唱した。これを武器にして、日本の実業界に新たな精神と気風を樹立しようとし、そのために奔走した。

明治維新後、日本では殖産興業の気運が各処で盛り上がったが、封建社会からの賤商意識はいまだ世に横行していた。この時代の流れに逆行する社会風潮は、商工業者の企業活動に大きな障害となっていた。渋沢はこれに大きな不安を感じ、陳腐な賤商意識を排除し、実業家の社会的地位を向上させることが一刻も猶予できない大事と考えた。彼の理解ははっきりしていた。彼によれば、旧い賤商観念は、商工業に対する偏見と「官尊民卑」の封建的差別意識とが結びついて生じたものであり、商工業者の社会的地位を高めなければならないが、そのためには、何よりも強力に商工業を発展させることが必要であり、この重要な意義を大いに宣伝し、「官尊民卑」という封建的差別思想を批判しなければならなかった。渋沢は社会に向かって次のように呼びかけた。「国家の基礎は商工業にある。政府の官吏は凡庸でもよい。商人は賢才でなければならぬ。商人賢なれば、国家の繁栄保つべきである。古来日本人は武士を尊び政府の官吏となるを無上の光栄と心得、商人に成るを恥辱と考えるのは、そもそも本末を誤ったものである」(9)。このように、渋沢は、痛烈に商工軽視思想を批判したが、同時にまた、道徳と経済の統一という独得な見解を有し、その実現を力説し、濃厚な儒教文化の特徴をもつ資本主義的企業経営の思想を提唱した。

第一に、渋沢は、商工業を振興して経済を発展させるには道徳と経済の関係を明確にしなければならないと考えた。道徳と経済は、相互に対立し相容れないものではなく、互いに条件となって分離できない関係にある。経済を離れた道徳は存在しないし、道徳に離反した経済は社会に利益をもたらすことはない。彼によれば、中国の原始儒家にとっては、「格物到知と謂うものが即ち明徳を天下に明らかにする根源である……古の格物到知は今日の物質的学問である。此の例を以て推せば生産殖利は道徳の中に十分含蓄し得るもの」(10)であった。こうした考えから、古来、道徳と経済の両者はいずれをも欠くことができないものであり、道徳は経済生活の産物であり、経済活動から離れて道徳を語ることは無意味であるとした。逆に、経済だけを語って道徳を語らなければ、社会と経済の発展に良い結果をもたらすはずがないと考えた。こうして、渋沢は、経済道徳合一を提唱すべきであるとした。

第二に、渋沢は、商工業活動は人々の生存に必要であるだけではなく、同時にまた一種の利殖行為でもあるとし、この利殖の利には少しばかり区分すべきところがあると考えた。それは公益と私益の利の二種の区分であり、両者の利には違いがあるとした。いわゆる公益の利は「私利私欲の観念を超越し、国家社会に尽す誠意を以て得たる利」であり、いわゆる私益の利は一個人に係わる利である。公益と私利は決して別物ではなく、統一されており、「社会の利益を図ることは、国家を富強にすることであり、究極的には個人に利益をもたらすことでもある」とした。つまり、国家社会の利益は個人の利益が確保できるかどうかを前提にしており、個人の利益は国家社会の利益のうちに育まれるのであって、何よりもまず国家社会の利益を考えることが結果的に個人の利益の獲得にも繋がると考えた。また、渋沢によれば、国家は国民大衆から構成されており、国家の富強は国民大衆の活動にかかっているので、彼らの利を図る活動が国家の利益に符合するかどうかは、その利を図る活動が正当な手段によるものかどうかによるとし、正当な手段によって経済活動が行われさえすれば、各自の経営から得られた私利は、公益と何ら異なることなく、公益と私利は統一されて実現されることになるというものであった[11]。

第三に、渋沢は、商業に従事する要はいかに義と利の関係を処理するかということにあり、儒家の倫理道徳観では、もともと人々が利益を求める欲望を否定していないとして、いわゆる「義利之辨」の基本点は、利を見て義を忘れる行為に反対することにあると考えた。このことから、渋沢は、義利合一を力説し、両者を対立させてはならないとした。彼にいわせれば、いわゆる「仁則不富、富則不仁（仁義を成せば富貴に遠く、富貴なれば仁義に遠ざかる）」という観点は、後世の者が儒家の倫理道徳観を誤解し歪曲したもので、大きな間違いで批判されるべきものであった。彼はまた、儒家の倫理にいう義は、忠君愛国のみを意味するものではなく、博愛・誠実・信義・節約・勤労などに係わるものであると考え、商工業を発展させるには信義を重んじなければならず、「信用は資本よりも重く」、「勤ト倹ト創業ノ良図、守城ノ基礎タリ、常ニ之ヲ守リテ、苟モ驕リ且ツ怠タルコトアルベカラズ[12]」と指摘した。総じて、渋沢からすれば、誠実・信用・勤勉・節約等これらすべては、義を以て利を得るのに必要なものであった。

渋沢が主張した道徳経済合一・公益私利合一・義利合一は、彼の実業思想の核心が資本主義的経済行為に道徳上の準則を確立することにあるということを意味していた。彼の主張からすれば、この道徳上の準則は、西洋の功利主義とは異なるものであり、儒家文化の経典『論語』にしか求めえない感悟であった。彼の目には、『論語』の最大の特徴は多くの処世の根本道理を掲示しているところにあると映ったのである。これらの道理は、時代を超えて実践すべきものであり、人生の信条としても、商工業者の企業活動に従事する際の規矩（準縄）としても用いるべきものであった。こうした理由から、渋沢は、自分の実業思想を「論語と算盤」説と称し、身を以て実践することに努めつつ、同時にまた、商工業者に自分たちの企業家としての社会的責任を一時も忘れないよう絶えず呼びかけ、片手に『論語』、片手に算盤を持つ新型企業家になり、実業界の新しい気風を樹立するため奮闘するよう促した。

実際、内容から判断すると、渋沢の実業思想に特段の奥深さがあるというものではない。それは伝統的な道徳倫理の価値観を重視するという改造を施し、西洋の近代的功利主義の価値観との接点をみつけだしたものにすぎなかったが、日本は全面的に西洋の価値観を導入すべきとした思想と比較した場合には、この実業思想は格別魅力的であった。明治維新後、資本主義的生産方式はすでに日本で確立したが、西洋列強の支配からできる限り早期に抜け出したいと思っていた日本の企業家にとってみれば、舶来品としての西洋の功利主義思想は彼らの精神的な欲求を満足させるものではなく、彼らの自我に打ち勝つには物足りなかった。これに反して、渋沢の「論語と算盤」説はそうではなかった。それが宣揚したものは、ある種の精神的な国家の安危についての責任意識と理念であり、それは疑いもなく、容易に商工業者に自らの事業に対する「神聖」感と超越感をもたらすものであった。こうしたことから、渋沢の「論語と算盤」説は日本で広く支持され歓迎されたのである。それが、商工業者らにとって巨大な思想的啓発となり、彼らを鼓舞し、企業家の社会的責任意識を向上させ、日本的経営方式の普及に重要な役割を果たしたことについては、広く知られているところである。

注

(1)『青淵回顧録』上冊、青淵回顧録刊行会、一九二七年、一八三頁。
(2) 渋沢秀雄『明治を耕した話』青蛙書房、一八八〇年、一一九—一二〇頁。
(3) その後、一八七五年六月から九六年九月まで、同銀行の頭取を務めた。
(4) 中川敬一郎「日本の工業化過程における組織化された企業者活動」(『経営史学』第二巻、一九六七年、一六頁)。
(5) 加藤俊彦、大内力『国立銀行の研究』勁草書房、一九六三年、五九—六一頁。
(6) 山口和雄編『日本産業金融史研究（紡績金融篇）』東京大学出版会、一九七〇年、五九頁。
(7) 前掲『国立銀行の研究』七一頁。
(8) 周見《近代中日两国企业家比较研究》中国社会科学出版社，二〇〇四年，二八六页。
(9) 土屋喬雄『続日本経営理念史：明治・大正・昭和の経営理念』日本経済新聞社、一九六七年、五九—六〇頁。
(10) 山本勇夫『渋沢栄一全集』第一巻、平凡社、一九三〇年、五〇七—五〇八頁。
(11) 以上については、前掲『渋沢栄一全集』第一巻（五〇九頁）、第二巻（五八三頁）、渋沢青淵記念財団竜門社編『渋沢栄一伝記資料』渋沢栄一伝記資料刊行会、一九六八年、別巻五（二六—二七頁）、等に依った。
(12) 同上『渋沢栄一全集』第一巻、四六七頁、渋沢栄一『経済与道徳』渋沢翁頌徳会、一九三八年、三六頁。

第二章　渋沢栄一の対中経済拡張の活動

明治維新後、資本主義的生産方式の確立は、日本経済を急速に台頭させただけではなく、余裕もないのに直ちに日本を西洋列強の中国分割の隊列に参加させた。こうした時代背景の下での中国に対する経済拡張と略奪は、渋沢の経済活動の重要な構成部分となった。彼は、財界の中心人物として日本政府と緊密に協力し、積極的に対中経済拡張政策にかかわりこれに影響を及ぼすなどして、直接または間接的に対中経済拡張活動に参加した。近代日本の対中経済拡張と略奪の過程において、彼はさまざまな役割を演じ、その活動範囲の広さ、地位の重要さは、他の誰とも比べられないほどのものであった。

第一節　政策への参与と主張

後発の資本主義国家日本にとって、企業の対外拡張活動には、政府による政策上の支持と保護が差し迫った切実な要求とされた。そうでなければ、西洋列強との争奪戦において、己の力量のみで海外市場の独占を達成することは難しかったからである。渋沢は、このことを十分承知していたので、この方面の活動の参加には非常に積極的で、常々、企業界を代表して政府に策を示し、これに関する建議を行った。同時にまた彼は、中国の政策当局の動向にも強い関心を示し、時には度を越えて対中経済拡張が遭遇するいくつか問題を解決するため、直接、中国政府に希望と建議を提示することさえあった。こうしたことから、対外及び対内の両面における政策決定に介入して影響を与えるという数多くの事例を残した。

1　棉花輸入税と綿糸輸出税の免除に関する建議

明治維新の後、日本では、いくつかの近代産業が相次いで出現したが、そのなかで紡績業の発展が格別に急速であった。西洋の先進技術と設備を導入した大規模紡績会社の設立によって紡績業の生産能力は急激に拡大したが、このために国内生産と国内需要の間の矛盾はいよいよ激しさを増し、海外輸出市場を急速に拡大する必要に迫られた。しかし、欧米に比べて、日本の紡績業の国際競争力にはいまだ大きな格差があり、差し迫って紡績業者は政府の政策による保護を要望した。こうしたことから、紡績業会社が組織した大日本紡績連合会は、一八八八年に日本政府に対して嘆願書を提出し、輸入棉花の免税措置を求めた。一八九〇年にも再度棉花輸入税の免除を申し入れたが、これと同時に、綿糸輸出税の免除要求をも提出した。この二つの請願書にみられる基本的主張は、日本紡績業の原料である棉花は多くを輸入に依存しているので輸入税の支払は必然的に紡織品コストの増加を招き、また、綿糸輸出税の支払は必然的に海外市場での販売価格に影響するため、これらはいずれも日本の輸出綿製品の競争力を欠如させる要因となり、日本紡績業の発展と綿製品の海外市場の拡大に悪影響を及ぼすものとなるので、早急にこの両税を廃止すべきであるというものであった。

渋沢は、前章でみたように、一八八三年に日本初の近代的大紡績企業の大阪紡績会社を設立し、その後、紡績会社の連合組織である大日本紡績連合会の顧問を務めていたから、紡績業の状況や海外市場の必要性をよく理解し、この連合会が提出した免税要求や請願活動を支持していた。しかし、日本政府は種々考慮のうえ、すぐには連合会の免税要求を受け入れなかった。この要求を早急に実現させるため、渋沢は多くの斡旋と説得の工作を手がけた。彼は、しばしば大蔵大臣、農商務大臣などの政府要人や衆貴両院議長を訪ね、当面の理由と自らの主張を陳述した。一方、大日本紡績連合会に対しては、継続的に人を派遣して海外市場調査をするよう促し、免税を要求する理由と説得力を充実させるよう指示した。しかし、政府側は依然として熟慮しつつも、遅々としてこれを決断することはできなかった。このような情況にあっても、当然、渋沢はこれを諦めることはなかった。彼は、東京商業会議所会頭の名をもって、大蔵大臣、農商務大臣に丁重に建議書を、同時に衆貴両院議長には請願書を提出して、政府及び衆貴両院が業界の要求に耳を傾け、早急に免税議案を可決するよう促した。彼は、建議書及び請願書において、次のように記述した。

本邦ヨリ輸出スル綿糸及外国ヨリ輸入スル棉花ニ関税ヲ課スルノ制ハ国家経済上極メテ不得策ニシテ、其免除ノ今日ニ緊急ナルハ與論ノ夙ニ認ムル所ナリ(1)。

政府及び衆貴両院の理解と支持を得るため、渋沢はそれぞれに対して詳細に免税要求を説明する「理由書」を再度提出した。この「理由書」において、渋沢は、日本紡績業の状態、内外関税の有無の状況、日本綿糸とインド綿糸に対する生産販売上の比較、日本綿糸の輸出すべき販路、関税廃除と国内棉作の関係、関税廃除と国庫収入の関係といった六項目において、具体的数値と関連統計を用いて、両税免除の理由と根拠を詳細に説明した。渋沢は、免税によって日本綿糸の競争力が高められ、それによって日本には巨大な利益が得られると考えた。彼は次のように指摘した。

本邦綿糸ノ販路ヲ索メンニハ、支那ニ輸出スルヲ最モ適当ナリトス、単ニ昨廿五年中外国ヨリ支那上海ニ輸入セシ者ノミヲ算スルモ二十三万千五百七十八梱ニ達セリ、之ニ牛荘・寧波其他諸港ニ輸入セシモノ、及支那内地ノ手績糸ヲ加算スルトキハ其数幾倍ナルヤモ測ルヘカラス、今仮ニ之ヲ上海輸入ノ額ニ三倍スルモノトスルモ七十万梱トナルナリ、此七十万梱ハ支那内地ニ於テ消費セラルルモノナルヲ以テ、本邦製糸ヲ輸出スルニ足ルヘキ好華主ナル事疑フヘカラサル事実ナリトス、果シテ斯ノ如クナルトキハ此工銀七百万円ヲ利益トシテ本邦ニ収得スルヲ得ヘク、尚ホ之ニ在来ノモノヲ合スレハ一千一百拾万七千五百二十五円ノ巨額ニ上リ、之カ為メニ労働者数十万人ノ活路ヲ開キ、国富ヲ増進スルニ足ルヘキ事テアル。(2)

彼はまた次のようにも指摘している。

綿糸輸出・棉花輸入ノ両関税ヲ除カハ国庫ノ収入ヲ減殺シ、国費多端ノ折柄政費ニ支障ナキ能ハサルヤノ杞憂ヲ抱クモノアレトモ、本邦製糸ハ嘗テ見本品トシテ僅少ノ数量ヲ輸出セシ外、未タ多量ノ輸出ヲ為ササルヲ以テ、綿糸輸出関税ヲ廃シタリトテ、其実、国庫ノ収入ニ影響スル所ナシ、独リ棉花輸入税ヲ廃スルニ於テハ、一ケ年三十余万円ノ収入ヲ減殺シテ国家ノ利益ヲ損フカ如キ仮相ヲ顕スヘキモ、一方ニ於テ巨多職工労銀ヲ本邦ニ収入シテ国富ヲ増進スルノ事実アルヲ以テ、国家経済ノ上ヨリ論スルトキハ、此関税ノ廃除ハ国富ヲ増進スル上ニ於テ寧ロ利得アルモ損失ナキ者ニシテ、決シテ躊躇スベキノ事ニアラサルハ、深ク信シテ疑ハサル所ナル事テアル。(3)

紡織業からの強い要望と渋沢の怠ることなき努力によって、衆貴両院は、一八九四年にまず綿糸輸出税廃止の法案を可決し、九六年には棉花輸入税廃止の法案を可決した。この二つの廃税法案の採択は勃興段階にある日本紡績業にとって、まさに鬼に金棒であり、力を得てさらに巨大になった。これら関税廃除は、一方では綿紡織品の原料コストを大幅に引き下げるとともに、他方では綿紡織品の輸出をさらに有利なものとさせ、特に中国市場での価格競争力を大きく高め、紡織品の対中輸出を急速に増大させ、対中経済拡張の活動を推進するうえで重要な役割を果たした。

2　李鴻章に対する幣制改革に関する建議

一八八九年初め、渋沢は、清朝政府が駐ドイツ・イタリア公使許景澄の建議に基づき、貨幣制度の改革を計画していることを知った。このことは日本にも大いに関わることであるとして、特別に東京経済学協会を組織してこれに関するシンポジウムを開催し、李鴻章へ直筆の親書を送り、中国の貨幣改革問題に対して次のように建議した。(4)

李中堂大人閣下

時局を見極め英雄になれる者こそ、国治に優れ、徳沢を広め、人民に利益を齎すとされております。閣下におきましては、大事業に臨まれまして、各方面の人々に心底ご配慮されて審査諮問され、必ずや適切な政策を決定され、何ら疎漏もなく実施され、国も民も好事を得ているものと存じておる次第であります。

閣下は中国の宰相であり、当今の大黒柱であります。閣下は、公平に大事を熟察し、誠を以て人と接せられ、戦略的見識もお持ちです。閣下の当世の中国における影響力は絶大であり、一般の知力能力のある者さえ、閣下を崇拝して止まないことを十分承知しておりますが、いま、弊会（東京経済学協会）は、閣下に建議させていただきたく、閣下におきましては、森が小木を海が小渓を包容するように、ご容赦くださいますようお願い申し上げます。よくいわれますように、寸尺にも短き所長き所がございます。私たちの心得といたしまして、少々の補充意見を申し上げたく存じておりますので、ぜひお聞き届けくださいますようお願いいたします。

弊会は、経済財務管理を専門に研究する協会であり、我が国の碩学秀士、時代の指導者、著名人、経験豊富な人たちが資金を集め設立したものであります。本協会は、広く考察し関連事実を求め、利害の根拠を分析し、緻密に考究し、理論と実用の在り方を追求しております。ですから、弊会の建議は、他人の意見には頼らない独自のものであり、何らの党派性も有しておりません。したがって、弊会の建議は決してある特定の国の利益に立脚するものではなく、世界各国の公益を考慮してのものであることをご理解ください。最近、貴国政府は貨幣条例を制定する予定であると伺っております。私は、これが延いてはアジア大局の利益及び盛衰に関係する大事と考えておりますので、入念に考慮し、弊会の意見を呈出することにいたしました。ご参考になると幸いです。

貨幣を鋳造して国家領土範囲内で流通させることは一国の主権であり、他人が口を挟む問題ではないと心得ております。しかしながら、各国貨幣の基礎重量が均一を欠く事態が生じますと、相互に貿易する際、計算に不便であるだけではなく、それによる誤差が累積することにでもなりますと、相互に大きな損失になりかねない問題であり、これは決して小事と済ますことができないものであります。こうしたことから、欧米諸国の経済学者たちは、これまで一貫して各国貨幣の基礎の統一化を図り、その重量を同一にして流通の便を図ろうと主張してきました。しかし、各国にはそれぞれの旧習慣が根深く存在し、貨幣を改鋳するにしても、大きな費用がかかるため、各国は事の成り行きを伺って躊躇し、なかなか決断を下せないでおります。しかし、各国はそうすることの利点をよく承知しておりますので、いつも時機を探し、貨幣統一を実施しようと協議しております。無論、このような状況につきまして、すでに閣下は十分ご理解されているものと思われます。

現在、貴国は貨幣鋳造を計画されておりますが、視野を遠大にして、アジア各国で通用している貨幣鋳貨を基準として、重量の均一化を図られるべきではないかと推察いたします。こうすることによって、貴国の数億の民は貿易によって大利を得られるのみならず、近海のアジア国家の商人たちも便益を求めることができることになります。現在、メキシコ銀元につきましては、一元の重量四百十六グラムが純銀千分の九百に当たりますが、この銀貨はアジア各港で流通して久しく経ちますので、このメキシコ銀元をアジアの通用貨幣にいたしますと、これまた一種の世界共通貨幣にもなるものと考えられます。

日本政府は、こうしたことに鑑み、明治四年に貨幣条例を制定し、銀貨一元の価値をメキシコ銀元と同一にし、流通の便を図ってまいりました。弊会は、こうしたことから、貴国も銀貨の新鋳造に際しまして、メキシコ銀元の重量基準に従い、価値を同一になされるよう望んでおります。そうすれば、比較計算が容易なものとされ、貿易の便も得られ、大利を得られることは明白であり、これが貴国の名声をさらに高め、各国も利を得て、貴国の英断を称賛されるにちがいありません。

もし、貴国がメキシコ銀貨と同種の銀貨鋳造を望まないとお考えなら、メキシコ銀元に対する重量基準を二倍あるいは半分にされることもありうることで、そうしましても、計算は容易であり、統一基準を以て運用が可能とされます。金貨につきましては、アジア各港ではその必要性を求められることは多くなく、銀が不足するときにのみ補充として使用されるにすぎないというのが実状であります。もし、貴国が金貨を鋳造される場合には、重量二十五グラム五分の四が純金千分の九百に当たり、米国の金貨と同等になります。日本の金貨と比べてみますと、一枚百分の八グラムの差がありますが、この差は極めて微小なもので、ほぼ同じ重量とみなすことができます。貴国がこれを不便と思われるなら、その重量を二倍あるいは半分にされましても、通貨の統一がなされ、運用に便利となることは明らかです。

以上、これを簡約して申し上げますと、貴国は国土が広く、人口も多く、物産が豊富であり、しかもアジアの中心に位置し、アジアの盟主であります。貨幣鋳造によって貿易が有利にされ、商業利益が増加され、財富の増加が図られることは喜ばしい限りであります。この事業は千載一遇の良き機会であるといえます。閣下は、国家の中枢を領導し、中国の豊富な資源を以て、文明さらに盛熾なる事業に変えることができる能力、力量を備えられております。閣下におかれましては、私共の愚見をお聞き届け、その実施を朝廷にお伝えくださいますようお願い申し上げます。弊会といたしましては、我々の意見が認められますことを切望しております。

明治二十二年二月

東京経済学協会委員長　渋沢　栄一

渋沢が東京経済学協会委員長の名において李鴻章へ宛てたこの親書は、李鴻章と比較的親交のある政界の要人伊藤博文を介して送られた。彼は、この親書でまず自分は民間人であることを強調し、記述の内容に関していえば、政府及び党派の活動とは全く関係なく、ただ一国の利益を考慮してのことではなく世界各国の公益を考慮したものであることを主張した。しかし、親書の内容そのものは、まさに当時日本政府が希望していたことであり、正規の外交ルートを通じて清朝政府に通達しえる事柄ではなかった。彼は、親書において、各国の貨幣制度と貨幣価値の相違が世界貿易に種々の不利な影響をもたらしていることを陳述し、すでにメキシコ銀貨がアジアの一般的な通貨となっている現状に順応して、メキシコドルを基準にする幣制改革を建議した。このメキシコドルによる貨幣価値の統一は貨幣間の換算に便利であり、それは「双方共に利あり」、「貿易に便あり」、「財富の増殖に益あり」とした。渋沢のこの建議は、確かに世界貿易の原理に相応するものであり、清朝政府の幣制改革には参考にすべき価値があったということができる。当時、清朝政府が採用していた貨幣制度は、不完全な銀・銅の複本位制であり、紋銀（銀塊）と銅銭の間には主・補貨幣の差別はなかった。清朝政府は、銅銭鋳造について一定の法定基準を定めていたが、紋銀鋳造にはなんら干渉することがなかったため、紋銀の重量や品位は場所と時間によって異なり、対銅銭比価はきわめて不安定で、そのため外貨の大量流入とその使用に有利な条件を提供する結果となり、貨幣流通に大きな混乱をもたらしていた。また、メキシコ銀貨は当時中国ですでに大量に流通しており、使用と計算において紋銀より便利であったことから全国で通用していた。こうしたことから、民間では、幣制改革とメキシコ銀貨の自主鋳造を要求する声が強くなっていた。渋沢の提案に基づいて幣制改革を行い、メキシコ銀貨を基準に貨幣価値を統一するという基礎はできていたのであり、それによって貨幣流通の混乱状態を解消することはできたはずである。しかし、当時の日中両国の経済状況や発展水準からみて、渋沢の提案にあるような幣制改革を行ったならば、日本は間違いなく中国から莫大な経済利益を得たにちがいない。一九世紀八〇年代、日本では綿紡績業など近代的工業製品の生産と競争力は大幅に向上し、対中貿易における主導的で優位な地位がすでに形成されていたから、もし望まれたように両国貨幣の使用や為替の不便さが排除されたとすれば、対中貿易の条件は大幅に改善され、明らかに輸出コストの低減、輸出企業の増加、さらに中国での販路の拡大や原料獲得に非常に有利に作用したはずである。その他にも、中国が必要とする白銀は長期に自給できず、これを輸入で補う必要があった。外国から不断に銀貨が中国に流入する理由はこのことに関係していた。こうした白銀の主要な輸出先は日本であったから、銀本位制の実行とメキシコ銀貨を基準にする貨幣価値の統一は、とりもなおさず日本の銀貨との貨幣価値の統一を意味し、それはまさに日本による中国の貨幣市場に対する統制と操作の可能性を増大させることであり、日本の対中経済拡張の活動からすれば、重要な作用と意義があったということができる。こうしたことから、渋沢が李鴻章に届けた親書の目的は、単純に「双方の貿易にとって計算が不便で、僅かな差異も積もれば巨大になる」といった問題を解決しようとしたのではなく、また「貴国の名声遍く伝わる」ことを希望したものでもなく、彼の本意は日本の対中経済拡張活動の必要から生じた要求そのものであったのである。

李鴻章は渋沢の手紙を受け取った後、直接、彼に返事を出さなかった。一八八九年三月、李鴻章は伊藤博文に返事の手紙を書いた。その内容は次のようである。

この度ご送付の渋沢氏の書簡は、すでに駐日公使蒓斎（黎庶昌）を通して受け取りました。再三再四閲読いたしました。現在の世界の大勢、また財幣の利権について、出入の計算、衡量においても精密に述べられております。貨幣の義は流通を主とし、造幣の案件は物価の安定にあること、古今同一の理であります。しかし、当方において、いまなお審議未了にあり、実行には相当の日時を要すべく、そのため、渋沢氏の所説は将来に保留いたさざるをえない次第であります。なお、同氏の好意に深く感謝いたしており、なにとぞよろしくお伝えください。(5)

この李鴻章の返信が意味していることは、渋沢の提案を非常に重視し、李鴻章自身、幣制改革問題を非常に重要なものと考えているとしたが、目下審議の最中にあるので、なお確定することはできないとし、渋沢の提案を参考として保留することにした、ということであった。しかし、その後の幣制改革に関する結末から判断すると、実際上この事項は尻切れに終わってしまい、無期限に引き伸ばされた。これが渋沢を大いに失望させたことはいうまでもない。このため、それから二〇年後、渋沢が中国の経済問題に言及した際にも、どうしても幣制改革から説き起こす必要があると思っていた。

3　海運業の発展に対する政策提言と主張

地理的位置と条件からみても、また対外経済拡張の必要性からいっても、島国日本にとって、海上運輸を発展させる重要性は論をまたない。明治維新まで、日本の海外輸送は完全に西洋諸国によって掌握され、日本は他人に束縛されることの苦しみを十分味わったため、明治維新後、真っ先に提出したスローガンの一つは海上運輸の商権奪還であり、海上運輸業の発展と育成を殖産興業の重要な内容の一つとすることであった。こうして、海運企業を短期間に急成長させていった。しかし、経済の急速な勃興と対外経済拡張欲の絶え間ない拡大にしたがって、海運業は形勢の発展に適応するだけの需要を満たせないという状況が次第に顕著になっていった。このため、一九世紀九〇年代に入って、いかに海運業のより迅速な発展を実現するかということが日本の政界と産業界の喫緊の課題とされた。

渋沢は、大蔵省在職の期間、海運業の発展に非常に関心を抱いていただけではなく、官を辞して商に従事した後も、第一国立銀行の総監役を務めると同時に、また自ら海運企業の東京風帆船会社及び共同運輸会社を発起・設立した。その後、政府の仲介により共同運輸会社と三菱海運部が合併して日本郵船となったが、彼はまた日本郵船の取締役を務めた。しかし、渋沢の海運業における活動はそれだけではなかった。彼が商工界の先駆者として絶えず考えていたことは、いかに日本海運業の全般的な成長と発展を実現するかということであったため、海運業界全般に係わる問題が生じた時には、直ちに政府に政策上の建議や構想を提出した。例えば、一八九二年、渋沢は大蔵及び農商務大臣に建議を提出して、輸出用港湾を拡充することによって、輸出貿易の拡大に対応すべきであると主張し、また九四年には、政府に対し外航日本船舶に限って港湾出入手数料を免除するよう提言した。さらに特筆すべきことは、日清戦争の勃発後、海運業がその担うべき重任を完成できるかどうかが戦争勝敗の重要な鍵となっていると即刻認識した渋沢は、海運業に対し全面的に入念な調査を実施し、主要な問題点を明らかにし、その解決法を研究したことであった。この結果を踏まえて、九五年八月、渋沢は、東京商業会議所会長の名において、大蔵、農商務、逓信の三大臣に「海運拡張の意見書」を提出し(6)、同時にこの「意見書」全文を全国各地の商業会議所並びに衆貴両院の全議員に送付した。このことは社会各方面における関心を引き起こした。

この「意見書」は、まず日本海運業が堅持すべき全面的発展方針を強調して、次のように指摘した。

海運事業ニ三要素アリ、曰ク海員・造船業・海運営業即チ是ナリ、今海運ノ事業ヲ保護奨励セントスルニハ斉シク此ノ三要素ヲ補助誘掖シテ其併進ヲ期セサルヘカラス、若シ其保護一方ニ偏スルトキハ、……其結果ハ適々莫大ノ国費ヲ支消シテ一時ノ快夢ヲ買フニ過キス、結局外国人ヲシテ其利益ヲ独占セシムルニ至ラン、例ヘハ今多額ノ保護金ヲ与ヘテ独リ造船業ヲ奨励センカ、其事業ハ一時発達シテ多数ノ新造船ヲ見ルコトアルヘシ、然レトモ之ニ応シテ良海員ノ数倍加スルコトナク又海運営業ノ規模拡張セサルトキハ、其新造船ノ船舶ハ外国ノ海運業ニ資スルニ止マリ、本邦海運業ニ其効ヲ及ホス事ナカルヘク、又単ニ海運営業者ヲ保護センカ其事業一時発達シテ世界ニ雄飛スルニ至ルモ、其海員ハ外国人ニシテ其船舶ハ外国ノ築造ニ係ルニ於テハ本邦海運事業ノ名アルモ其実ナク、若シ国家一朝外国ニ事アルノ日ニ当リテハ我船舶ハ殆ント其用為スヘカラサルナリ、抑モ国家カ海運事業ヲ保護スル所以ノモノハ其ノ目的啻ニ商業ノ発達ヲ幇助スル為メノミニアラス、国家有事ノ日ニ於テ大ニ用フル所アランカ為ナリ、故ニ之ヲ保護奨励スルニハ要スルニ前記三要素ノ併進ヲ期シ、以テ本邦海運事業ヲシテ其独立発達ノ基礎ヲ確立セシメサルヘカラス。(7)

こうした主張に基づき、渋沢は、この「意見書」において、海員の養成、造船業の奨励、海運営業の奨励と保護、及び航路の拡張と保護の四つの事項について、具体的な建議を提出した。

第一は、海員の養成であるが、「意見書」によれば、第一に商船学校の規模と学生数を倍増させて、船長・運転士・機関士及び水夫・火夫等の乗務員を養成し、これら人員の供給不足の状況と外国人雇用の現状を改善すべきであるとした。しかし、商船学校の練習船の増加に当たっては漸進主義を採ることを安全の策とし、訓練については海員の技術力向上と胆力勁健なる海員の養成を重視すべきであるとした。政府については、とりわけ国民の海事思想を涵養し、そのなかで国民の有力者に海事教育を賛助する観念を起こさせ、海員の航海事業に従事することの栄誉感を充実させる必要性を訴えた。このほか、国は日本海員掖済会に補助金を与えてこの協会事業の拡張発展を援助し、この協会が水夫や火夫を養成訓練する任務に当たらせるようにすべきであるとした。

第二は、造船業の奨励であり、「意見書」は七項の具体的意見を提出した。①国は造船業を保護し、その発達を図るため、造船奨励金を付与すべきである。②奨励金付与の対象は、総トン数一〇〇〇トン以上の鉄製または鋼製の汽船に限定すべきである。③奨励金付与額は、総トン数一トンにつきおよそ二〇円、実馬力一につき六円とすべきである。④奨励金の付与期間は一〇年間とし、満期後その額を改訂すべきである。⑤造船材料の輸入税率が増加した場合、これに応じて奨励金を増額すべきである。⑥軍艦の築造は官設造船所に限定せず、民設の造船所にも築造を許可し、一般造船業者の技術を培養すべきである。⑦造船規則を定め、この規則に適合しない船舶には奨励金を付与せず、また日本船としての登籍を認めないようにすべきである。

第三は、海運営業の奨励と保護である。「意見書」は次の二種に分けて意見を提出した。その一つは一般的奨励保護であり、もう一つは航路の拡張保護であった。前者の一般的奨励保護について、日本船籍の汽船に限定して、外国航海に従事する船舶の種類と航海里程によって奨励金を付与すべきであるとして、次のような具体的な方法を提示した。

①日本と外国との航海及び赤道以北の東経一〇〇―一五〇度の河海における外国と外国との航海に奨励金を付与する。

②奨励金を付与する汽船は一〇〇〇トン以上に限り、一〇〇〇トン未満の汽船、漁船・遊覧船には付与しない。

③奨励金は船舶の大小、速力、航海里程に準じて付与することとし、その割合は、

総トン数三五〇〇トン以上、速力一五海里以上の船舶は、一トン一〇〇〇海里に付き六五銭、

総トン数二〇〇〇トン以上、速力一二海里以上の船舶は、一トン一〇〇〇海里に付き三五銭、

総トン数一〇〇〇トン以上、速力一〇海里以上の船舶は、一トン一〇〇〇海里に付き二五銭、

とする。
④これら奨励金は築造初年より五年内の船舶には全額を付与し、爾後一年を経るごとに五％ずつ減少させ、二〇年を経た船舶には付与しない。
⑤外国で築造された日本船籍の船舶については、船籍登録後三年を経過しない船舶にはこの奨励金は付与しない。
⑥特約で助成金を受ける航路にある汽船には奨励金を付与しない。
⑦奨励金を受ける船舶は、その保護に対する義務として、国家有事の際、政府の用に供する規定を設け、その賃船料も予め定めておく。
⑧以上の義務のほかは、いかなる義務をも負うべきではない。
⑨奨励金の付与期間は一〇年間とし、満期後、その割合を改訂すべきである。
以上の三項目に要する費用総額は、一時の支出（二〇万円）と毎年の支出（七万円）、合わせて二七万円と見積もった。

第四は、航路の拡張・保護に関するもので、日本の貿易を拡張し、国力を増進させるには、まず外国航路を拡張してそれを日本の占有に帰せしめなければならない。しかし、このことには莫大な国費を要することであるから、現在の日本の現状に応じて、重要な以下の七路線を拡張・保護すべきであると考える。
①天津航路線（日本より朝鮮及び華北の諸港を経て天津または牛荘に達する路線）。
②上海航路線（日本から上海に至る路線）。
③ウラジオストック航路線（日本より朝鮮の諸港を経てウラジオストックに達する路線）。
④南シナ海航路線（日本より中国南部の諸港を経てトンキン・サイゴンもしくはシャムに達する路線）。
⑤欧州航路線（日本沿海の諸港を経てロンドンもしくはリバプールに達する路線）。

⑥米国航路線（日本からアメリカ西海岸に達する路線）。
⑦豪州航路線（日本沿海の諸港を経てオーストラリアのメルボルン・アデレードに達する路線）。

以上、渋沢の「海運拡張の意見書」について、いくつかの方面における具体的な意見をみてきたが、彼の主張は、造船業と海運業に対して奨励及び保護制度を実行することにあった。その内容は、日本船舶の製造と使用を励ますには、船舶の質・航海速度・遠航能力を向上させて航海域と路線を拡大する必要があり、そうすることで全面的に日本の海運業の競争力を向上させ、日本の対外拡張の必要に適応させることにあった。その意味では、「意見書」の提出は戦略的意義を有する措置であり、日本政府がこれに関する政策を決定することに大いに寄与したことはいうまでもない。渋沢が「海運拡張の意見書」を提出した半年後の一八九六年三月、日本政府は日本各界あげての不断の請願を受けて、「航海奨励法」と「造船奨励法」を公布した。この二つの法律の内容をみると、渋沢の「海運拡張の意見書」で提示された原則といくつかの具体的内容（海員の育成と使用、造船業の奨励、海運業の奨励と保護など）が、程度の違いがあるとはいえ、ほぼこれら法律に盛り込まれていた。いくつかの条文では「海運拡張の意見書」で提出されたものと文字表現が異なるだけのものもあった。例えば、「航海奨励法」第二条の規定では、「航海奨励金ヲ受クベキ船舶ハ、総噸数一千噸以上ニシテ一時間十海里以上ノ最強速力ヲ有シ、逓信大臣ノ定ムル造船規定ニ合格シタル鉄製又ハ鋼製汽船ニ限ル」とされ、また、第五条でも、「総噸数一千噸ニシテ一時間十海里ノ最強速力ヲ有スル船舶ニ対シ総噸数一噸航海里数一千海里ニ付二十五銭ヲ支給シ、総噸数五百噸ヲ増ス毎ニ其ノ百分ノ十、最強速力一時間一海里ヲ増ス毎ニ其ノ百分ノ二十ヲ増給ス、……五箇年ヲ経過シタル船舶ニ対シテハ一年毎ニ其ノ百分ノ五ヲ逓減ス」とされた。さらに、「造船奨励法」の第二条でも、「造船奨励金ヲ受クベキ船舶ハ鉄製又ハ鋼製ニシテ、総噸数七百噸以上ヲ有シ、逓信大臣ノ定ムル造船規定ニ従ヒ其ノ監督ヲ受ケ、製造シタルモノニ限ル」とされ、第三条においても、「造船奨励金ハ総噸数七百噸以上千噸未満ノ船舶ニ在テハ船体総噸数一噸ニ付金十二円、千噸以上ノ船舶ニ在テハ一噸ニ付金二十円ヲ支給シ……」とされた[8]。このように、「海運拡張の意見書」で提出された、いくつかの意見は、この二つの法律の制定に際して参考にされたというだけではなく、条文のうちにも取り入れられたのである。「海運拡張の意見書」において提出された「航路拡張・保護」に関する問題については、この二つの法律では取り上げられなかったが、一八九九年に帝国議会の協賛を得た逓信省命令による「特定航路補助」制度によって十分カバーされたといいうる。このように、渋沢の「海運拡張の意見書」は、明らかに関連法の制定及び日本の海運業の発展に対して、非常に大きな影響を与えていたということができる。

「航海奨励法」と「造船奨励法」の公布・実施は、日本の海運史上における画期的な事件であり、日本の海運業と対外経済の拡大は、これを転換点として、新しい発展の時期に入った。統計によれば、一八九三年末の日本の汽船所有数は六八〇隻、総トン数約一七万七〇〇〇トンであったものが、日清戦争後の九六年には、汽船所有数八七九隻、総トン数三七万三〇〇〇トンに激増し、翌九七年には、一三一二隻、四四万四〇〇〇トンに達する勢いをみせた。九六年一〇月一日の「航海奨励法」の実施日において奨励金を受ける資格がある船舶は日本郵船の土佐丸一隻にすぎなかったが、翌九七年には、合計一五隻、総トン数六万八六七五トン（日本郵船一〇隻、大阪商船一隻、三井物産四隻）に増加し、それが九八年には、合計二七隻、総トン数一二万六一一二トンにまで激増した[9]。こうしたことから、「航海奨励法」や「造船奨励法」の顕著な効果を知ることができる。

4　清朝政府の「裁釐加税」による財政措置への対策の提案

渋沢は、可能な限り日本の対中輸出の増加や海外市場の拡大に政策的保障を提供するよう要求してきたが、同時にまた、中国の経済政策の変化と日本の経済拡張に及ぼすであろう影響をいかに調整するかについての分析・研究をも非常に重視し、日本政府がその対策を検討し選定することに大きな役割を果たした。

日清戦争後の「下関条約（馬関条約）」の締結によって、日本は絶大な政治的及び経済的利益を獲得した。その反面、中国にとっては、巨額の戦争賠償金の支払いと関税・内地税等の自主権のさらなる喪失によって、当然のごとく経済状況はいっそう悪化し、もともと赤字続きの国家財政の危機はいよいよ深刻化していった。このような情況下、清朝政府はなすすべもなく、ただ列強との協議に希望を寄せ、税制の調整を通じて財政収入の増加を図り、財政状況を好転させるしかなかった。清国総理衙門は清朝帝（光緒帝）に「械器製造貨物の税を重課し利権を保護することを斟酌し決定する」奏章を提出した。この奏章では、釐金廃止を条件として関税の増率を外国に認めさせようとする方策、すなわち「裁釐加税（釐金廃止と引き換えに輸出入関税を増率すること）」で国家財政の税収増加という目的を達成することが主張された。いうまでもなく、多くの既得特権を掌握していた列強からすれば、いかなる方策であれ、その既得特権を最大限に満足させる以外の調整など受け入れるはずはなかった。そのため、この奏章が上海で新聞に掲載されるや、直ちに日本をはじめ各国及び外商（外国商社や商人の総称、これは中国の商社や商人を総称して華商ということに対応、以下同様）から、強烈な不満と反対の声が興り、日本の駐清公使小林は即刻総理衙門に照会を発して、真偽の確認を要求した。渋沢は、この問題を非常に重視し、三井物産社長益田孝らの関係者と協議を重ね、東京商業会議所会頭の名において外務大臣大隈重信に書簡を送り、この概要を説明するとともに、この事態にいかに対応すべきかの建議を提出した。その全文は以下のようである。

「清国の製造業課税問題に関する建議」

外務大臣大隈重信閣下

聞説頃者清国総理衙門ニ於テハ別紙ノ如キ奏稿ヲ該国皇帝ニ奏呈セリト、今其奏稿ヲ閲スルニ関税及通過税ヲ増加シテ税額収入ノ増殖ヲ図リ、又従来外国人ニノミ許シタリシ三聯単ノ制ヲ内地人ニモ拡充シテ商業上ノ便益ヲ進メ、将又清国ニ於テ製造所ヲ建設シ貨品ヲ製造スルモノニ対シテハ内商ト外商トヲ問ハス売出前百分ノ十ノ内地税ヲ課シ且其原料ヲ産地ヨリ買入レ製造所ニ輸送スルモノ付テモ亦三聯単ノ方法ニ由リ三倍ノ通過税ヲ賦課シ、以テ自国財政上ノ艱難ヲ匡救セントスルニアリ、則チ此課税法ニ依レハ清国ニ於テ内外人ノ設立スル製造所ハ実ニ弐割五分ノ重税ヲ負担スヘキモノタルヲ以テ、此ノ事ノ一度新聞紙ニ掲載セラル、ヤ、上海商業会議所ハ大ニ該課税法ノ不当ヲ鳴ラシ、反対ノ意見ヲ北京各国公使ニ到セリ、当時李鴻章伯恰モ欧州巡遊ノ途次英国ニ赴キ、同国宰相サリスベリー侯ニ面シ自国財政ノ困難ヲ述ヘ、且国債償却ノ費途ニ充ツル為メ関税ヲ増加スルノ已ムヘカラサルコトヲ陳シ其同意ヲ求メタリ、蓋シ李伯ノ申出テタル税率如何ハ未タ確報ニ接セスト雖トモ、世ノ風聞ニ依レハ従来百分ノ五ナリシ税率ヲ百分ノ十ニ増加セントスルニ在リシト云フ、然ルニサリスベリー侯ハ一応上海商業会議所ニ諮問ノ上決答スヘキ旨ヲ述ヘ、其趣ヲ同会議所ニ示命セリ、依テ同会議所ハ委員会ヲ開キ熟議ヲ凝ラシタル末下ノ如ク復申シ、又之ヲ在北京首席公使コロネルデンピー氏ニ稟申セリ、其要旨ハ、従来清国人カ内地ニ輸入スル外国商品又ハ外国ニ輸出スル内国商品ニ対シ賦課シタル厘金税ヲ全廃シ、之ニ代ワユルニ関税半額ノ通過税ヲ以テスル（外国人ニ対スルト同一ノ方法ト為スコト）ニ於テハ関税ヲ増加スルコトニ同意スヘク、又馬関条約ノ明文上本来清国内地ニ於テ製造業ヲ営ムニ付テハ一切税金ヲ支弁スルノ義務ナシト雖モ、若シ其原料ヲ外国ヨリ輸入シ製造品ヲ外国ニ輸出スルニ当リ輸出入税ヲ賦課セス、又其原料ヲ内地ヨリ取寄セ製造品ヲ内地ニ送リ出スニ対シ全ク厘金税ヲ賦課セサルニ於テハ、内地税トシテ一割及通過税トシテ其半額ヲ賦課スルコトニ同意スヘシト云フニ在リ

以上ハ即チ頃来清国ニ於テ囂々タル課税問題ノ梗概ニシテ、此事ヤ我製造工業ノ消長ニ関スル極メテ大ナレ

ハ、決シテ軽々ニ看過スヘカラス、今本会議所ノ見ル所ヲ以テスルニ、若シ総理衙門ノ奏請ニシテ採納セラレ、清国ニ於ケル製造業ハ重税ヲ賦課セラル、ノ結果トナラン乎、其製品ヤ到底我国等ヨリ輸入スル製品ニ拮抗スルコト能ハサルヲ以テ今ヤ清国ニ於テ隆運ニ向ヒツ、アル生糸製造業及近来大ニ発達セントスル紡績業モ其進歩ヲ沮格セラルヘク、其他万般ノ製造業勃興スル能ハサルヘシ、然ラハ即チ我国ハ一葦帯水ヲ隔ツルノ処ニ於テ広潤ナル一大市場ヲ控ユルノ理ニシテ、既ニ百万錘ニ達シ猶駸々トシテ発達シツ、アル紡績会社ノ綿糸其他各般ノ製造品ハ此一大市場ニ向テ流注セラレヘク、又我国産ノ随一タル生糸ハ此大帝国ノ競争ヲ受クル事ナク米国等ニ於テ益其ノ声価ヲ高ムヘシ、之ニ反シテ若シ上海商業会議所ノ意見徹底セン乎、製品ノ負荷スヘキ税額僅少ナルカ故ニ清国ニ於ケル製造工業ハ勃然トシテ起リ、駸々乎トシテ進ムヘク、其結果我国ハ東洋ノ一大市場ヲ失フト同時ニ一大競争者ヲ造ルニ至ルヘシ、果シテ然ラハ我製造工業前途ノ為メニ深憂スヘキモノナシトセンヤ、故ニ我国家ノ為メニ画策スルニ、清国ノ製造工業ハ可成其進歩ヲ防遏シ其間ニ乗シテ大ニ我カ製造工業ヲ発達セシムルヲ最良ノ策ト為ス、然リ而シテ課税問題ニ関シ総理衙門ノ奏請採納セラル、ト、上海商業会議所ノ意見採用セラル、トニ依リ、我製造工業ニ及ホスヘキ影響ノ差実ニ天淵モ啻ナラサルコト右ニ縷述スル所ノ如シ、我国家経済ノ為メニハ前者奏請ノ実行ヲ利トスルコト知ル可キ而已、若シ夫レ我国人ニシテ清国ニ製造所ヲ起サンコトヲ企図スルモノ、如キハ実ニ少数者ニ過キス、這般少数者ノ私益ハ国家全般ノ公益ノ為メニ犠牲ニ供スルノ已ムヘカラサルヤ亦論ヲ俟タサルナリ、切ニ望ム、閣下明鑒ヲ垂レ深ク其利害ノ繋ル所ヲ察シ、我製造工業ノ為メニ大ニ籌画セラル、所アランコトヲ、右本会議所ノ決議ニ依リ建議仕候也

明治二十九年十月八日

東京商業会議所会頭　渋沢　栄一

渋沢が提出した「意見書」の内容に関していえば、少なくとも注目すべきこととして次の二点を挙げることができる。第一は、渋沢は、清朝政府の「裁釐加税」の策が「馬関条約」に違反するかどうかの問題に触れていないことである。これは日本の外交当局の強硬な態度といささか異なる見解であるが、当時の状況からしてみれば、こうした解釈もできないことはない。西洋列強が清朝政府に押し付けたいわゆる「協定関税」制の下では、清朝政府は関税を自主決定することはできなかったが、それでも完全に関税交渉の権利を喪失したわけではない。このことは、すべての列強国家に関係することであり、日本だけで決められることではない。この主要当事国イギリスの態度をみると、さまざまな困難な条件を突き付けてきたものの、交渉すること自体を拒絶していないし、方策まで用意していた。こうしたなか、渋沢としても、日本は、このことの交渉に当たって、自らに有利な方策を準備する必要があると考えたのである。

第二は、総理衙門の方策に対してイギリスが提出した方策（対案）は、原料を海外から輸入し、製品を海外へ輸出する中国の外商企業には輸出税を免除し、国内の原料を用い、製品を国内で販売する企業には、華商であろうと外商であろうと、一割の生産税とその半額に当たる通過税をのみ徴収するというものであった。渋沢にしてみれば、この二つの方策のいずれかを選択するというのであれば、総理衙門の方策が相対的に日本には有利であると考えた。これは意外なことであったが、この渋沢の利害得失の考えには「深謀遠慮（遠い将来のことまで考えて周到に謀を立てる）」があった。つまり、彼にしてみれば、総理衙門の方策は、中国で製造業を営む外商が払う輸出入関税は少し高くなるだけでなく、同時に生産税も徴収されるので、中国国内での税負担はきわめて重くなり、中国での製造業は負担に耐えられずに生産が困難になり、そのためその製品も国内外の市場で競争力を失うことになるが、こうしたことはうまい具合に日本の輸出拡大に有利な条件を提供することになるというのである。日中両国の最も主要な輸出品である生糸は何よりもその第一の好例であり、これまで国際市場で両国は相互に激しく競争してきたが、生産税の徴収と輸出税の増加が加われば、中国の生糸は量とコストの面で、日本の生糸に対抗しえなくなる。日本の生糸の名声は大いに高まり、従来の市場は日本の生糸によって占められることになる。第二の好例は、日清戦争前後に急速に発展してきた中国の綿紡織業であり、すでに日本の綿紡織業にある程度の脅威を感じさせているが、この中国紡織業も、輸出税の引上げと生産税の徴収によって、国際市場への進出は妨害されることになる。こうしたことは、まちがいなく日本が願っていたものである。もちろん、中国の輸入税の引上げは、日本の綿糸等の対中輸出に影響をもたらすであろうが、他の列強との中国市場の争奪戦ということでは、日本にはまったく不利な事情は一つもない。日本製品は、コスト面でも価格面でも、英米を凌駕するより強い競争力を有しているからである。第三の好例としては、総理衙門の方策のように「裁釐加税」が実施されたとすれば、在中外資企業のこれまで受けてきた特権はある程度制限され、税負担も明らかに増加する。日本企業ももちろん例外ではないが、中国の外資（外商）企業の状況からいえば、日本資本の企業はいまだイギリス資本の企業にはるかに及ばず、進出数はかなり限られている。以上のことから、渋沢は、日本の国益という観点から、これらの在中日本企業の損失は日本国内の数多くの輸出企業のそれと比べて取るに足らないものであるから、たとえこれら在中企業に一定の犠牲を強いるとしても、日本の国益には合うと考えたのである。こうしたことから、渋沢は、ただ国のために知恵を絞り、方策を練り上げたのであって、中国の財政状況が好転するかどうかに関心を寄せることなどなかった。さらに重要なことは、中国の近代工業が形成されて将来日本の競争相手となることを彼は最も望まなかったのであり、その真意には「以隣為壑（災いは隣人の方へ押しやる）」意識があり、「欲取姑予（取らんと欲せばまず与えよ）」という詭計があった。こうしたことは、先の李鴻章への書簡で表白したものとはまったく相反するものであったが、日本政府への提言としてならば、彼にとっては、何ら包み隠す必要などないことであった。

清朝政府が「裁釐加税」の方策を提案後、暫くして義和団事件（一九〇〇年）が発生し、この問題は一時棚上げされていたが、その後、一九〇一年に清朝政府はやむをえず「辛丑条約」を締結した。この条約に基づいてイギリスとの間で「中英改訂通商条約」(マッケイ条約)[10]をめぐる交渉が上海で開始された。この「マッケイ条約」の交渉過程において、清朝政府は再度「裁釐加税」問題を協議の場に持ち出した。激しい交渉の末、イギリスは中国が輸入関税を一二・五%に、輸出関税を七・五%に引き上げ、輸出しない国産品には「内国税」を徴収することに同意したが、これには条件が付加された。それは、最恵国待遇を受ける各国が一致してこれを承諾した時に初めてこの条項は実行されるという条件であった。しかし、最恵国待遇の国家は一九ヶ国にも及んでいたから、事実上それらの国の態度を統一することなどできなかった。とりわけ日本との通商条約の改訂交渉は困難を極めた。日本はまず中国の「下関条約」違反を叱責し、その後、「譲歩はするがそれに代わる利益を保証させる」という策略を弄した。それは、「改訂通商条約(日清両国間追加通商航海条約)」の批准を威嚇強要し、強制的に中国に日本が要請する新開港場(長沙、奉天、大東溝)及び上海・天津・厦門・漢口において日本租界を設置する等の条件を飲むよう迫ったことであった。

こうしたことから明らかなように、腐敗無能な清朝政府には、いかなる付帯条件もない条約の承諾を得ることなど到底不可能であったから、最恵国待遇を受ける各国が一致して承諾した時に実行されるとした約款を有する「マッケイ条約」は空文化した条約にすぎなかった。まさにこうしたことだからこそ、「裁釐加税」は清朝が転覆するまで実現されることはなかった。こうした結末は、いうまでもなく、列強各国には早くから予想されたことであり、日本もまた十分に受け入れることができるものであった。このことは、渋沢の主張が「的中」したかどうかを検証することにはならなかったが、彼にとってみれば、日本の対中経済拡張が順調に進展し、何ら障碍を受けない限り、このために心血をいくら注いだとしても惜しくはなかったのである。

第二節　対中投資専門機関の発起と設立

資本輸出は、日本が対中経済拡張を実現して中国経済の命脈を制するという根本的な目的を達成するための重要な手段である。日本政府と企業は、欧米の列強各国と比べるといまだ資金力の面で大きな格差はあったが、早くも明治維新後まもなく、すでに資本輸出を行うことの必要性を認識し、いかに中国に対して資本輸出を行うかを具体的に考えはじめていた。日清戦争後、多くの特権を獲得したことから、中国へ資本輸出を展開しようという熱情はさらに盛り上がった。この過程において、渋沢が果たした役割はとりわけ際立っていた。一八七七年、政府の委託を受けた渋沢は、三井物産の益田孝とともに上海へ赴き、第一国立銀行頭取として清朝政府と融資契約を締結したが、これにより彼は日本の対中資本輸出活動の先駆者となった。一九世紀末から二〇世紀初めにかけて、清朝政府の外資導入を求める態度はいっそう積極的になり、欧米列強の中国資本市場を独占しようとする競争との角逐もさらに激しくなっていった。日本も、当然、拱手傍観することなく、そうしたなかに入り込むために、政府と企業はいずれも焦って対策を求めはじめた。この時、渋沢はひとしお責任の重大さを感じ、いまこそ財界の領袖として統率力を発揮すべき好機とみた。彼にしてみれば、欧米の強大な資本力と競い、できるだけ早急に企業として力不足な受身の局面を転換させるには、まずやるべきことは、財界の力を統合して、企業をうまく組織するための準備を行うことであった。こうした認識から、渋沢は、相前後して、二つの対中資本輸出の専門機構を自ら企画・設立した。それが東亜興業会社と中日実業会社であった。この二つの会社は、多くの機能を備えて、日本企業の対中投資にさまざまなサービスを提供するとともに、それ自身が対中資本輸出の組織者でもあり、担い手でもあるという、日本の対中資本輸出において非常に重要な地位にあった。

1　日清起業調査会の組織と東亜興業会社の設立

日露戦争の後、勝利した日本の列強中における地位はいっそう向上した。日本の朝鮮に対する支配が各国に承認され、さらに日本は、ロシアに代わって中国東北地方において多くの権益を得た。しかし、日本はこれで満足したのではない。その欲望はますます膨らみ、その視野を広げ、中国全土にわたって権益の獲得と経済的拡張を望むようになった。一方、中国の状況についていえば、義和団の騒乱の鎮静後、清朝政府の経済政策にもいくつかの新しい変化が現れ、外債によって鉄道を建設する計画が再び浮上し、これには地方官僚も積極的な姿勢を示した。一九〇六年、湖広総督張之洞と四川総督錫良は、再び川漢鉄道の建設を提議し、外資導入に関する諸事情を検討しはじめた。こうしたことから、西洋列強による鉄道権益の争奪戦が再開され、それが日本政府や財界の関心をいっそうかきたてた。

中国に経済活動を拡張する際、日本の財界は、これまで現地調査及び各方面に渉る情報収集やその分析を重視してきた。早くも一八九八年には、日本政府が福建省の鉄道建設権の獲得を企図していたことに合わせて、三井物産は福建省等へ人員を派遣して実地調査を行っていた。こうしたことから、中国の各方面に現れた変化に対応するため、三井、大倉などの企業は調査や情報収集の活動を急ぎ、同時にまた、対中調査や斡旋活動を行う専門機関を設立して、対中経済拡張の要求に適応させていく必要性を実感するにいたった。財界の領袖としての渋沢は、日本企業の中国での活動状況について熟知していたから、こうした考え方に賛同し、これを強く支持した。渋沢にいわせれば、日本はいまだ企業の対中投資にサービスを提供する専門窓口となる組織を有していなかったので、その活動拡大は大きな影響を蒙らざるをえないということであった。そこで彼は自ら動いて、三井物産の益田孝、大倉組の大倉喜八郎、日本郵船の近藤廉平、日清汽船の白岩龍平らとともに、一九〇七年四月、日清起業調査会を共同設立した。

日清起業調査会が自ら規定する主な任務は、中国の経済状況を全面的に調査し、中国側との鉄道借款やその工事請負及び資材供給等に関する交渉を担当することであった。日本政府は日清起業調査会の成立を非常に重視し、資金面で多大な支持を与えただけではなく、官僚を派遣して同会の会議にいつも出席させていた。渋沢はかつて何度もこの会議を主催し、情報を交換しあい、中国の鉄道建設に関する重要問題を討議した。同会は、対中投資活動を発展させるために、三井物産天津支店長安川雄之助を代表とする具体的な部署を組織し、現地の中国側との鉄道に関する融資、工事請負、資材供給等についての任務を統一的に担当させた。

一九〇八年八月、日本政府の支持の下で日清起業調査会を基礎とし、渋沢が指揮権を持つ日本で最初の対中投資機関、東亜興業会社を設立した。このような決断が下された理由は明白であった。それは、この会社の直接の目的が欧米企業と川漢鉄道に対する貸付金の権利を争奪することにあったからである。三井、大倉等の企業及び日清起業調査会は、川漢鉄道の権益争奪戦において目覚ましい活躍ぶりをみせたが、その結果は思い通りにはいかなかった。それにはさまざまな政治や外交上の要素が絡んでいたからである。しかし、それ以上に重要な原因は、欧米企業が自国の銀行団と密接に協力しあい、十分な資金力を駆使できたのに比べて、日本企業にはこのような準備ができておらず、優位な競争力を発揮できなかったことにあった。こうしたことを最も痛感したのは、競争の第一線に身を置いていた三井物産上海支店長の山本条太郎であった。彼によれば、「長江流域は、『誠ニ競争ノ酷イ所』であり、日本商人にとっては、『遺憾極ッタ事バカリ日々起ッテ』いた。それは、列国が投資銀行と一体となって借款供与し、資材を売り込んでいたのに対して、日本は『金融機関ガ貿易以外ニ不充分』であったことも、その大きな原因であった。枕木は売込めても機関車、客車、軌条といったものは、列国の借款供与と一体となった売り込みの前に『殆ト見込モ付カサル状況』であった」[11]。このことから容易に理解されるように、日本がこうした競争における不利な局面をひっくり返すには、日本も「シンジケート」のような企業連合の投資機関を設置するほかなかったのである。東亜興業会社の創立はまさにこの必要に適応するためのものであった。

東亜興業会社の創立の発起人は全部で八名であり、日清起業調査会創立発起人としての渋沢、益田孝、大倉喜八郎、近藤廉平、白岩龍平の五人のほかに、山本条太郎、大橋新太郎、古市公威の三人が加わった。組織形態は株式会社で、創立資本は一〇〇万円、最大の株主は一〇〇〇株を持つ三井家であり、岩崎小弥太、大倉喜八郎はそれぞれ五〇〇株、古河虎之助は四〇〇株、渋沢、高橋是清、安田善之助、鈴木馬左也はそれぞれ三〇〇株であった。東亜興業会社の主な出資者には、当時の日本商工界のほぼすべての頭株たちが名を連ねていた。このことは、その創立が日本の企業界の一大事であり、これらの重要な人物たちの認可と支持を得ていたということを意味している。

一九〇九年八月一八日、東亜興業会社は創立大会を挙行した。渋沢は議長として大会の議事を取り仕切り、古市公威、小田切万寿之助、山本条太郎、門野重九郎、岩下清周、白岩龍平を理事に選出し、このうちから古市公威を社長として選出した。また会社定款を一致して可決した。この定款第一条には、「当会社ハ東亜興業ト称ス清国ニ在テハ東亜興業公司ト称ス」とあり、第二条では、会社の業務目的として、「一　清国ニ於ケル鉄道、土木、鉱山、造船、電気等ニ関スル各種事業ノ調査設計及引受　二　直接間接ニ前項ノ事業ニ投資シ又ハ資本ノ供給ヲ為スコト」を掲げた。この主旨からすれば、東亜興業会社は、中国に対する経済拡張活動を展開する専門機関であり、その任務は、一切の重要産業部門及び領域に向けて、現地調査と計画設計に従事し、直接あるいは間接にこれら事業に投資・借款を行うことにあった。こうした東亜興業会社の主旨と任務から看取しうることは、この創立によって日本の対中資本輸出の組織体系が一歩前進し、これが対中経済拡張活動の全面的展開にとって重要な戦略意義を有したということであった。

2　日本の対中経済拡張における東亜興業会社の地位と役割

東亜興業会社は、日本政府と財界が相互に結合した産物であり、その根本的な任務は、対中資本輸出を通して中国経済に全面的に浸透し、その統御を実現することにあった。そのため、創立早々から対中経済拡張の舞台上に新姿態で現れるや、中国各地へと触角を伸ばし、中国各界と広範囲に接触しつつ、種々のルートを利用しながら大量の情報を収集し、かつそれらに迅速に反応した。こうしたことから、直ちに発展して日本の対中国資本輸出の主力軍になった。その業績は表2―1に示すようなもの（一〇万円以上の借款供与）であった。

表2―1には、一九一二―二二年までの一一年間の東亜興業会社の対中資本輸出の具体的な対象、数量、用途及び資金源泉に関する基本状況が反映されている。こうした基本状況から以下のことを指摘しなければならない。

（1）借款についていえば、一九一二―二二年の一一年間、東亜興業会社が中国側と締結した借款契約は合計三四項、借款総額は五八四二・九六万円であった。借款規模としてはかなり大きな金額であったであったということができる。一九二三年の東亜興業会社の対中借款残高は四五七七・七三万円であり、この規模を上回るのは日本政府と興業銀行、台湾銀行、朝鮮銀行による特殊銀行団の二つだけであり[12]、満鉄や武器貿易商の泰平組合といったいわゆる国策企業もこれには及ばなかった。このことは、疑いもなく、東亜興業会社が対中資本輸出において重要な地位を占めていたことを示していた。

（2）借款対象では、南潯鉄道と京綏鉄道に対する借款権の獲得が特に注目される。すでに指摘したように、日本は以前から中国の鉄道権益を取得したいと希望していたが、「下関条約」を経て後、何らはばかることなく、西洋列強の中国鉄道権益の争奪戦へ参加していった。しかし、結果的には、満鉄が中国東北地方で数本の鉄道建設権を獲得した以外、関内地域で日本企業が獲得した鉄道借款権のプロジェクトには限りがあり、規模も小さく、融資額の多くは数万から数一〇万円のものにすぎなかった。その意味では、この二本の鉄道借款権の獲得は非常に重要であり、日本の中国内陸部における経済拡張にとって大きな戦略的意義を有していた。

（3）借款対象企業についてみれば、地域分布状況では、南から北、沿海部から内陸にまで、広範囲な地域に亘っ

表２―１　東亜興業会社の対華借款

借款対象	契約日	起債額(円)	用途	資源提供
江西省南潯鉄路公司	1912-07-08	5,000,000	鉄道建設資金	預金部(興銀経由300万円)、興業銀行(100万円)、台湾銀行(50万円)、大倉組(50万円)
安正鉄路公司	1913-05-28	200,000	鉄道建設資金	三井物産（20万円）
江西省南潯鉄路公司（第１次）	1914-05-15	500,000	鉄道建設資金	預金部（興銀経由50万円）
江西省南潯鉄路公司（第２次）	1914-05-15	2,000,000	鉄道建設資金	預金部（興銀経由150万円）
漢口水電公司（１）	1916-04-24	1,500,000	事業拡張整理資金	台湾銀行、三井銀行、三菱銀行、第一銀行、第十五銀行（各24万円）
漢口水電公司（２）	1917-01-15	1,000,000	事業拡張整理資金	台湾銀行、三井銀行、三菱銀行、第一銀行、第十五銀行（各20万円）
河南省開封電灯公司	1918-03-20～1921-10-01	175,831	事業資金、利払資金	
開封電灯公司（外８口）	1918-03-20～1923-04-10	1,625,000	事業資金	
湖北省宜昌電灯公司	1918-06-06～1921-06-13	126,695	事業資金	
江西省南昌電灯公司	1918-06-28～1921-02-12	414,697	事業資金、利払資金	
銅元局	1920-12-01	3,000,000	陝西省政府との契約を継承	預金部（興銀経由300万円）
江西南潯鉄道公司（利払資金）	1918-07-01	679,650		
江蘇省蘇州電灯公司（株主）	1918-10-15	325,581	事業拡張資金	
京綏鉄道（第１次）	1918-12-07	3,000,000	鉄道建設及び改良資金	興業銀行外16行（270万円）
江蘇省蘇州電灯公司	1919-01-01	500,000		
江西省吉安電灯公司	1919-03-21	109,220	公司創立資金	
北京新華銀行	1919-04-17	3,000,000	事業拡張金	
湖南省洪江電灯公司	1919-10-16	150,000	事業資金	
湖北省武昌電灯公司	1917-06-25～1919-11-26	530,682	事業資金	正金銀行（53万円）
四川省井富鉄道公司	1919-11-26	182,957	公司創立準備資金	
有線電信（第２次）	1920-02-10	15,000,000	有線電信拡張改良費立替払	預金部（250万円）、住友銀行、古河銀行（各100万円）、興業銀行、台湾銀行、朝鮮銀行（各25万円）、東亜社債（300万円）
河南省鄭州電灯公司	1920-04-15	200,000		
北京溥益実業公司	1920-05-14～1927-12-16	3,168,022	製糖工場建設資金	預金部（興銀経由100万円）
漢口宋煒臣（漢口水電）	1920-06-05	200,000	漢口水電借款整理資金	
江西省南潯鉄路公司(利払資金)	1921-02-05	400,000		台湾銀行（40万円）
京綏鉄道（第２次）	1921-04-18	3,000,000		興業銀行外16行（280.5万円）
四川井富鉄道公司	1921-04-30	311,198	公司創立準備資金	
上海宝成紡織公司	1921-12-30	5,000,000		興業銀行外16行（500万円）
上海申新紡織公司	1922-02-18	3,500,000		日本綿花（50万円）、シンジケート銀行（50万円）
江西省南潯鉄路公司（第３次）	1922-05-16	2,500,000		預金部（250万円）
江西省南昌電灯公司	1922-05-18	310,080	事業資金	
呉淞華豊紡織公司	1922-07-20	1,000,000		正金銀行（50万円）、興業銀行（50万円）

資料出所：国家資本輸出研究会編『日本の資本輸出―対中借款研究』多賀出版、1986年、181―182頁。
注：利払借款、未交付借款を除く10万円以上の1924年末までに契約された借款。

ているが、江蘇省、江西省、四川省、湖北省、河南省、河北省のほか、上海、北京、武漢といった中国の最も主要な大都市が含まれている。借款対象業種では、鉄道のほか、主要なものに電気通信業と紡織業があった。この二つの業種は、外国資本が好んで投資対象にする業種であり、競争の非常に激しい業種でもあった。電気通信業は中国では漸く事業が開始されたもので、今後の発展余地は大きく、この業界への参入は明らかに大きな政治的利益と経済的利益をもたらすものであった。他方、紡織業は当時の中国の最も主要な近代産業であり、日中両国の企業競争が最も激しい業種であった。中国紡織企業への借款は、明らかに日本資本のこの業種での勢力をさらに強化することを意味しており、日本企業がこの産業分野を完全に統御していくのに非常に有利であった。

（4）借款の資金源では、東亜興業会社自身が提供した資金額は比較的限定されていたので、大部分の資金は政府の大蔵省預金部、三井系列企業、興業銀行、台湾銀行、横浜正金銀行等によって提供された。このような状況から、日本の対中資本輸出における東亜興業会社の主要な役割は、組織者としての役割であることを再確認することができる。それは、一方では日本政府の資本輸出政策の実現と戦略意図に奉仕するとともに、もう一方では企業の余剰資本を収集して、中国において適当な投資対象を探し出すことであった。こうした多方面にわたる東亜興業会社の役割は、到底、一般企業が担いうるものではなかった。

東亜興業会社の資本輸出活動は、日本の対中経済拡張戦略に対応していたが、こうした使命を担うことができたのは、日本政府の支援と財界や渋沢本人の指導と熱意ある援助があったことと密接に関係していたといわなければならない。実際、渋沢は、東亜興業会社の設立後、具体的な職務は担当しなかったものの、東亜興業会社と頻繁に連絡を取っていた。東亜興業会社の経営管理者たちも、渋沢を財界の最大の後ろ盾と考えており、いつも彼に仕事の情況や中国側に関する情報を報告し、指導と配慮を求めていた。こうしたことから、渋沢の日記には、東亜興業会社の主要人物である白岩龍平、小田切万寿之助、山本条太郎らの来訪がほとんど毎月記録されており、多いときには一週間に何度もあった。渋沢の日記では、これらの人たちとの具体的な会話内容に関する記述は少ないが、彼は東亜興業会社の中国での経済拡張活動のほぼすべてを掌握していたということができる。

3　中国興業公司の創立と中日実業会社への再編過程

中国興業公司とその後に再編された中日実業会社は、渋沢が直接創立に参与した対中投資の専門機関である。しかし、それは東亜興業会社と異なり、この二つの会社（中国興業公司と中日実業会社）は、中国との合弁会社であって、その発起と創立には、新しい企みが含まれていた。

『森恪』という著書によれば、中国興業公司の発起と創立の過程は、以下のようであった。三井財閥は、中国に対する経済拡張をさらに推進するため、一九一一年の初めに三井銀行の尾崎敬業を中国へ派遣し、現地調査を行わせた。一年の調査を経て、尾崎は「対中投資論」という調査報告書を提出した。この報告書によると、中国はいままさに未曾有の政治的混乱のなかにあるが、国体がいかなるものになろうとも、借款に頼らなければ開発を進められない状態には変りがない。こうしたことから、当面の急務は、両国の合弁による投資機関を創立することである。この「報告書」は三井物産上海支店の山本条太郎、高木陸郎、藤瀬政次郎、森恪らの賛同と推賞を受けた。彼らは中国の事情を熟知しており、合弁会社の名義で活動を行うならば、外国の法人として受けるさまざまな制限を避けることができ、経済拡張のいっそうの展開をより有利に進めることができるということを理解していた。そこで、彼らは直ちに合弁企業を創立するための斡旋活動を開始し、正式な「建議書」を立案し、それに尾崎の在中調査報告書「対中投資論」を添付して、内閣総理大臣桂太郎、大蔵大臣若槻礼次郎、軍務局長田中義一、政界の元老井上馨、及び財界の要人渋沢、大倉喜八郎、益田孝などに送った。この「建議書」は瞬く間に上述した各方面の賛意と支持を得た。渋沢は自ら出馬しこの任務を引き受け、これに全面的な責任を負うことを決意した。このようにして、渋沢の主導のもとに直ちに中日合弁会社設立草案が立案され、中国側の合弁相手を誰にするかの協議が繰り返し行われ、最終的には、この目標を当時すでに臨時大総統を辞任していた孫中山（孫文）に置いた。彼らにしてみれば、孫文は臨時大総統を辞任し、政治的には微妙な立場にいたが、いまだ中国には巨大な影響力と呼びかけの力量を有し、かつ思想上では比較的対日関係を重視していたことから、両国の合弁企業にとってはむしろ理想的な人選であった。次の問題の鍵は、いかに孫文をこの計画のうちに引き込むかということであったが、幸いにも、最終的に絶好の機会を見出した。孫文は、臨時大総統を辞任した後、日本の駐中国領事を通して、日本訪問の願望を伝え、日本の経験を汲み取って資金面で日本の支持を得ることを求めた。しかし、日本の外交当局は、このことが袁世凱との関係に影響することを恐れ、遅々として返答できなかった。孫文は、いくぶん困惑し、失望を禁じえず、アメリカを訪問することに決めた。高木陸郎、森恪らはすぐにこれこそよい機会が巡ってきたと考え、この機会に乗じて、合弁企業の設立を理由として孫文の訪日を招聘するとなれば、外交上、政府としても説明しやすいだけではなく、さらに重要なことは孫文を説得するうえでも有利であり、この件で日本との協力を彼に同意させることができると判断した。こうした考えは、渋沢や財界の大きな支持を得るところとなり、孫文を日本へ招聘し、久しく準備してきた合弁会社の設立という懸案事項を完成させようとした。こうして、森恪は、一九一三年の初めに孫文と訪日招聘の件並びに日中合弁企業の共同創立の件について会談した。孫文としてみれば、少々無理なところもあると感じたが、日本の支持を得て実業救国の急場に備えたいと考えていたことから、最終的には日本を訪問し、合弁企業の創立に関する商談を行うことにした。

一九一三年二月一四日、孫文は四〇日間の日本への訪問を開始した。彼の訪日は朝野を問わず、上下を問わず、盛大な歓迎を受けた。とりわけ渋沢は懇切な温かい接待で彼をもてなした。しかし、日本政府が最も関心を寄せていたことは、合弁会社を成立させることであり、この事業を成功させるため、これを担当する大蔵事務次官勝田主計は、二月一八日、渋沢にわざわざ書簡をしたため、合弁企業の成立に関して改めて政府の態度を表明した。その要点は以下のようであった。すなわち、①表面的には政府はこの会社と無関係であるが、実際上は十分これを支持する、②合弁会社は東亜興業会社に倣い、経営を広げることを主とする、③この合弁会社のすべての事務は、渋沢一人がこれを統括し、適当な範囲の銀行家、実業家と共同して企画する、④東亜興業会社の江西鉄道に対する借款は、中国の権益を獲得する嫌疑が生じているので、今回の中国側との会談では、そうした関係についての話題を回避すべきである。

こうした日本政府の全面的な支持の表明によって、渋沢は重大な使命を負うことの責任を自覚し、各種の儀礼的活動に出席すると同時に、孫文といかに中日経済協力を展開するかについて意見を交換し、主導して「日中合弁会社設立計画書」の草案を完成させ、大蔵事務次官勝田主計の認可を得た。この「計画書」草案の内容は、以下のようであった。

1．創立ノ主旨

東亜ニ於ケル同文同種ノ二大国民ノ結合ヲ一層堅固ナラシムルト共ニ、唇歯輔車ノ交誼ヲ厚クシ、提携ノ実ヲ挙ケンカ為メニハ、国民相互ノ経済的連鎖ヲ密ナラシムルニ若クハ莫シ。是レ茲ニ中日両国ニ於ケル有力ナル実業家相集マリテ、東亜百年ノ大計ノ為ニ誠意ヲ披瀝シ、中日合弁中国興業公司設立ノ挙ヲ提唱スル所以ナリ。

今ヤ中華民国新ニ成リ、国力ノ充実ヲ要スルコト益々急ナリ。即チ、中国興業公司ハ中国ニオケル富源ヲ探究シ、有利ノ事業ヲ調査シ、中日両国人ノ責務トシテ之カ実際的ノ解決ヲ与エントスルモノナリ。試ミニ別紙（以下の）本公司目論見書ヲミレハ、其ノ設立ノ主旨ト必要トハ明瞭ナルヘキヲ信ス。

2．中国興業公司目論見書概要

（1）名称

中国興業公司ト称シ、英文ニテ“The China Exploitation Co. Ltd.”ト書ス

（2）組織
中日合弁ノ株式会社ニシテ、中華民国ノ法律ニヨリ設立ス
（3）営業
各種企業ノ調査、設計、仲介及引受
各種ノ企業ニ対シ、直接又ハ間接ニ資金ノ供給及融通ヲ為スコト
其他一般金融並ニ信託ノ業務
（4）資本及株式
資本ヲ五百万円トシ、各半額ヲ中日両国人ニ於テ引受クルモノトス。但第一回ノ払込ハ其四分ノ一トス
資本ハ株主総会ノ決議ヲ経テ増額スルコトヲ得
株券ハ記名式トシ、取締役会ノ同意ヲ得ルニ非レハ之ヲ譲渡スルコトヲ得ス
（5）営業所
本店ヲ上海ニ、支店ヲ東京市ニ置ク
（6）役員
取締役十名、監査役四名トシ、中日両国人株主中ヨリ各半数（取締役ハ百株以上ノ株主ヨリ、監査役ハ五十株以上ノ株主ヨリ）ヲ株主総会ニ於テ選挙ス
取締役中ヨリ総裁一名、副総裁一名、及ビ専務取締役二名ヲ互選ス
（7）株主総会
定期総会ハ毎年一回上海ニ之ヲ開キ、臨時総会ハ必要アル毎ニ上海又ハ東京市ニ於テ之ヲ招集ス
（8）債券

本公司ハ取締役会ノ決議ヲ経テ中国興業公司債券ヲ発行スルコトヲ得
中国政府ハ本債券ノ発行ヲ許可シ、成ル可ク其利益ヲ保護スルコトニ努ム可シ
日本資本家ハ債権ノ応募又ハ引受ニ関シ出来得ル限リ尽力ス可シ
（9）資本ノ仲介
本公司ハ日本若クハ外国ノ資本団ニ対シ、資金供給ノ仲介ヲ為スコトヲ得
以上ノ場合ニ於テ、本公司ハ日本若クハ外国ノ資本団ニ向テ内外市場ノ状況ニ依リ債務者ニ対シ成ル可ク有利ナル条件ヲ以テ資金ヲ調達セシムヘシ
日本資本集団中ニハ東京及大阪ニ於ケル有力ナル第一流銀行ヲ網羅スルモノトス
（10）創立事務
創立事務ハ中華民国ニ於テハ孫文氏、日本ニ於テハ男爵渋沢栄一氏之ヲ担当ス

渋沢がこの「計画書」草案をめぐって孫文と交渉した際、双方の意見の相違は主に第（2）項と第（4）項にあった。特に、第（2）項に関していえば、渋沢が大蔵省に提出した審査報告では、すでにこの公司は中華民国の法律によって設立すると明記されていた。しかし、実際上、「（一九一三年）三月三日に孫文に送った文章のなかでは、この第二項は空白であった」[13]。いうまでもなく、渋沢は、中国において経営活動に従事する合弁会社の設立は中国の法律によるという常識を知らなかったわけではない。むしろ枠外の利益を得ようと目論んだのである。そのため、渋沢や益田孝は、交渉を進めるなかで、日本の法律によってこれを設立するという要求を提出したのである。その理由は、中国の法律に基づいて設立すると、日本人はこの会社に疑いを抱くにちがいないとしたからである。これに対して、孫文が強調したことは、これは国家主権にかかわる問題であり、中国にはすでに会社法があり、中国の法律によって

会社を設立すべきであり、そうでなければ、中国国民に受け入れてもらうのは困難である、ということであった。双方が妥協に至らなかったため、このことに関しては当面棚上げしにしておき、後に研究して決定することになった。第（4）項については、孫文は会社資本金を一〇〇〇万円とする提案を行った。それは、資本金が多ければ信用も厚くなるからということであった。渋沢は、その必要はないと考え、将来の状況の変化をみて、その時に決めるべきであるとした。このほか、「計画書」の規定では、中国側は、資本金の半額二五〇万円のうち、最初に四分の一の六二・五万円を払い込むことになっていた。孫文は、中国側には資金調達上の困難があるので、もし日本側が融通してくれるというのであれば、自分が六二・五万円を引き受ける用意がある、と提案した。しかし、渋沢は、もし孫文が一人でこの資本金を引き受けるとすれば、合弁会社とした意味が失われるので、中国側は少なくとも一〇名から一五名程度の実業家を集めて共同出資としたほうがよいと主張した。これに対して、孫文は、帰国後これを処理したいとしつつも、中国の実業家の多くは、不動産を所持していても現金となるとむしろ不足状態にあるので、おそらく不動産担保によって日本から借金することになるだろうと述べた。渋沢は、「そうした事情については、日本側としてもできる限り応えるようにしたい」と返答したが、具体的な約束はしなかった。総じて、双方の交渉は完全に一致するところまでにはいかなかったが、渋沢にしてみれば、肝心要の問題として、孫文は帰国後に責任を持ってこの合弁会社の創立計画を実行することを約束したため、日本側としては、この交渉によって所期の目的を基本的に達成したということになる。

孫文は一九一三年三月二五日に日本訪問を終了し帰国した。上海に戻った後、彼は、一方では宋教仁の暗殺によって激化した南北問題を処理しつつ、他方では中国興業公司の準備に着手した。それには多くの紆余曲折もあったが、孫文は前後数回に亘って王寵恵、印錫璋、李平書、張静江、王一亭らのほか、森恪らが参加する会議を主催し、中国興業公司の主旨と計画書概要について論議し、高木陸郎、森恪らを通して、再度、渋沢に中国の法律による合弁会社の創立の主張を伝えた。この時、渋沢は、孫文に譲歩を促したいとして、三井物産上海支店長藤瀬政次郎と森恪を通して、次のような自らの意思を伝えてもらうことにした。つまり「この時期の合弁会社の設立は日本の法律に基づくべきであり」、その理由としては、資金の大半は日本側が提供するものであり、かつ中国では法律がいまだ完備されていないからであるとした。当時、孫文は、袁世凱討伐の闘争に出る必要から譲歩を決断し、「後に中国の法律を制定して中国公司に変更する」ことを条件として、日本側の主張を受け入れた。こうしたことから、渋沢は、再度、日本政府との協議を経て後、日本側の一部にあった、この合弁会社の成立は延期すべきとする主張を押しのけ、八月一一日、東京において中国興業公司設立大会を挙行した。渋沢は、創立発起人として、また主要株主として大会に出席し、大会の議長を務めた。彼は、この大会で中国興業公司の企画から設立に至るまでの過程を説明し、日本側の倉知鉄吉、尾崎敬義、森恪（駐上海代表）と中国側の印錫璋、王一亭、張静江を取締役に、日本側の大橋新太郎と中国側の沈縵雲を監査役に指名・選出した。渋沢本人と大倉喜八郎、山本条太郎など一〇人が顧問として推挙された。また、渋沢は、中国側の事情に配慮して、孫文の暫くは総裁に就任せずという意向を受け入れ、総裁の席は空けておくことに同意し、顧問も将来は中国側の推挙によって決定することとした。

こうして、中国興業公司は日中合弁による初めての対中投資専門機関会社として正式に成立を宣言した。しかし、中国の政治状況の変化に伴い、中国興業公司の運営は最初から苦境に陥った。孫文による「二次革命」の失敗、そして孫文自身が日本へ逃亡せざるをえない局面になって、日本側としては、臨機応変に対応するしかないという状況におかれ、中国興業公司を改組しなければ正常に機能させることはできないと考えるようになった。こうしたことから、日本側は袁世凱の北京政府と積極的に接触しはじめ、渋沢も「孫文とこれまでのような関係を維持する」ということをいわなくなった。状況を読むのが上手な袁世凱は、直ちに久しく待望していたこの機会をつかみ、各種の手段を通して、日本政府と渋沢に協力を期待したいという意向を示した。一九一三年九月、袁世凱の意を汲んだ北京政府総理の熊希齢は、駐北京大使館の山座圓次郎に明確な態度を示して、次のように述べた。「日本には中国興業公司の根本的な改組を行ってもらいたい。また中国側実力者との協力を俟って会社を改組するのが双方ともに有利であると思われる」(14)。これに対し、日本公使の山座圓次郎は、その場の調子に合わせて、次のように態度を明確に表明した。「孫文はいまのところ総裁ではないし、中国側の誰かが会社の要職の任に就いているわけでもない。こうしたことはこの度の動乱と頗る関係するところと思われる。そのためにも、これらの人物が迅速に淘汰され、中央政府の信任のおける人物に交代させるべきかと思われる」(15)。こうしたことがあって、袁世凱と日本政府との交渉が正式に開始された。しかし、この時亡命中の孫文はこの交渉の結末をすでに見通しており、渋沢を窮地に追い込みたくないと判断したのか、自ら渋沢に申し出て、「中国興業公司とは関係を絶ち、所持する株券を北京政府に譲渡したい」(16)という態度を示した。いうまでもないことであるが、これで渋沢の思いどおりに、中国興業公司を改組しえるようになったのである。

渋沢の日本財界での地位及び中国興業公司の改組過程で発揮するであろう大きな役割について、袁世凱の北京政府は十分に承知していた。そのため、北京政府の計画と準備に基づいて、中国興業公司改組の第一歩として、渋沢の中国訪問が要請された。一九一三年一〇月一五日、北京政府総理熊希齢は、日本側に対して、内閣及び袁世凱は渋沢が近いうちに中国を訪問されることを期待していると表明した。これに対して、日本政府の態度は非常に積極的であり、渋沢の中国訪問招聘を受けるとして、これに関する各方面の準備を整えた。「一〇月二七日、外務省は総合協調会を招集し、中国興業公司の株式、任務、改組、及び中国銀行の設立、これに加えて鉄道、石油、幣制顧問、福建鉄道、安正鉄道等、現在進行中の対中経済項目について討論を行い、日本側が維持すべき態度や主要政策を明確にした。これは、外務次官、大蔵次官、外務政務局長、大蔵理財局長、主要銀行の頭取、渋沢栄一、山本条太郎、倉知鉄吉らが参加する重要協調会であり、同時にまた、渋沢栄一の訪中に向けた準備会でもあった」(17)。

しかし、その後、あいにく渋沢は風邪を患い、代わりに倉知鉄吉が訪中任務を果たすことになった。倉知鉄吉は、訪中期間、中国興業公司の改組問題について、中華民国政府商工総長張謇及び楊士琦と協議し、会社の改名、孫文の株式処理などについて合意した。その合意の内容は、会社の名称について、もとの中国興業公司から中国企業公司(後にまた実業公司に改名)に変更すること、孫文名義の株式は中国側袁世凱政府代理人が接収すること、会社の国籍は日本とし、中国内では中国の会社と同じ待遇を受けること、中国側株主を改組すること等であった。

一九一四年四月二五日、日中双方は東京で正式に中国興業公司を改組する大会を開いた。袁世凱民国政府は、孫多森、周金箴、印錫璋、朱葆三など八人を派遣し、大会に出席させた。大会では、会社の改名、幹部の増補、定款の変更、株式の再分配等の提案が可決された。民国政府商工総長張謇の提案によって、会社名を中日実業会社に改めた。役員の改組では、楊士琦(新任)と倉知鉄吉(留任)をそれぞれ総裁、副総裁に選出し、孫多森(新任)、尾崎敬義(留任)を専務取締役とし、周金箴(新任)、森恪(留任)、李士偉(新任)、中島久万吉(新任)を取締役とし、胡宗瀛(新任)、大橋新太郎(留任)を監事とした。こうして、中国興業公司の改組が完遂された。結果からいえば、袁世凱政府による同社の接収管理目的が達成され、孫文側の役員はすべて更迭された。日本側にとっては、得るところがあっても失うものはなく、何らの損失もなく、同社の経済拡張活動の手段としての性格や機能を維持させ、さらに日本側の権益を拡大・強化した。例えば、旧中国興業公司の定款では「総裁又は副総裁」が株主総会を開催すると定められていたが、改正後の定款では「総裁及び副総裁」が株主総会を開催するに変更され、また「総裁及び副総裁は各自会社を代表する」が「共同して会社を代表する」に変更された。改正後の定款は、いずれの国の法律に基づくかの問題については言及されなかったが、会社の国籍は日本と明記され、明らかに日本の商法に基づいて会社事務を処理することが暗黙の了解事項となり、中国の国家主権はいつのまにか侵害されていった。

中日実業会社の設立は、実際上、袁世凱と日本政府及び日本の財界との間で行われた政治取引であった。この取引を通して、袁世凱政府は、孫文革命党の勢力に打撃を加えるという政治目的を達成し、他方、日本の政府と財界は、欧米企業が中国でいまだ獲得できていない特権を獲得した。中日実業会社は、日本国籍企業として中国企業と同じ待遇を受け、しかも日本の法律の保護をも受け、当初の目的を完全に達成し、その後の中国に対する経済拡張活動への新たな道を敷いた。

4　中日実業会社の中国における経済拡張活動

日本政府と財界は、対中経済拡張の必要から、中日実業会社に大きな希望を托した。彼らにしてみれば、日中両国が実業に関する合弁事業を促進するという理由をもってすれば、日本が中国政府にさまざまな要求を突きつける確かな根拠になり、道理にもかなうと思われたからである。このため、中日実業会社が成立してまもなく、渋沢と財界の要人たちは、日本政府が入念に準備した中国への四〇余日間の訪問を実施した。この訪問中、渋沢は中国の経済状況を詳細に考察し、袁世凱を表敬訪問し、さらに楊士琦などとも何度も協議を重ね、中日実業会社の日本側代表という名義で、中国側に多くの具体的な要求と希望を提出した。例えば、彼は予定した中国に対する電話事業の融資計画（一三年一二月七日、倉知が楊士琦と会談した際、日本は中国の電話事業に一二〇〇万円の借款を融資し、必要な電話機械はすべて日本から購入するというもの）の履行を促した。また、日本側から技師を派遣し、中国の石炭、銅、鉄等の鉱山資源の調査を行い、早急に発掘の合弁事業化を展開したいとした。さらに、四平街から洮南までの鉄道敷設に必要な器材はすべて日本から購入してもらいたいとした。その他にも、中日実業会社に電話部を設立し、中国の電燈がない都市で電燈事業を経営したい等々、といった希望を表明した。こうしたことからも分かるように、日本の財界が中日実業会社を手段として実現しようとした計画は、非常に巨大なものであった。

もちろん、中国側は日本の要求に対して必ずしもすべてに応じたわけではなく、時局の変化をみてこれに応じた。

例えば、電話事業の借款については、かつて中国側は西側諸国との関係を考慮し、中国の電話事業の発展の基本方針がいまだ確定していないことを理由に、日本側の要求に暫くは応じなかった。だが、それから二年後の一九一六年には、中国側は自ら日本側に総額一〇〇〇万円の電話事業融資の契約を希望した。中国側の態度がこのように変化した背景には、袁世凱の日本に媚を売ることで政治上及び外交上の不利な地位を改善しようという目論見があった。また、中日実業会社の出現に対して、欧米列強は多くの不満を抱いていたので、中国に対する攻撃や批判も多かった。当時、ドイツは、楊士琦が政府要職を務めながら同時に営利会社の総裁を兼任するのはまったく不当なことであるとして非難していた。こうした多くの圧力を受けて、楊士琦は三ヶ月も経ないで会社総裁の職務を辞してしまった。こうしたことからみれば、中日実業会社は、袁世凱政府と日本政府との間で執り行われた政治取引の産物であり、その活動は最初から政治外交上の影響や制約から逃れられるものではなかった。まさに、そうしたことから、中日実業会社の最初の二年間の活動はうまくいかず、日本政府はいくぶん失望を禁じえなかったし、渋沢自身も遺憾の意を示していた。

このように、中日実業会社の出航は順風満帆ではなかった。しかし、その後の状況からみると、日本の対中経済拡張という舞台上では相当な活躍をしていたといえる。一九一五年、日中実業会社は、森恪個人の名義で安徽省の裕繁公司と鉄鉱石の販売契約を結び、前渡金の形で二〇万円を融資し、民国政府の承認も得た。その後、続いて、中日実業会社は投資家を集めて、東洋製鉄会社を設立した。その際、中日実業会社は東洋製鉄会社と特別契約を結び、中日実業会社が裕繁公司から購入した鉄鉱石をすべて東洋製鉄会社に販売することにした。こうしたことから、一九一九年一月まで、中日実業会社は、東洋製鉄会社を出資者として、裕繁公司に二〇万円の鉄鉱石の前渡金と約二二四万円の融資を提供した。しかし、さまざまな理由から、裕繁公司の経営状況は芳しくなく、中日実業会社は日本の鉄鉱石需要を確保するため、さらに前後して各方面から収集した七〇〇万円を裕繁公司に貸し付けた。

表２－２　中日実業会社の対華借款

借款対象	契約日	起債額（円）	用途	原資提供者
安徽省裕繁公司	1915-04	200,000	鉱石代前渡	
安徽省裕繁公司	1916-01～1917-08	1711724	鉱石代前渡（1920-11-10の250万借款で整理）	
武漢電話借款	1916-01-18	92,281＊	電話材料代	三井物産（＊この金額はポンド建て）
交通部電話借款（１）	1916-08	1,000,000	電話事業の拡充・改善	この三項目借款は、1918-11-18の1000万円借款に借り換える
交通部電話借款（２）	1916-09	1,000,000	電話事業の拡充・改善	
交通部電話借款（３）	1916-09	1,000,000	電話事業の拡充・改善	
漢口造紙廠借款（１）	1916-11-11	2,000,000		台湾銀行（100万円）、第百銀行（100万円）
上海申新紡織公司	1917-04	400,000		
天津華新紡織公司	1917-08	500,000		台湾銀行、朝鮮銀行（各17万円）、興業銀行（16万円）
湖南省衡州泰記電灯公司	1917-09-14～1918-12-11	105,000	材料購入資金	台湾銀行（10.5万円）
湖南省湘潭大明電灯公司	1918-02-09～1919-06-21	370,000	事業資金	台湾銀行（37万円）
河南省洛陽電灯公司	1918-04-19	180,000	公司創立資金	台湾銀行（18万円）
湖南省志記和記両銻製錬廠	1918-05-05～1918-06-04	261,340		
湖北省沙市普照電灯公司	1918-05-08	175,000	事業拡張資金	台湾銀行（17.5万円）
江西省景徳鎮電灯公司	1918-06-20～1920-09-01	400,000	公司創立資金	台湾銀行（40万円）
安徽省裕繁公司	1920-11	330,000		
安徽省裕繁公司	1920-12-03	1,500,000	事業拡張	預金部（150万円）
安徽省盧州明新電灯公司	1918-07-26	100,000	公司創立資金	台湾銀行（10万円）
江蘇省清江浦振淮電灯公司	1918-08-06	135,000	公司創立資金	台湾銀行（13.5万円）
山東省博山電灯公司	1918-08-24	140,000		朝鮮銀行（14万円）
山東省借款	1918-09-01	3,500,000	実業調査費	興業銀行、台湾銀行、朝鮮銀行（350万円）
湖南省長沙開源鉱務公司	1918-10-16～1920-08-31	255,000	公司資金及旧債利子	
湖南省長沙謝重斎	1918-11-18	450,000		
交通部電話借款	1918-11-18	10,000,000		興業銀行、台湾銀行、朝鮮銀行（各200万円） 古河銀行、住友銀行（各150万円）、第一銀行（100万円）
江蘇省淮安普明電灯公司	1918-11-20	170,000	公司創立資金	台湾銀行（17万円）
電話材料売掛金	1919-06-30	1,180,334	住友・古河の売掛金	住友・古河（各340万円）
山東省博山電灯公司	1919-07-25	130,000		朝鮮銀行（13万円）
電線類売掛金	1919-10-25	3,401,000	住友・古河の売掛金	住友・古河（各340万円）
博山軽便鉄道借款	1919-11-07	300,000	鉄道建設、創業資金	アジア煙草（30万円）
漢口造紙廠借款（２）	1919-11-27	516,484	機械代貸付	三菱商事による製品供給
漢口造紙廠借款（３）	1919-11-27	400,000	製品購入前渡	台湾銀行、朝鮮銀行（実際交付額20万円）
財務部紡織借款	1920-03-01	10,000,000		大阪紡織業者（実際交付額300万円）
安徽省裕繁公司	1920-11-10	2,500,000	債務整理代	東洋製鉄（224万円）
安徽省裕繁公司	1921-07-15	1,500,000	（1923-01-31の325万円借款で整理される）	中日社債（120万円）
漢口造紙廠借款	1920-10-31	916,000		
安徽省裕繁公司	1923-01-31	3,250,000	債務整理、流動資金	預金部（325万円）

資料出所：国家資本輸出研究会編「日本の資本輸出—対中借款研究」多賀出版、1986年、197—198頁。
注：利払借款、未交付借款を除く、10万円以上の1924年末までに契約された借款

中日実業会社の対中資本輸出の全体的な状況からみると、一九一六年以降になって大きく前進している。この変化は、袁世凱の死後、日本の寺内内閣が段琪瑞政府に対して援助政策を採ったことに関係しており、それと同時に、中日実業会社の対中経済拡張における役割と地位がいよいよ顕著になり、さらに重要になったことを意味している。表2—2にみるように、一九一五—二三年の間、中日実業会社の中国に対する借款は合計三六件、うち三四件が日本円での融資で、総額約四九七七万円に上り、その規模としては相当なものであった。金額でいえば、東亜興業会社と比べると一定の差はあるが、単独の企業としてみれば、明らかに台湾銀行、朝鮮銀行、正金銀行、興業銀行等、対中投資に熱心な銀行に比べ、はるかにそれらを上回っていた。このことは、中日実業会社がすでに日本の対中資本輸出にとって不可欠な基幹的役割を果たすものになっていたことを意味している。

第三節　中国海運市場の独占

中国の大門が西洋列強によって開放されて後、彼らの経済拡張の最初の目標は中国の海運業に向けられた。日本は、遅れて中国に来た後来ではあったが、その重要性を熟知していたから、ぐずぐずしているわけにいかず、直ちにこの競争の隊伍に加わった。このため、激しくかつ残酷な競争が展開されたが、日本はこれに勝ち抜き、弱者から強者となり、さらにその後も奮闘して群雄を打ち負かし、海運市場を独占するほどまでになった。日本のように後来が上位になりえた理由は多方面にわたるものであったが、その中でも、日本政府の全面的な支持と渋沢らによる海運企業の創立活動が最も重要な要因であったということができる。

1　日本郵船による海外航路の開発と増加

日本郵船は、一八八五年、日本政府の強力な介入の下に三菱会社と共同輸送会社が合弁して設立されたものである。渋沢は同社設立の全過程に参加し、さらに一八九三―一九〇九年の間、同社の取締役を務めていた。

日本郵船の設立前後、日本の紡績業は猛烈な勢いで発展しており、紡織品の輸出と必要な原料棉花の輸入は急増し、海運に対する需要をいっそう増加させていた。しかし、当時の日本の海上航路の多くは沿岸航路であって、外国との間の航路はわずかに上海とウラジオストックを結ぶ近海航路のみに限られており、遠洋航路はまだ開かれていなかった。そのため、輸出入品の海上輸送のほとんどは欧米の海運会社に制御されていた。このような局面を変えるため、日本郵船の設立後、まず遠洋航路の開発を急務とし、積極的に設備の更新・増加に着手し、旧式帆船を淘汰し、新式の汽船使用を普及させるなど、遠洋航路の開発に関して多方面において努力を重ねた。この過程において、渋沢は重要な役割を発揮した。彼は絶えず政府に働きかけ、海運企業に対する財政補助の実行と特殊な保護措置を採るよう強く要請した。他方、彼は外国商社と日本の輸出入企業との間を斡旋し、遠洋航路を開発するための組織上の準備を進めた。彼の仲介の下で、日本郵船は大日本紡績連合会とインドのタタ商会のそれぞれと輸出入貨物の請負輸送契約を締結した。こうして、日本初の遠洋航路であるボンベイ航路（神戸→門司→上海→香港→マニラ→シンガポール→コロンボ→ボンベイ）が開通し、ここに日本の対外貿易における遠洋運輸の新しい一頁が開かれた。

遠洋航海をめぐる国際競争は、日本郵船が参加することによってさらに激しいものになった。欧米列強の海運会社のボンペイ航路の棉花運送価格は一トン当たり一七ルピーであったが、日本郵船は取引先を獲得するために、営業を開始するやすぐにこの価格を一トン当たり一二ルピーに設定した。これに対して、欧米列強の海運会社もすぐに反撃措置を講じ、価格を一気に一トン当たり一・四ルピーに値下げし、強大な実力をもって日本郵船を死地に追い込もうとした。こうした社の命運にかかわる局面に直面しても、渋沢は、欧米列強の海運会社の高圧姿勢に少しも怯えず沈着にこれに対応し、日本の紡織業者に一致団結してこれに対処するよう呼びかけた。この彼の呼びかけに応じて、大日本紡績連合会に加盟するすべての会社は、棉花の輸入運送業務の一切を日本郵船に委託することを決定した。こうして、日本郵船はこの角逐を制して勝利を得たのである。

ボンベイ航路の開通が成った後、日本郵船はさらに努力を重ね、一八九六年にヨーロッパ航路（横浜→神戸→門司→上海→香港→シンガポール→ペナン島→コロンボ→ボンベイ→スエズ運河→ポートサイド→ナポリ→マルセイユ→ロンドンへ到る）、北アメリカ航路（東は太平洋を経て、パナマからニューヨークへ到る、西はスエズ運河を経て地中海に入り、大西洋を抜けて北アメリカ各港へ到る、中国では天津大沽口港で停泊）、及びオーストラリア航路を開通した。その後、南アメリカ航路（中国→メキシコ→アルゼンチン→ブラジルへ到る）、カルカッタ航路（横浜→神戸→門司→上海→香港→シャム→シンガポール→ヤンゴン→カルカッタへ到る）、及びサンフランシスコ航路（香港→上海→長崎→神戸→横浜→ホノルル→サンフランシスコへ到る）を開通した。これらの遠洋航路の開通は、日本の海運業がすでに台頭を果たし、完全に欧米遠洋運輸会社に依存する状態から脱したことを意味しただけではなく、同時に日本はすでに中国の遠洋輸送を自己の統制下におき、対中経済拡張の高潮の到来に欠くことのできない条件を提供したことを意味していた。こうしたことから、日本郵船が開いた上記の遠洋航路をみると、各航路線すべてが当時の中国の最も主要な港を経過していた。このことは、日本の海運業が中国への商品輸出の任務を担いながら、中国の輸出原料や物品を日本に輸送あるいは世界各地に輸送する体制を構築していったといえるのである。

一八九六年の「航海奨励法」及び「造船奨励法」と九九年の「特定航路助成金措置法」によると、日本政府は、毎年、日本郵船にかなりの金額の補助金を提供していた。これによって日本郵船の実力は不断に強化されていった。こうして、日本郵船に十分な自信がつくようになると、遠洋航路を開発すると同時に、その矛先を直接中国に向けはじ

表２—３　中国通商港岸への入出船数の国別比率

単位：％

年	中国	アメリカ	イギリス	ドイツ	日本	その他
1896	4.69	1.57	67.14	10.82	4.39	11.39
1897	5.21	2.49	67.27	9.52	5.08	10.70
1898	5.42	1.88	65.45	9.34	8.46	9.41
1899	5.60	2.42	61.11	8.42	12.99	9.46
1900	4.03	2.44	58.69	10.75	14.12	9.97
1901	3.62	2.77	52.63	14.78	16.05	10.15
1902	5.12	2.51	50.62	14.20	16.59	10.96
1903	5.01	2.65	48.12	13.88	17.63	12.71
1904	17.09	2.49	53.22	12.82	1.86	12.52
1905	17.19	5.30	45.78	12.45	2.31	16.97
1906	15.29	5.16	39.23	11.01	15.08	14.23
1907	16.37	3.65	37.64	10.54	19.68	12.12
1908	16.16	3.63	38.90	9.98	20.83	10.50
1909	15.39	2.66	38.70	10.28	21.35	11.62
1910	16.26	2.26	38.60	10.41	20.67	11.80
1911	15.33	2.24	38.25	10.48	21.95	11.75
1912	15.38	2.98	38.80	10.66	22.83	10.35
1913	15.98	2.77	35.73	9.90	26.49	10.13

資料出所：中国航海学会《中国航海史（近代航海史）》人民交通出版社，1989年，第203页。

めた。日本の対中輸出品である紡織品や輸入棉花等の原料品が増加するにつれて、日本郵船は前後して中国各地と結ぶ近海航路を開航していった。例えば、大阪、神戸と上海を結ぶ上海航路（大阪・神戸・門司・上海）、神戸—上海航路（神戸・長崎・上海）、横浜—上海航路（横浜・神戸・上海）、門司—上海航路（門司・上海）、名古屋—上海航路（名古屋・上海）、大阪—青島航路（大阪・神戸・門司・青島）、神戸—天津航路（神戸・大阪・門司・天津）、横浜—牛荘航路（横浜・長崎・天津・牛荘）、上海—大連航路（上海・天津・大連）であった。このように、日本の主要港には中国沿海港と結ぶ航路があり、中国沿岸部の主要港の多くは、南から北まで、これら航路のうちに納まっていた。それだけではなく、日本製鉄会社の中国大冶鉄鉱石に対する需要に対応するため、日本郵船はまた、日本と漢口を結ぶ漢口航路（若松・八幡・長崎・神戸・上海・

大冶・漢口）と神戸沙市航路（神戸・上海・沙市）を開いた。こうしたことは、日本郵船がすでに中国内陸部にまで手を伸ばし、中国の内陸輸送を新しい舞台として、欧米列強に対して新たな挑戦を始めたことを意味していた。

日本郵船の中国航路の急激な増加とともに、日本の汽船の中国の港への出入りが日増しに頻繁となり、中国の汽船運輸に占める日本のシェアは大いに増長した。こうした変化は表2―3に示される。統計によると、一八九六年、中国通商港に入出した船舶のうち、イギリス船の割合は六七・一％、ドイツ船、アメリカ船、日本船の割合は、それぞれ一〇・八％、一・六％、四・四％であった。ところが、〇三年には、イギリス船の割合が四八・一％にまで下がり、ドイツ船とアメリカ船が占める割合は、それぞれ一三・九％、二・七％に上昇した。日本船の割合は大幅に上昇して一七・六％に達し、イギリスに次ぐ第二位の地位に躍り出たのである。

2　湖南汽船の創立と日清汽船の中国市場における急速な拡大

湖南汽船会社は一九〇二年に創立された。この会社は、日本が中国内陸部で海運業に従事するために創設された専門会社である。渋沢は会社の創立発起人であり、主要な株主でもあり、顧問を務めていた。

湖南汽船の創立は、日清戦争後、中国が国家主権をたえず喪失していったことと関連していた。一八九五年、清朝政府は日本と「下関条約」を締結したが、その第六条第一項に「日本国臣民ノ商業住居工業及製造業ノ為メニ」、長江流域の沙市、重慶、蘇州、杭州の四都市を開くこと、第二項には、「旅客及貨物運送ノ為メ日本国汽船ノ航路ヲ左記ノ場所ニ迄拡張スヘシ　（1）揚子江上流湖北省宜昌ヨリ四川省重慶ニ至ル　（2）上海ヨリ呉淞江及運河ニ入リ蘇州杭州ニ至ル」と明記されていた。[18] 三年後の一八九八年、清朝政府は「内国航行章程」を発布したが、それには外国汽船の航行区域に対して、「国内航行の外国船は海関において登記手続き済ませてから、既に定められた通商港と内陸港（非通商港）の間を自由に航行することができる」[19] と規定されていた。この「章程」によれば、外国船の航行区域は通商港間の区域に限定されず、外国船は自由にすべての内陸港へ航行できるようになり、その活動空間はにわかに大きく広げられるとともに、ビジネスチャンスもやってくることになった。そのため、この「章程」が公布されるやすぐに日本で大きな反響を呼び、一時、やってみたいと手ぐすねを引く者が盛んに登場した。一八九九年、大東汽船会社の白岩龍平はこのために河本磯平を湖南省に派遣し、五〇日余りの現地視察を行わせた。この後まもなく、日本郵船の社長近藤廉平も中国各地を視察し、帰国後に日本政府に対して揚子江流域における航路増加を提案した。一九〇〇年、白岩龍平は招待会を開き、渋沢及び各界の実力者らを招いて、中国内陸部の海運業に進出することに関する討論会を開催し、渋沢、白岩龍平、近藤廉平、大倉喜八郎、益田孝、安田善次郎、中橋徳五郎らの企業界の大物たちによって「湖南汽船会社発起人会」が設立された。これらの人たちは、連名で日本政府に請願書を提出し、政府は湖南汽船会社の創立と航路開設に支持を与えるよう要請した。彼らが重ねて強調したことは、次のようなことであった。「湖南地方は四川に次げる豊沃の土地にして将来頗る有望なれとも、目下未た外国人の手を同地方の企業に下したるものなく、同地一帯の人民は頗る排外主義なるも、戦争以来日本には特に同情を表し、好んて日本人の企業を迎へんとするの傾向有るのみならす清国政府に於ても遠からす常徳及長沙等を開港するに意あるか如きを以て、一朝此間に汽船の航路を開くに於ては本邦より綿糸・綿布・海産物及雑貨等を輸出し湖南地方より米・麻・薬材・石炭等を輸入するの便宜大に開け、啻に彼我の貿易関係を密接ならしむるのみならす延ては同地方一帯の開発を幇くへき有益の航路」である。[20]これに対して、日本政府もこのことに関する意義の重大さを考慮し、衆貴両院に湖南汽船会社へ補助金を給付する議案を提出し、これが議決された。この議案によれば、湖南汽船会社には平均利潤率の六％を補助するというものであった。

湖南汽船会社の創立の総資本は一五〇〇万円であり、かつ政府の後ろ盾を得ていた。そのため、創立早々から威勢がよく、浅水航行に適している専門汽船「湘江号」と「沅江号」を設計し建造した。「沅江号」は一九〇四年三月に漢口―湘潭間の航行を開始し、毎月八回航行し、途中、長沙並びに新堤、宝塔州、城陵磯、岳州、盧林潭、湘陰、靖港等に停泊し、そこから洞庭湖の定期航路を経て日本に向かった。また、〇六年には「武陵号」（一四五八トン）が建造され、〇七年二月に湖南航路に使用された。こうして、湖南汽船会社は、湖南航路に就航する汽船三隻、総トン数三三二八トンを擁し、湖南航路における最大の汽船会社となった。(21)

湖南汽船の創立以前には、上述した日本郵船のほかに大阪商船会社と大東汽船会社がすでに長江流域に航路を開設していた。湖南汽船が創立されてからは、これら四社の日本の会社は欧米の汽船会社と激しい争奪戦を展開していたが、同時に相互間には多くの摩擦と衝突があり、情勢は非常に混乱していた。このような事態が長く続くならば、明らかに日本にとって不利であった。ここにおいて、日本政府の介入が開始され、個別の統合すなわち四会社を合併して一会社に結集させ、一致して外国に対抗させることにした。この決定は、財界とこの四社の支持と呼応を得て、一九〇七年に合併大会が挙行され、日清汽船会社が設立された。渋沢は日清汽船会社の創立委員長を務めた。取締役社長には石渡邦之承が就き、渋沢、近藤廉平、中橋徳五郎らが取締役に就任した。

四社が合併してできた日清汽船会社の実力は非常に高いものであり、その資本金は八一〇万円、汽船一四隻（総トン数二万九三五三トン）、小蒸気船二一隻（総トン数五五九トン）、小蒸気曳航客船一七隻（七八八トン）、躉船一〇隻（総トン数九七六一トン）を所有し、総トン数は四万四六一トンに達した。この会社の就航路線は一一路線に及び、次のようであった。上海漢口線（六隻、毎週四回以上）、漢口宜昌線（二隻、毎月四回）、漢口湘潭線（二隻、毎週二回）、漢口常徳線（一隻、毎週一回）、鄱陽湖線（一隻、毎月六回）、上海蘇州線（三隻、毎日一回）、上海杭州線（四隻、毎日一回）、蘇州杭州線（四隻、毎日一回）、鎮江清江浦線（三隻、毎月二〇回）、蘇州鎮江線（二隻、毎月一〇回）、鎮江揚州線（一〇隻、未定）。(22)以上から明らかなように、基本的な就航路線網が形成され、経由地域は多くの省市に及んでいた。

日清汽船会社の発展を援助し保障するため、日本政府は日清汽船会社に対して十分な優遇措置を施していた。第一段階は五年を期限とする補助金供与であり、毎年の補助金額は八〇余万元に達した（資本総額の一割に相当）。これにとどまらず、日本政府は、日清汽船会社のためだけに五三条の「政府命令書」を発布し、日清汽船会社の経営目的、業務範囲、資産額などを明確に規定した。例えば、その第一条によれば、この会社は清国の内河、沿海及びこれに相関する航路において水運業を営むことを目的とすること、但し必要に応じ倉庫業及び代理業を営むことができるとされた。第七、八、九条においては、航行路線、使用船隻数、トン数、就航回数等が具体的に規定され、第二六条の規定では、本条例七条で定めた路線の起点、終点及び寄港地に支店または代理店を置くこととされ、さらに逓信大臣の認可がなければ、本店または支店の事務員、及び第八条で指定された船舶の船長、運転士、機関長並びに事務員は外

表2―4　長江各港岸への各国船舶の入出比較（総トン数）

単位：千トン

年度	総計		中国		イギリス		ドイツ		日本		フランス	
	トン	%	トン	%	トン	%	トン	%	トン	%	トン	%
1895~1896	9,843	100	2,319	23.6	7,168	72.8	198	2.0	…	…	…	…
1898	11,078	100	2,741	24.7	7,773	70.2	85	0.8	407	3.7	…	…
1900	15,746	100	3,694	23.5	9,195	58.4	1,556	9.9	1,189	7.6	…	…
1901	19,053	100	3,499	18.4	9,944	52.2	3,656	19.2	1,789	9.4	…	…
1903	22,489	100	3,986	17.7	11,065	49.2	3,366	15.0	3,593	16.0	…	…
1906	28,753	100	5,429	18.9	13,754	47.8	2,863	10.0	5,115	17.8	1,026	3.6
1907	31,105	100	5,506	17.7	13,962	44.9	2,166	7.0	7,502	24.1	1,714	5.5
1908	33,759	100	5,583	16.5	14,246	42.2	2,438	7.2	9,017	26.7	2,167	6.4
1909	33,034	100	5,623	17.0	13,526	40.9	2,632	8.0	8,822	26.7	2,055	6.2
1911	30,722	100	4,517	14.7	13,919	45.3	1,946	6.3	8,951	29.1	1,189	3.9

資料出所：樊百川《中国轮船運业的兴起》中国社会科学出版社，2007年，263頁。

表2―5　日清汽船会社の歴年利益率

年	総運用資本（円）	利益（円）	利益率（%）
1907	8, 437, 460	431, 901	5. 1
1908	8, 401, 665	508, 370	6. 1
1909	8, 485, 732	778, 815	9. 2
1910	8, 617, 823	861, 109	10. 0
1911	8, 723, 970	937, 123	10. 7
1912	9, 288, 036	1, 638, 354	17. 6
1913	9, 695, 811	1, 630, 515	16. 8

資料出所：严中平他编《中国近代经济史统计资料选辑》科学出版社，1955年，254頁。

国人を使用してはならないとされた。第三三条では、当社の指定航路に対する航行補助金額が規定されたが、この補助金は一ヶ月ごとに終了した航行に対して支給するものであって、第八条に定めた航行度数を減じた場合、一回につき相応の減額（具体的に金額を明記）を行うとしていた。また、第五一条では、当社に対して、本命令書の実施の日より六ヶ月以内に総トン数三五〇〇トン以上、最大速力一時間一一海里以上の新造鋼船三隻を備えることを命じていた(23)。

この「命令書」のうちから次のように指摘される根拠を容易に見出すことができる。「日清汽船会社はすでに日本政府の厳重な統制下に置かれており、それは完全に日本国家政権の代理機関としての植民地的企業、すなわち日本の対外拡張という『国策』に奉仕する特殊な会社、国策会社になっていた。この会社は、同年に成立した南満州鉄道会社と並んで、日本が中国における交通運輸分野での勢力を拡充していくうえでの最有力手であった。この一つは南に、一つは北に位置した最有力手は遠くにあっても相互に呼応しつつ、日本が『中国の交通を占拠する』重要な環節をなしていた(24)」。

日本政府の強力な支持と後ろ盾を得て、日清汽船会社は欧米企業に打撃を与え、瞬く間に競争に有利な地位を占め、長江流域においてその勢力を迅速に拡大していった。表2―4にみるように、一九〇六―一一年までの五年余の期間、日本の汽船の長江各港における輸出入トン数は七四・九％も増加し、その占有率は一七・八％から二九・一％に上昇し、中国、ドイツ、フランスをはるかに上回り、イギリスに次ぐ第二の大侵略勢力となった。こうしたなか、日清汽船会社の収益状況も一貫して好調を維持し、表2―5に示したように、一九〇七―一三年の期間、利益率は年々向上し、一二年には一七％という高水準に達した。このことは、日清汽船会社がすでに完全にその設立目標を実現し、日本の対中経済拡張になくてはならない精鋭部隊になっていたことを意味していた。

注

（1）前掲『渋沢栄一伝記資料』第二巻、三九一頁。
（2）同上、三九三頁。
（3）同上、三九四頁。
（4）前掲『渋沢栄一伝記資料』第二七巻、二九五―二九六頁。この「建議書簡文」は、掲載資料中に日本語訳がないので、訳者が大意を翻訳し、ここに掲げた。
（5）国家清史編纂委員会《李鴻章全集》信函六，安徽教育出版社，二〇〇八年，五一四页。
（6）前掲『渋沢栄一伝記資料』第二〇巻、五九〇―五九九頁。
（7）同上。
（8）これらの法律については、前掲『渋沢栄一伝記資料』第二〇巻、六〇二―六〇四頁から再録。
（9）前掲『渋沢栄一伝記資料』第二〇巻、六〇六―六〇七頁参照。
（10）これは、「辛丑条約」一一条の規定（中国は今後、列国が有用と認める通商及び航海条約の修正並びに通商上の関係を円滑にするための通称条項の内容の変更について検討する）に基づき、イギリスとの間で締結された。イギリス側の交渉代表（商談特使）マッケイ（James Mackay）の名を冠して「マッケイ条約」とも称せられる。
（11）国家資本輸出研究会編『日本の資本輸出―対中国借款の研究』多賀出版、一九八六年、一七九頁より再引用。
（12）同上、一七五―一七六頁。
（13）俞辛焞《辛亥革命时期中日外交史》人民出版社，二〇〇〇年，二三六页。国立公文書館アジア歴史資料センター「中日実

業会社関係雑纂　第一巻」の資料によれば、三月三日に渋沢と孫文が署名した文書では、この第二項は「両国孰レノ法律ニ依ルカハ後日更ニ協定スヘシ」とされている。
(14) 前掲《辛亥革命时期中日外交史》三四三页。
(15) 同上。
(16) 李廷江《日本财阀与辛亥革命》中国社会科学出版社，一九九四年，三〇一页。
(17) 同上，三〇三页。
(18) 王铁崖《中外旧约章汇编》第一册，六一六页。外務省編纂『日本外交年表並主要文書　一八四〇—一九四五　上』原書房、一九六五年、「日清媾和條約」。
(19) 前掲《中外旧约章汇编》第一册，三四九页。
(20) 前掲『渋沢栄一伝記資料』第一六巻、七一九頁。
(21) 朱荫贵《国家干预经济与中日近代化》东方出版社，一九九四年，一三三五页。
(22) 前掲『渋沢栄一伝記資料』第一六巻、三〇九頁参照。
(23) 前掲『渋沢栄一伝記資料』第八巻、二九六—三〇五頁を参照。
(24) 前掲《国家干预经济与中日近代化》二三九页。

第三章　渋沢栄一の対中経済拡張の思想

近代日本の対中侵略拡張思想についていえば、各種さまざまなタイプが存在していただけではない。それらの対中侵略拡張思想は、国際情勢や中国を取り巻く環境の変化に影響を受け、それら思想の占める位置も異なっていた。周知のように、福沢諭吉の「脱亜入欧」論及びその後に急速に拡大していった「大アジア主義」の思想は、かつて日本に広く流布し、日本の対外侵略の拡張に大きな役割を果たした。もちろん、渋沢を思想家と称することはできないし、彼の思想も体系的で深いものといえない。しかし、彼の輝かしい社会的地位がそうさせたといえるが、彼が発表した思想（主義）・主張は広く人々の注目を浴びた。渋沢の対中侵略拡張思想は、他の対中侵略拡張思想と比べて、もっぱら経済拡張に偏重しており、かつ内容にも独自なものがあり、多くの対中侵略拡張思想のうちでも無視しえない位置にあったということができる。では、渋沢の対中経済拡張の主張の主要な内容はどのようなものであり、その思想はいかなる背景のもとで形成されたのか、また、その思想・主張の真偽虚実をいかに認識すべきであろうか。

第一節　対中経済拡張思想の主要な内容

渋沢の対中経済拡張思想は、彼が中国に対して行った経済活動において徐々に蓄積され豊富にされてきた。彼は、明治維新が成功したときから、日本の対外経済拡張の必要性を意識し、まず隣国の中国と朝鮮に目を向けた。しかし、渋沢が社会に向けて発表した講演や文章からみると、彼が自らの経済拡張の思想や主張を喧伝しはじめたのは、概ね日露戦争以降であり、その主要な内容は、以下のいくつの面についてであった。

1　「日支経済同盟論」

日清戦争の後、日本は中国に取って代わってアジアの覇者となった。また、日露戦争を通して、日本は再度その実力を世界に示し、西洋列強と肩を並べるまでの強国となった。こうしたことを背景にして、いかなる対中侵略拡張の戦略を選ぶかが日本にとって重要なことになった。渋沢は、これに対する自らの主張を提起した。彼によれば、日本が自己の国際的地位を確保するのに最も重要な任務は、「日支経済同盟」を立ち上げて、中国における経済勢力範囲を確保しそれを拡大しつづけることであった。彼は、「我帝国の政治経済の将来について言へば、現今最も注意すべきは支那との関係問題である」として、「其の歴史的関係より見るも、又は其の国土並に人口の点より察するも、更に其の未開発の天然の富源等に付て考ふるも、我帝国が西隣の支那と共に相携へて亜細亜大陸保安の責に任ずることは、是れ当然尽さざるべからざる使命である」(1)と指摘した。続けて彼は、「支那は原料を供給し、日本は亦是に加工して支那の需要を充たすとしたならば、茲に始めて有無相通の経済原理に適ふ訳である、余が多年日支の経済同盟を主張するの所以も亦是に外ならぬ」(2)とし、「余は従来、日支経済同盟を提唱してきたものである、両国が、経済的利害を同じうし経済的に結束して、始めて両国の親善となり、両国の提携となるのである」(3)と強調した。しかしまた、渋沢は次のようにもいう。「支那人は利己心の強い種族で、自分一人の利を計るにのみ汲々たる為か、合本組織の会社を経営する能力に乏しく、支那人のみの経営に合本組織の会社を任して置けば必ず旨く経営せられず、失敗に終つて不結果を見るに至るのが例である。之には什麽しても日本人がその首脳になつて万事の指導をしてやらねばならぬのだ」(4)。さらに、彼は明確に次のようにも指摘した。「我国は地理上より言ふも又従来の関係上より言ふも、東洋の盟主となり、清韓の富源を拓き、清韓の文明を扶翼せざるべからざれば、決して今日の京釜鉄道や京義鉄道、又は長江筋の航行を以て満足すべきにあらず特に戦後に於ては欧州列国の東洋に着眼して商権拡張に努むべきは一層盛大なるべきを以て、我国に於ても啻に之と比肩して利権を争ふに止まらず、更に進みては嶄然一頭地を抽づるの覚悟なかるべからざるに於てをや」(5)。

以上のような渋沢の発言から、彼が主張する「日支経済同盟論」には、次のような三つの要点が包摂されていることを看取しうる。第一点は、「日支経済同盟」を樹立することによって、日本の原料基地と海外販売市場を確保すること、第二点は、アジア大陸と中国の開発は日本の責任と使命であり、日本が「日支経済同盟」ないし全東洋の盟主たることは当然の理であること、第三点は、「日支経済同盟」を樹立することで西洋列強との激烈な争奪戦において主動的で有利な地位を確保し、最終的には群雄を圧倒し市場制覇の目標を実現すること、である。

2　「支那保全論」

渋沢からすれば、「日支経済同盟」の樹立は日本の将来に関係していた。しかし、この想定された目標を実現するためには、日本は独自の対中政策を確立する必要があった。彼は次のように指摘した。「支那の国情を観るに、欧州大戦勃発前迄は、英国は揚子江流域を勢力範囲とし、独逸は山東省膠州湾に拠り、露国は北満州及外蒙古に拠り、仏国は広東、広西の南方に拠り、互ひに商権拡張と同時に所謂虎視眈々、機会さへあれば領土合併の爪牙を現はさんとするの形勢であつた。元より日英同盟の条章には支那の領土保全、機会均等は保証せられてゐるが、列国の野心は単に機会均等に商権を拡張するだけで満足するや否や疑問あると同時に、支那と唇歯輔車の関係ある日本の責任は実に重大なものであつた」(6)。こうした情勢を目の当たりにして、日本はいかなる対中政策を採るべきであろうか。渋沢はこれに対して次のようにいう。「余一個の私見としては、先ず門戸開放、機会均等、領土保全を根本方針とし、東洋の盟主たる日本の地位と日支両国の歴史的地勢的関係とに鑑み、飽く迄善隣の誼を厚うし、之が指導啓発の任を怠らず、彼我の経済的提携を目的として進んだならば可からうと思う。日本の領土的野心が列国分割の端を開き、驕ては唇破れて歯寒き嘆を招く事明かなるが故に、軍人側若しくは一部支那浪人間に懐抱さるる急激なる意見には絶対に賛成する事は出来ぬ」(7)。

つまり、渋沢からすれば、西洋列強が従来の門戸開放、機会均等といった要求だけに満足することなく、さらに進んで領土分割を通して中国を完全に彼らの属国にしようとしていることは十分明らかなことであった。しかも、こうした彼らの欲望は、日本が継続的に中国での勢力範囲を拡大していくうえで大きな障碍になりうることは自明であった。それ故、渋沢は次のように強調した。このような情勢下においては、日本は中国の領土保全と独立国としての地位を保証する政策を採るべきであり、こうした戦略こそが逆に日本にとっては有利なものになる。こうしてこそ、「名正言順（名義は正しく、主張も妥当である）」において、西洋列強によるいっそうの領土分割活動を牽制し、西洋列強との全面衝突を回避できるだけではなく、しかも中国側の好感を得て中国との間の距離を縮め、「日支経済同盟」により広範な政治空間をもたらし、「日本の優越権」を維持させ、日本に西洋列強をさらに上回る利益を獲得させることを保証するのである。

3　民間外交と「王道主義」による勝利論

渋沢によれば、彼が積極的に主張した「日支経済同盟」の樹立は、両国間の親善関係の形成に依存するものであった。こうした親善関係の形成はもとより政府の外交政策と密接に関連しているが、民間の役割もきわめて重要であると考えられた。彼にいわせれば、「所謂国と国との外交のみでなく、国民と国民が真情を以て交ると云う、国民外交の実を挙げる様に勗めなければならぬ(8)」ということであった。国民と国民との交わりは、日本の対中経済拡張活動を背景にして行われるものであり、肝心なことは両国国民が感情的に解け合うことできるかどうかにあった。日中両国が今日に至っても感情の面において親善関係を築けないのは、日本が中国に対して行った経済拡張活動それ自身にあるのではなく、主たる原因は日本が中国の国民の感情を無視していることにあった。こうしたことから、渋沢は、かつて何度も繰り返し、日本政府が執る高圧的外交政策と中国を軽蔑する社会の風潮を批判してきた。そして、彼は次のように指摘した。「日支間の交際は、どうも所謂恩威のみを以て交つて居り、敬愛の情が乏しい事であると言ふよりは、寧ろ無いと云うてもよい位なことを、実際に知る事を得た。凡そ人と人との交りは敬すると云ふ事と愛すると云ふ事、即ち此の敬愛の情なくして交誼を保つと云ふ事は出来得べき筈がない、或は身分の尊卑・貧富、或は力の強弱、人の智愚等は同一に行くものでなく、所謂天の配剤とも云ふべきもので、各々差違のある事は免れぬ所であるが、其間に必ず敬愛の心がなければならぬ。……然るに日支間に於ては或る場合には与へ、或る場合には威すといふ有様で、即ち恩と威のみで、情と云ふものの交りが甚だ乏しい(9)」。このような状況は、日本の対中経済拡張にとってきわめて不利であり、民間外交の展開を通して、この局面を転換すべきであると、渋沢は考えていた。こうしたことから、彼は、再三、企業界に向けて、次のような警告を発していた。「我等日本国民たるものは、虚心坦懐以て我が真意の在る所を彼等に知らしめ、此等の誤解や猜疑をば一掃し尽すことに全力を傾注せねばならぬ。別けても満蒙の地に居住する同胞諸君は、例へて言へば、丁度火薬庫の近傍に居を構へて居る様なもので、支那国民とは勿論、爾余の関係列国人とも葛藤の起り易い処に住んで居るのだから、一言一行と雖も之を忽にしてはならぬ。若し我儘な振舞をしたならば、忽ち外交上の問題を惹起すべく、延いては大切なる日支親善の障碍ともなり、遂には亜細亜大陸に於ける平和維持の使命者たる任務を無意義ならしむるに至らずとも限るまい。それ故、満蒙在住の同胞諸君は、此等の事に対しては注意の上にも注意を加へて、常に両国民間に十分なる理解あらしむべく努め、依て以て帝国の大陸経営を完成すべく尽瘁して貫ひたいものであると叫ぶ所以である(10)」。

渋沢にしてみれば、中国との民間外交を推進するのは、両国関係の緩和に重要な意義があるだけではなく、同時にまた、欧米列強と激烈な競争を展開するうえにも必要なことであった。彼には、列強間での争奪戦はたんに市場と資源の争奪戦ではなく、同時にまた、人心を得る競争でもあると思えたのであり、人心を得る者はさらに多くの利益と機会を得ることができ、競争に打ち勝つことができると考えていたのである。まさにこの方面においては、日本は歴史や文化の面から特によい天恵の条件を有しているのであり、日本は、他の列強と異なり、中国とは同文同種の関係にあり、思想、風習、趣味、愛好といったことでは、互いに相通じるところが多々あり、とりわけ儒家文化それ自身は絶大な浸透力と親和力を有しており、両国の外交及び経済協力において最も価値ある大切な資源として利用すべきであった。こうしたことから、渋沢は、何度も繰り返して、日本の経済界及び中国に投資している企業に、次のように呼びかけていた。『論語』に教示されている「仁義」と「忠恕」の諭しをしっかりと心に留め、これを志として中国との交流をしなければならない。さらに、彼は「仁義道徳に勝る武器は何れの地にも存するなし」、「もし欧米人は非道を以てし吾人は王道に拠るとせば、最後の勝は必ず吾人に存すべし」とまでいっている(11)。

第二節 「王道主義」という対中拡張思想形成の背景

渋沢の対中経済拡張思想のうちに存在した「日支経済同盟論」と「支那保全論」は、当時の日本の財界において比較的流行していた主張であり、阪谷芳朗、大倉喜八郎らをはじめ他の幾人かの財界著名人たちも基本的に同じような主張を提唱していた。しかし、渋沢のいう「王道主義による勝利論」は彼らのものと異なり、完全に渋沢の独創であり、彼の対中経済拡張路線における新思考と主張を体現していた。こうした主張は、彼の当時の情勢に対する判断を背景にして形成されたものであり、また、彼の思想信仰及び個人的な精神的追求の過程から生じたものであった。この理由のいくつかを考察してみよう。

第一は、戦後の経済状況の低迷と対中経済拡張に対する阻害要因であった。実際のところ、渋沢の日清戦争と日露戦争に対する態度にみられたように、彼は、日本が採ってきた対中政策を、思想上においても行動上においても、積極的にこれに協力し、支持してきた。日清戦争の際、渋沢は大いに活躍し、日本がこの戦争で勝利を得られるよう、福沢諭吉らと連合して共同で報国会を設立し、企業や市民に寄付を呼びかけ、出征兵士の家族を慰労しただけではなく、自ら率先して気前よく寄付金を拠出し、国難を緩和しようとした。[12] その後、総理大臣伊藤博文の直接の依頼を受け、銀行業を率いて五〇〇〇万元の軍事国債を購入するとともに、個人でも三〇万元の軍事国債を購入した。[13] 一九〇〇年、日本は八ヶ国の連合軍に参加して出兵し、中国の義和団運動を鎮圧した。渋沢はこの出兵鎮圧を擁護し、翌〇一年に日本軍将兵が帰国した時には、自ら発起人となって日本軍将兵を盛大な歓迎式で迎え、祝辞を述べ、彼らこそ使命を全うし日本帝国の名声を世界的に大いに高めたと讃頌した。[14] 〇五年、日本が約二年にも及んだ日露戦争に最終的に勝利した時、渋沢はさらに歓喜して舞上がり、これは国を挙げて祝賀すべき歴史的大事件であるとした。

しかしながら、日本がこれらの戦争に勝利した後、待ち望まれた経済の繁栄は線香花火のごとくはかなく、特に日露戦争後のいわゆる「戦後経営」は順調に進展せず、日本経済は驚くほど低迷状態に陥ってしまった。商工業界の者たちも相次ぎ起こる戦争にまったく嫌気がさし、対中経済拡張の活動にも消極的態度を示し、躊躇して前に進む意欲も薄れてしまっていた。このため、日本政府には苛立ちと不安が生じ、いっそう継続して戦争による征服の思想を宣揚していった。大蔵次官阪谷芳郎は率直に次のように述べた。「最も戦争を忌み嫌っているのは実業家たちだけで、それを公然と口に出していう勇気さえない」が、「一般国民のうちでは、我国が清国や朝鮮に対して商工業経営を推進するのに何よりも必要なのは武力であることを熟知している」。彼は公然と「国旗先行論」を叫び、対外的には武力征服を実行してこそ、「はじめて日本の商工業者の秩序や連合も確保される」と力の限り鼓吹した。(15)

しかし、結果からみると、政界におけるこういった鼓舞は、企業の対中拡張に大きな進展をもたらさず、かえって商工業界に動揺と不安をもたらした。こうしたことから、渋沢は一つの現実を思い知らされた。それは、戦争を通して日本は巨大な利益を獲得したが、戦争ではすべての問題は解決されないということであり、また、戦争そのものは企業が実行しようとしている対中経済拡張活動に代わりえないということであった。日本企業が中国で経営活動を展開するのに必要なものは、当地の比較的持続的で安定した社会環境であり、そうでなければ企業活動は予期できないものになってしまうということであった。他方、渋沢がこれまで展開してきた対中経済拡張活動から体得しえたことは、日本が中国でより多くの利益を確保しようとするならば、中国の商工界と各種の協力を行う必要があり、共同して合弁企業を創設するなど、これまで入手するのが難しかった権益を合法的に獲得することであった。こうした構想を実現するには、中国側からの協力が不可欠の条件であり、それがないとさまざまな障害が生じるのは目にみえていた。まさにこうしたことを背景にして、渋沢の思想には明らかな変化が生じた。もはや武力征服を基調にした対中拡張政策は継続的な対中経済拡張の発展に適応しうるものではなく、ここで考え方を切り替えなければ、日本はさらに大きい挫折に遭遇するにちがいない、と彼は強く意識するにいたった。

第二は、財政均衡主義という経済発展の思想であった。近代的経済思想の影響を受けてきた渋沢は、早くから財政均衡主義の経済発展思想を確立し、これを終始維持してきた。彼によれば、財政均衡は経済の健全な発展の基本的な条件であり、財政均衡を実現するには、「収入に応じて支出する」方針を堅持しなければならなかった。こうしたことから、負担能力を無視した増税や任意のままの国債乱発には大いに反対した。明治政府が樹立された初期、渋沢は軍事費増加を盛り込んだ財政予算に早くも反対し、当時の直属の上司である大蔵卿大久保利通と衝突するという深刻な事態を生じたことがあった。また、官を辞して商に従事して後も、その信念を断固押し通してきた。日清戦争と日露戦争の後、この二つの戦争の勝利は日本に巨大な利益をもたらし、日本の執政者たちを有頂天にさせただけではなく、さらに武力をひけらかすことに執心させ、軍備拡張に駆り立てていった。こうしてもたらされた必然の結果は、国家財政規模が急速に拡大し、連年軍事予算支出が大幅に増大し、経済全体の動きに巨大な衝撃を与え、商工業者の経営前途に憂慮と不安をもたらしたことであった。こうした局面の出現は、財政均衡主義者の渋沢にとって、明らかに認めがたく、受け入れがたいものであった。彼は繰り返し自己の主張を発表して政府のこのような財政拡大政策に異議を唱え、批判を続けた。彼は、一九〇三年に発表した「経済界の前途」において、次のように指摘している。「国家の維持費、民力に超過する時は、輸出入は権衡を失し、正貨は流出し、随て国民の生産力を損害するものなり。例へば軍備の拡張は兵士の増加を要し、兵士の増加は全国の壮丁中もつとも有為の者を抜き去るものにして、経済界の之が為に受くべき損害の大なるべきは見易きの理なり。是は単に一例に過ぎずと雖も、政費膨張の結果経済に及ぼす影響は実に恐るべきものなり。経済界回復の遅々として振はざるもの、或は国費の国力に超過せるもの其最大原因にあらざるなきか。果して然らば国家は国力を調査し、之を標準として費用を抑制せざるべからず」(16)。彼はまた、次のようにも指摘している。「各国の貿易額に対する政府歳出額の割合を見るに、英国は一割三分、米国は一割九分、独逸は一割六分、巨額の国債を有して居ると云ふ評判の仏蘭西でさえ三割五分にしか当らない。然るに、我国はどうで有る、四十年度の歳出予算は六億二百万円に上り、本年の貿易は極く多く見積つても十億円を超えぬ。即ち歳出は貿易総額の六割以上に当る割になる。更に国民の政費負担と其国富との割合を比較したならば、我国と欧米諸国との間に蓋し一層甚しい懸隔が有らうと思ふ。斯様に争ふべからざる数字の上に徴しても、我国の現状は財政の方面に偏重し過ぎては居らぬかと思はれる(17)」。

こうしたことから、渋沢は、この状況を変えなければならず、戦争関連の税金を整理して苛酷な税を軽減すべきであると考えた。彼は、率直に次のように述べている。「日露戦後我財政は偏武的となり、非常特別税は常時税と化し且つ巨額の外債を増加して、各方面に種々の弊害を発生せり、在外公債の低落は其顕著なる一例とす。即ち軍備費が国力不相当に膨大し国民の負担益々重きを加ふるは、此偏武的財政に原因す。財政の健全を欲せば先づ此弊害を除き、根本的改善を加ふるの外なき也(18)」。このことからも分かるように、渋沢は軍備費の不断の膨張に非常に不満であり、これを忌み嫌った。このような思想を背景にしていたからこそ、渋沢が「王道主義」による対中経済拡張路線を打ち出して、これまでの武力至上主義の対中経済拡張に取って代わらせようとしたのも、ある意味では当然の選択であったということができる。彼は、このようなやり方こそが対中拡張によってもたらされる民族と国家間の対立や矛盾を緩和できるだけでなく、広く日本国民と企業家の対中経済拡張活動に対する賛同と支持を喚起することもできるということを明確に理解していた。同時にまた、それによって軍事費の絶えざる拡大と企業の税負担の増加を防止することもできるのであり、そうして財政の均衡が実現されるならば、国内産業の順調な発展に良い条件を提供することにもなり、その意義の重大さは計り知れないものであるとした。

第三は、精神信仰の追求と対中経済拡張活動との結合であった。いかなる思想や主張であれ、提出された思想や主張は提出者が現実問題に直面して思考し判断した結果であり、同時にそれは提出者個人の精神信仰やその追求と密接な内的関連を有している。渋沢の対中経済拡張の思想形成も然りであり、彼個人の精神信仰とその追求が大きな役割を果たしていた。実際のところ、渋沢個人に関していえば、彼は思想が豊富で、また複雑な人物であり、極端にいえば、二重性格的なところがあり、内心と精神上に矛盾が充満しているような人物であった。彼は、日本財界の領袖であり、日本金融資本の化身でもあったから、彼にしてみれば、巨大な経済的利益を追求し、さまざまな形で対外的拡張を行うということは、一種の「生理」的本能の必要から生じるものであった。それ故に、彼からみれば、経済には国境はなく、資本の願望はまさに彼にとって行動の指針であった。

だが、他方、渋沢はまた、精神の必要性と情感を追い求める個性的な人物でもあった。彼は、すでに第一章でみたように、幼少期から漢学教育を受け、儒教文化の薫陶によって孔子を思想崇拝の対象とし、『論語』で主張されている倫理道徳が彼の人生の精神的信条になっていた。そうしたことから、彼は中国に対しては特別な感情を有していた。彼は次のようにも述べた。「余の常に崇敬する孔孟列聖が支那の人なるを思ふ時は、支那に対する余の感じは倍々深き親しみを増すのである。それは恰も基督教徒が基督の生地イスラエルに対するが如き敬慕の情に異る所がない[19]」。もちろん、これだけに止まるのではない。日本もかつて西洋列強の侵害を受け、彼は一人の日本国民として大変な恥辱を味わい、憤恨を感じて「倒幕攘夷」運動に身を投じたことがあり、このことから西洋列強に蹂躙されている中国に対しても並々ならぬ同情心も抱いていた。彼はかつて次のようにも述べていた。「その時（維新前渡仏の際）西洋人の支那人を虐待する現状を見て、余は窃に西洋の文明を疑はざるを得なかった[20]」。

まさにこうしたことであったからこそ、渋沢は常に次のような問題に直面しなければならなかった。つまり、経済利益を追求する対外拡張行為に対して、いかに精神的必要性に見合った解釈を行うか、あるいは儒教倫理道徳観と彼が従事する対中経済拡張活動とをいかに結合させるか、という問題であった。彼が最終的に到達した結論は「大義名分を立てる」を目的にすることであった。ただ、このようにすることで、初めて儒教文化の信奉者としての彼は思想上の安慰と「釈放」を得られたのであり、行動と精神的追求との矛盾のうちから解き放たれることができたのである。こうしたことによって、彼は自らを「心安理得（行いが理にかなっているため心落ち着き悠々たる状態にある）」に置いて、熱中して対中経済拡張活動に従事することができたのである。

以上の三つの理由の検討を通して、渋沢の対中拡張思想の「王道主義」は軍備拡張と財政支出の膨張への反対を基礎にしていたことが理解される。彼は、できる限り軍事的及び政治的な非生産的支出を減少させ、生産的部門の発展を重視する「商工強国」を主張し、日本が継続して中国に武力征服を実行する方針、つまり日本が軍国主義の道を歩むことに反対した。ここには、いわゆる「小日本主義」の色彩が滲んでおり、ある程度の産業資本の要求が体現されていた。明らかに、当時のような時代背景の下では、渋沢のこの思想的傾向には積極的意義があり、依るべき見解であったと思われる。この一点には注目すべきである。

第三節　「王道主義」という対中拡張思想路線の流産

渋沢は、一貫して「王道主義」の対中拡張思想の路線に基づく主張が幅広く理解され、政策決定者たちに認められることを期待し、そのために種々努力した。

一九一五年、日本は、袁世凱政府に対して中国の滅亡を旨とした「対華二一ヶ条要求」を提出し、最後通牒を発して武力で威嚇した。渋沢はこの事態を深く憂慮し、これは両国の経済関係に大きな打撃を与えるにちがいないと考えた。彼は、「若夫れ干戈に訴ふるが如き場合に立至るとせば、日支の実業関係は全く滅茶々々となるの外なく、中日実業会社の如きも其本能の発揮を事実中断せざる可らざるの運命に立至らむ(21)」と述べていた。「対華二一ヶ条要求」が公表されると、中国人民の激しい憤慨が起こり、各階層で反日感情は空前の高まりをみせ、これとともに長期にわたる日本製品不買運動が引き起こされ、中日両国間の経済関係は完全に行き詰り状況に陥った。この苦境から抜け出すため、渋沢は、日華実業協会を設立し、同会の名義で日本政府に建議書を提出した。この建議書は「日支親善方策の建議」と題され、次の二点を政府に対して請願した。第一は、山東鉄道を両国民の合弁事業とし、速やかに鉄道守備隊を引き揚げることであり、第二は、中国革命の騒乱に際し派遣したまま引き続き駐屯している駐屯軍は国交上好ましくない影響を及ぼすだけでなく、有事の際には在留邦人保護の目的をも達成することはできないので、速やかに引き揚げさせることであった(22)。渋沢は、この「建議書」を首相の原敬、外相の内田康哉、陸相の山梨半造それぞれに直接手渡し、次のように説明した。「凡そ支那関係の事業に従ふもの、最も希望する処は、同国政界安定の一事に有之候、……然るに従来我国の対支方針は終始一貫せず、列国環視の裡に我外交政策の不統一を暴露せるの憾あり、為に帝国の威信を失墜し隣邦官民の疑惑と軽蔑とを招き、甚しきは我国が領土的野心を有し、侵略主義を取るものの如く誤解せしむるに至りたるは、実に遺憾至極の義に候、……本協会（日華実業協会）員等が多年実際の経験に由りて得たる断案によれば、対支政策の根本義は支那自身のことは支那人自らをして処理せしむるに在り、而して我国は、常に支那の友邦として、終始一貫渝らざる関係を維持するを以て要諦とす、即ち支那朝野の正当なる希望は、日本は多少の犠牲を忍ぶも、進んで之を援助するを要す、……本協会は……支那国民に対し進んで誠意を披瀝して、其諒解を求むるの途に出で、有ゆる支障を排し、以て其徹底を企図するものに有之候、就ては政府当局に於ても其意を諒とせられ、此の際我対支方針を確立し、外交の統一期せられんことを冀望に禁へず候(23)」。

以上のように、渋沢は「対華二一ヶ条要求」に対して批判的態度を取っていた。しかし、かの「覇道主義」の対中拡張路線を頑迷に主張する政界の首脳たちからすれば、強権と武力征服が一切を決定するこの時代において、渋沢のいう「王道主義」の対中拡張路線は、現実性が欠如した「空想」でしかなく、中国に対する日本の利益要求を確実に保証するものではなかった。それ故、渋沢の主張や提案は、当然、独断専行の日本政府に受け入れられるものではなかった。しかし、注意すべきことは、そのことが渋沢と日本政府や独占的財閥との緊密な協力関係に何ら影響を与えなかったというだけではなく、むしろ彼は、政府が財界と金融界に協力援助を要請してきた時、政府の決断に断固服従することを表明し、積極的に軍需資金を調達し、「対華二一ヶ条要求」の実行に備えたということである。このような人を困惑させる行為について、渋沢本人が行った解釈は、「政治上についてては門外漢であるから、この方面からの観察は別問題である」[24]ということであった。この言外の意味は、渋沢からすれば、経済の方面では自分は自分の主張を有しているが、政治の方面では、自分は国家及び政府に服従する行動を取らなければならないということであった。

これは明らかに自分の言行不一致に対する弁解である。しかし、この弁解は少なくとも次の二つのこと明確にしているといえる。その一つは、渋沢は、一貫して政治を回避すると言明していたが、実際には、財界の領袖として政治原則を持っていた。それは、いわゆる「忠君愛国」及びこの精神信条の下に形成される国家主義至上の行動準則である。この準則に従って国家及び政府に協力するということが彼の負うべき責任と義務であった。二つは、いわゆる「王道主義」の対中拡張路線と「覇道主義」の対中拡張路線は、具体的な主張には大きな相違があったが、両者が実現しようとした最終目的は一致しており、対中経済拡張と侵略に尽くすという本質には何ら変わりはなかった。こうしたことから、渋沢が「覇道主義」の対中拡張路線に譲歩したのは、根本利益は一致しているということを前提にした一種の戦略上の妥協にすぎず、決してそれを受け入れられないということではなかった。そのため、渋沢の「王道主義」の対中経済拡張思想には新たな「創意」があり、近代日本の対中経済拡張思想史上において重要な一角を占めているけれども、それが現実に直面した際には、生来的に潜在していた虚偽と欺瞞という二面性が現れざるをえなかったのである。したがって、侵略と略奪の対象とされた中国からすれば、「王道主義」は有名無実のたんなる説教でしかなく、その流産は何も不思議なことでも意外なことでもなかった。

注

（1）「東大陸開発と帝国の国策」（『竜門雑誌』第三六四号）、二四頁。
（2）「日支親善の曙光」（『竜門雑誌』第三六三号）、三〇頁。
（3）同上、二六頁。
（4）前掲『渋沢栄一伝記資料』別巻第七、二六六頁。
（5）同上、別巻第六、三二五頁。
（6）同上、別巻第七、一八三頁。
（7）同上、一八四頁。
（8）前掲『渋沢栄一伝記資料』第三二巻、五八三頁。
（9）同上、五八二頁。
（10）前掲「東大陸開発と帝国の国策」二四頁。
（11）前掲『渋沢栄一伝記資料』第三二巻、五三二頁。
（12）同上、別巻第五、五六三―五六四頁。
（13）同上、第四巻、四九九頁。
（14）同上、第二八巻、四六〇頁。
（15）前掲《日本财阀与辛亥革命》九九―一〇〇页。
（16）前掲『渋沢栄一伝記資料』別巻第六、三一〇頁。
（17）同上、三八二頁。
（18）同上、五九六―五九七頁。
（19）前掲『渋沢栄一伝記資料』別巻第七、四〇〇頁。
（20）同上、四〇一頁。

(21) 前掲『渋沢栄一伝記資料』第五五巻、一〇八頁。
(22) 同上、一八四頁、参照。
(23) 同上、一八四頁、参照。
(24) 見城悌治『渋沢栄一』日本経済評論社、二〇〇八年、一七〇頁。

第四章　渋沢栄一と対中経済拡張の主力軍三井財閥

近代日本の中国に対する侵略と経済拡張において、三井財閥企業グループ（以下三井と簡略）の存在はとりわけ重要であった。それは、率先して日本の対中経済拡張の急先鋒を務めていただけではなく、終始主力軍の役割を演じていた。さらに、政治外交面で日本政府の対中政策にさまざまな影響を及ぼしていたばかりでなく、日本軍と密接に協力し、中国での軍事侵略活動に莫大な支持と援助を惜しまなかった。このように、三井は、近代日本の中国に対する侵略と経済拡張の活動において、最も活発で注目を集める存在であり、それが果たした役割は他の企業が取って代わることができないものであった。

三井と渋沢との関係は、非常に密接で特殊なものであり、そうした関係が三井の対中経済拡張活動と渋沢のそれへの参加を切り離せないものにしていたし、あるいはそれ自体が渋沢に対中経済拡張活動を発動させ、組織させた一つの重要な構成部分であったということもできる。

第一節　三井の対中経済侵略とその拡張活動

1　三井の対中貿易と資本輸出における地位と役割

一九世紀八〇年代以降、近代産業の形成と迅速な発展を背景にして、日本の対外輸出は顕著に増加しはじめたが、特に日清戦争後、この急速な増加傾向はますます顕著になり、一八九五年から一九〇五年までの一一年間に輸出総額は二・四倍に増加し、そのうち対中国輸出額の増加が最も急速で四・三倍に達し、輸出総額に占める割合も二〇％から三七％に増加した。(1) このことは、日本の対外輸出の急速な拡大は主に中国への輸出の急増によって実現したものであることを意味しており、中国は日本にとって最も重要な海外市場となっていたのである。

日本の対中輸出が急増するなかで、三井物産の占める地位はきわめて重要であった。表4―1及び表4―2を検討してみると、そのことがはっきりする。

第一に、日本の対外輸出構成からみると、この時期の最も主要な輸出製品は綿糸・綿布・生糸及び原料炭等であった。一八九七―一九〇九年の間、これら製品の輸出増加は相当急速であり、金額において、綿糸輸出は二・二倍、綿布輸出は六・五倍、生糸輸出は二倍、原料炭輸出は二・三倍にそれぞれ増加した。表4―1によって、これら製品輸出に対する三井物産の比重をみると、連年かなり高い比重を占めており、〇九年には、三井物産は綿糸輸出の三三・三％、綿布輸出の四二・一％、生糸輸出の二三・七％、原料炭輸出の八八・〇％を取り扱っていた。主に欧米に輸出される生糸を除いて、綿糸・綿布・原料炭についていえば、〇三年に三井物産が取り扱った中国（含香港）輸出の比重は、それぞれ九八・一％、八八・八％、七二・一％にも達していた（表4―2参照）。つまり、日本の主要対外輸出品で

表4—1　三井物産の主要商品の輸出入額及びその日本の総輸出入額に占める比率（対全国比）

単位：千円

年度	石炭		生糸		機械		
	三井物産の輸出額	対全国比（%）	三井物産の輸出額	対全国比（%）	三井物産の輸入額		対全国比（%）
					うち機械	うち鉄道用品	
1897	2,292	27.6	1,351	2.4	8,100	4,510	35.4
1898	4,530	37.0	2,542	6.0	3,421	5,313	26.8
1899	5,465	46.4	4,720	7.5	2,439	2,385	34.0
1900	6,280	45.8	6,255	14.0	2,173	5,856	34.6
1901	8,343	47.6	4,943	6.6	3,735	3,035	30.6
1902	6,659	38.6	6,623	8.6	1,740	2,513	25.4
1903	11,308	58.7	6,449	8.7	1,763	3,577	27.9
1904	11,519	77.7	8,456	9.5	2,298	3,262	19.7
1905	12,299	86.2	11,785	16.4	6,911	4,904	30.2
1906	16,679	102.5	14,267	12.9	4,311	4,462	26.5
1907	16,807	88.2	29,650	25.9	8,212	11,034	42.8
1908	15,869	87.0	24,189	22.3	19,543	8,368	53.3
1909	15,359	88.0	29,302	23.7	12,032	2,053	47.1

年度	棉花		綿糸		綿布	
	三井物産の輸入額	対全国比（%）	三井物産の輸出額	対全国比（%）	三井物産の輸出額	対全国比（%）
1897	13,822	31.7	3,968	29.4	166	6.6
1898	13,237	28.9	4,420	22.0	140	5.4
1899	23,948	38.6	8,498	29.8	293	7.5
1900	18,282	30.7	6,580	32.0	297	5.2
1901	14,697	24.2	4,556	21.2	371	6.8
1902	21,736	27.2	6,410	32.2	513	8.6
1903	17,488	25.2	8,896	28.3	787	11.4
1904	17,642	24.0	10,386	35.5	1,899	24.5
1905	25,585	23.1	10,716	32.2	1,028	8.9
1906	26,217	31.7	18,508	52.4	3,109	19.9
1907	37,214	32.2	8,862	29.2	6,687	40.9
1908	28,357	31.4	7,521	36.3	6,823	46.7
1909	30,451	28.1	10,532	33.3	7,442	42.1

資料出所：坂本雅子『財閥と帝国主義』ミネルヴァ書房、2003年、43頁。

表4—2　三井物産の輸出商品市場における占有率（1903年）

品目	三井物産の取扱額（円）	三井物産取扱額の日本の総輸出に占める比率（％）	三井物産取扱額に占める各地の比率		
			中国(%)	香港(%)	朝鮮(%)
綿糸	8,865,971	27.3（斤）	91.5	6.6	0.5
綿布	786,921	9.1（円）	65.0	23.8	11.3
マッチ	1,430,380	15.6（グロス）	21.4	13.9	—
銅	1,629,913	9.3（斤）	97.8	0.9	0.9
石炭	11,307,793	46.5（トン）	30.2	41.9	—
セメント	329,870	49.6（斤）	57.4	32.6	—
鉄道枕木	521,335	56.4（円）	97.0	—	—
総計（その他共計）	285,971,623	12.0（円）	—	—	—

注：1　各地の中国は上海、天津、厦門、関東州の合計、朝鮮は京城、仁川の合計。
注：2　三井物産取扱額の日本の総輸出に占める比率の（　）内は比率算出時の基本単位。
注：3　三井物産取扱額の中国、香港、朝鮮向け輸出の日本の総輸出額に占める比率についていえば、マッチ（35.4％）、石炭（72.1％）を除くと、すべてほぼ100％に達するので、この三市場における三井物産の占有率は、日本の総輸出に占める三井物産の占有率とみなすことができる。
資料出所：坂本雅子『財閥と帝国主義』ミネルヴァ書房、2003年、44頁。

ある綿糸・綿布・原料炭のうち、多くは三井物産が中国へ輸出したものであったのである。

第二に、一九世紀末から、日本では、銅・燐寸・セメント・鉄道枕木等の対外輸出製品に占める比重が大幅に増加した。三井物産はこれらの製品の輸出においても大きな占有率を有し、銅輸出の九・三％、燐寸輸出の一五・六％、セメント輸出の四九・六％、鉄道枕木輸出の五六・四％を三井物産が取り扱った（表4—2参照）。このうち、中国へ輸出した割合も非常に高く、銅は九八・七％、燐寸は三五・三％、セメントは九〇・〇％、鉄道枕木は九七・〇％であった。その他、三井物産は極力、対中輸出の拡大に努力するとともに、中国を日本が必要とする工業資源の主要産地として確保し、中国から棉花・大豆等の農産物及び鉄鉱石原料等の買い付けを行っていた。その数量は相当な額に上り、日本の輸入において大きな比重を占めていた。

三井は、中国を最も主要な輸出対象及び原料産地とすると同時に、資本輸出を推進することにおいても主動的に活躍し、重要な地位を占めていた。そのことは、三井が積極的に日清起業調査会、東亜興業会社、中日実業会社等といった日本の対中投資専門機関の創設や運営に関与し、企業界における対中資本輸出の組織者ないし纏め役としての役割を担っていたことに示されているだけではなく、三井自体が同時に日本の対中資本輸出の先頭部隊ないし主力として、日本の対中資本輸出の促進に大きな影響力を有していたということにも示されている。

一八九五年の「下関条約」調印後、日本は中国で企業を設立する権利を獲得したが、当時、多くの日本紡績企業は大きな懸念をもっていた。それは、中国へ投資し工場を開設しても、かえって紡織製品の輸出に不利な影響をもたらすのではないかというものであり、そのため傍観的な態度をとっていたのである。しかし、三井からすれば、中国に直接投資して生産企業を持つほうがより多くの利益を獲得できるということであった。労働力価格が非常に低廉なだけでなく、現地の中国棉花資源を利用でき、運送費用を大幅に削減して紡織品の販売コストを低減させることができ、そうして利益率をさらに向上させることができるからであった。

三井の傘下にあった鐘淵紡績会社は一九〇六年に上海絹糸製造公司を創立し、綿紡織業へも食指を動かそうとしていた。こうしたなか、三井物産は、上海と江蘇・浙江地区の中国民族紡績企業が経営不振から相次いで苦境に陥った状況に乗じ、こうした華商資本の企業を買収する決定を下し、それを自社の中国現地における生産基地とした。三井物産上海支店長山本条太郎の指揮の下、まず、一九〇二年に一六万両白銀を出資し、上海の興泰紗廠（紡績工場）、〇六年には三泰紗廠（紡績工場）を買収し、〇八年にこの二つの紡績工場をそれぞれ上海紡織有限会社の第一工場と第二工場に改称した。これらの紡績企業が三井の手に入った後、これらはすぐに「金の成る樹」に早変わりし、膨大な利益をもたらした。上海紡織有限会社が後に公開した資料によれば、「一九一〇—一九一四年の五年間、本公司の純利益は一三五万五〇八六両、減価償却二四万八二六八両、配当金六四万五〇七〇両、準備金四五万両であった。本公司の実際払込資本は一〇〇万両であるから、五年間の純益率は一三五％、減価償却率二五％、配当金率六五％、準備金率四五％で、毎年の平均利潤率は二七％である」[2]。三井物産の買収による成功の影響は非常に大きく、日本の紡績企業は、このことから、中国の紡織業は確かに利益を貪るのに最も良いものだと認識しはじめたが、その後、次から次へと中国に投資して工場を設立したり、合弁企業を作ったりする事態が生じた。こうして、中国における日本資本の紡織企業（いわゆる「在華紡」）や合弁企業が急速に増加し、数のうえでは他の列強を大幅に上回り、その後の中国綿紡織工業を左右し統御していく基礎を打ち固めた[3]。

大規模な直接投資の進行と同時に、三井は対中融資にも大きな関心を示し、三井が債権者（あるいは債権者の一員）として中国側と契約した事例が頻出した。一九一二年から三七年までの間、三井物産が単独で中国側と締結した借款契約は三二件にも上った[4]。これらの対中借款は、鉱業・鉄道・通信等の諸分野と業種に及び、これらには対政府借款も、対企業借款も含まれていた。借款額では、日本政府の主導した対中借款に比して多くの項目の借款額は大きいとはいえない。しかし、それが有している政治的、軍事的、経済的な意義と役割について、過少評価すべきではない。

2　三井物産が中国に設立した支店とその活動

三井は中国を舞台に経済拡張を進展させた。具体的な活動は、三井の中核企業たる三井物産が中国各地に設立した支店ないし事務所によって行われた。

表4—3によれば、一八七六年に三井物産が設立され、翌七七年には早くも上海に支店を開設した。中国で「三井洋行」と称されたこの支店は、三井が中国で設立した初めての支店であっただけでなく、海外で設置された最初の日本支店であった。その設立が意味することは、三井が海外に触手を伸ばしはじめた際、何よりも中国を西洋列強と海外市場を争奪しあう重要な目標にしたということであった。その後、三井物産は一八七八年と八八年にそれぞれ香港と天津に支店を設立した。「下関条約」の締結後、三井物産は勢いに乗じて拡張活動の歩みを加速し、活動地域と範

表4—3　三井物産の支店・出張所の開設

設立時間（年度）	日本国内	中国、東南アジア、インド及び植民地	ヨーロッパ・アメリカ及びその他地区
1876	長崎、横浜、大阪、兵庫		
1877	下関（馬関）	上海	パリ（1881年に事実上閉鎖）、ニューヨーク（1882年に閉鎖）
1878	口ノ津	香港	
1879			
1880	函館		ロンドン、リヨン、ミラノ（リヨン、ミラノは1881年に閉鎖）
1883	島原		
1884	小樽		
1888	神戸	天津	
1890	若松		
1891		シンガポール	
1893	札幌、越前堀、深川	ボンベイ	
1896	名古屋	営口、台北	ニューヨーク（再開）
1897	唐津		
1898	呉、佐世保		サンフランシスコ
1899	門司、横須賀	仁川、厦門（アモイ）、芝罘（煙台）、漢口	ハンブルク
1901	舞鶴	ジャワ	シドニー
1902		北京、広東	
1903		台南	
1904		大連	
1905		福州	
1906		汕頭、打狗（高雄）、安東（丹東）、鉄嶺、カルカッタ、奉天（瀋陽）、バンコク、青島	オクラホマ
1907	新潟	ラングーン、吉林、寛城子（長春）、サイゴン、ハルビン	ポートランド、ウラジオストック
1908		釜山（プサン）	リヨン
1910		阿緱廳（台湾）	
1911	岡山		
1912		台中	

資料出所：栂井義雄『三井物産会社の経営史的研究』東洋経済新報社、1974年、43頁。

囲を拡大していった。こうして、設立された支店や事務所も増加した。一八九六年以降、次々に営口・台北・厦門・芝罘（煙台）・漢口・北京・広東・台南・大連・福州・汕頭・高雄・安東（丹東）・鉄嶺・奉天（瀋陽）・青島・吉林・寛城子（長春）・ハルビン・台中等に支店または事務所を設立した。一九一二年までに三井物産が設立した中国各地の支店や事務所は計二三社に上り、数の上では三井物産の海外支店と事務所の全体の半分以上を中国が占めた。地域的には、これらの支店や事務所は南から北まで、中国のほとんどの沿海地域、主要都市と東北地方全体に広がり、中国の腹部地域をなす漢口にまで伸び、その数の多さ、駐在活動範囲の広さは、他の企業と比べものにならないものであった。

三井物産が中国各地で設立した支店や事務所の規模や職員の人数は一様ではなかったが、その活動目的は、中国で資源を手に入れ、不断に中国市場を拡大することであった。この目的に即して、三井物産は特に人材の選抜と育成を重視し、彼らを中国に派遣し現地視察を通して訓練した。一八九一年には専門的な「清国商業見習生制度」を設け、中国支店に就職する者には、中国語で会話・作文ができ、中国書を十分に閲読できる能力、さらに中国各方面の状況や商業習慣等を熟知することも求められた。そのため、三井物産の中国支店における職員は非常に頭脳明敏で実行力に富んでおり、ほとんどの者はいわゆる「中国通」でもあった。彼らの活動能力は非常に高く、活動範囲もかなり広範で、仕事はきわめて効率的であり、甚だしい場合には驚くほどの大仕事もこなしたのである。以下、上海支店の活動を例として簡単に紹介しておこう。

三井物産上海支店が設立されて最初の仕事は、上海及び中国全体の経済状態、市場情況、商業習慣、外国商品の流通及び販売状況について理解し掌握することであった。一八九〇年、日本の綿紡織工業には深刻な不況が現れ、海外市場に対する拡大要求がそれとともにさらに強くなっていった。しかし、当時、日本の綿紡織品の中国における販売状況はあまり良くなく、その主たる原因は、当時の日本綿紡織品の品質や種類が中国市場の需要に適応できていないことにあった。この状況を早急に変えようと、上海支店では一連の措置を採った。それは収集したさまざまな情報を迅速に生産者にフィードバックさせるだけではなく、同時に新製品の開発や企画に積極的に参加していくことであった。上海支店では、中国各地に大量に輸入棉花を買い付けるネットワークを拡大する決断を下し、工場にはこれを原料として綿糸と綿布を生産させた。他方、信用をいっそう高めるための販売方式の改革も実施した。それは三井物産が中国で販売するすべての紡織品に特別な絵柄の「三井販売」と印した商標を刻印し、統一的にこの商標を使用すると定めたことであった。望み通り、これらの措置が実施されるやすぐに効果が現れた。中国棉花は粗紡糸の生産に適しており、それで生産された綿布は丈夫で耐久性があり、それに「三井販売」というブランド効果が加わって、中国市場での販路は急速に拡大していった。こうして、日本製綿紡織品の対中輸出は、時機到来とばかりに転機を迎え、迅速に増大していった。三井物産上海支店の仕事は確実にその使命を果たし、著しい成果を上げた。これによって、日本は中国の安価な棉花資源を手に入れる新たな方途を開き、また日本製紡織品の中国市場における販売をいっそう推進した。まさに一石二鳥で莫大な利益を獲得したのである。

三井物産上海支店の利潤追求と市場争奪の欲望は非常に強烈であったし、止まるところを知らなかった。支店では、たんに中国棉花を廉価で日本に販売し、また日本製綿紡織品を中国でダンピングすることに満足せず、絶えず新しいビジネスチャンスを探し出し、販路を切り開いていった。そのために、調査や情報収集を非常に重視し、その足跡を全国各地に残した。東北の大豆、浙江の絹製品、湖北の鉄鉱石、遼寧の石炭等々、多くの鉱物資源や農業副産品が次々に支店の新しい取引対象にされ、それらが大量に日本へと運送された。こうしたやり方が国内外の注目を浴びたことから、支店の職員たちはそれを誇りと感じて絶えず成果を残そうと精進した。また、上海支店では、西洋の商人のように中国買弁に依存する商売のやり方は、もはや中国の流通チャネルを制御しようとする需要に適応できなくなっていると判断し、まずは買弁制を排除するという形で流通経路の縮減やコストの削減を図り、さらに産地商や生産者との直接取引を実施し、取引の主導権を掌握していくことを重視した。こうして西洋の商人よりも詳しく中国の状況を理解し把握した。こうしたなか、中国の商人よりも実力と行動力を有していた上海支店は、日中間貿易を行うと同時に、中国の外国貿易業への浸透にも拍車をかけ、陰に陽に多国間商売を手掛けるようになっていった(5)。例えば、アメリカから機械等の工業製品を購入して中国に売りつけ、その代金で買い付けた中国製品を東南アジアや西洋に販売し、大量の利益を獲得した。しかし、それはまた、中国から多くの対外貿易拠点を奪い取ってしまうことでもあった。

とりわけ注目すべきことは、三井物産上海支店の職員たちはさまざまな情報を収集し中国の社会動向を理解するために、交際範囲を拡大することに非常に熱心であったことである。彼らはいつもよく社会に顔を出し、各種のパーティーに出席し、頻繁に政府要人やビジネス界の著名人と会見し、幅広い人脈関係を創り上げ、そうしたことから巨大な利益を得ていた。三井物産上海支店長の山本条太郎や森恪らはこの方面では代表的な人物といってもよい。すでに指摘した、三井が上海で二社の中国民族紡績企業の買収に成功したことも、実際は、山本条太郎が個人的に築いてきた人脈と不可分の関係にあった。しかし、山本条太郎の能力ははるかに高く、こうした人脈関係に止まるものではなかった。彼はいろいろな顔を持つ人物で、ビジネスの嗅覚が鋭く、商機を見出すのに勝れていただけではなく、政治や軍事の舞台においても無為に過ごすことなく一役買うことが多く、ある場合には人々の予想を大きく超える大事をやり遂げることもあった。原安三郎の『山本条太郎』は、彼について次のように記述している。山本条太郎は、日清戦争時、自らの安否を犠牲にしてまで戦場の急場を優先し、日本軍部の命を受け、中国各地で日本軍のために軍需品をはじめ種々の物質を買い付け、これを秘かに日本へ送りつけていた。また、スパイ活動にも従事し、威海衛の機雷敷設図及び関連の秘密地図を入手して日本へ持ち帰り、日本軍の海戦勝利に大功を果たした。次いで、一九〇四年に日露戦争が勃発するや、山本条太郎は密接にロシア側の動向に注意を払い、ロシア海軍の主力艦隊バルチック艦隊の航路動静を把握するため、配下の森恪らをヨットに乗り込ませ、厦門、香港、澎湖島を経て南シナ海の偵察に当たらせた。その後、浙江省沖にさしかかった同艦隊の偵察には、自ら小型蒸気船に乗り込んで出かけ、これらにより得られた情報を日本へ報告した。こうして、東郷平八郎の率いる日本艦隊がバルチック艦隊を撃破するのに「汗馬の功労（大手柄）」を立てたのである(6)。

一九一一年、中国で辛亥革命が勃発した。突然、複雑で予測できない政治情勢がやってきた。日本政府は外交面で一時対応に苦慮したが、三井物産上海支店は、逆にこの機会を利用して、一種の権力と利益を争う政治「ゲーム」を演出した。上海支店では、武器商売を取り込み、表では清朝政府に武器を提供し、裏では革命軍へ武器を売り渡していた。こうすることで、革命勢力に対する同情と支持を表明し、革命軍が成功した暁にはやはり利益を得ようとした。その後、山本条太郎（この時にはすでに三井物産の常務理事に昇進していた）の手配のもと、免職処分を受けていた清朝郵政大臣でかつ漢冶萍公司筆頭株主の盛宣懐が日本に逃亡するのを手助けしたが、それも継続的に漢冶萍公司との合弁を図る際に彼を利用できると踏んだからであった。一九一二年一月一日、中華民国臨時政府が成立したが、財政状況はきわめて困難であったことから、孫文はやむをえず日本に借款を要請した。しかし、臨時革命政府の先行きに懸念が抱かれていたことから、日本の各方面の反応は大方どちらかというと消極的であった。だが、この時、三井はだけは別の見方をした。つまり、この機にこそ大きな取引ができると判断し、上海支店の森恪を南京に派遣し、孫文と会談させた。森恪はやはり期待を裏切らなかった。彼は孫文と黄興に事前に三井側が用意した方案に同意するよう迫った。それは日中両国による漢冶萍公司の合弁を条件に、三井物産が借款を提供するというものであった。これに同意させ、手続きを履行し、契約書草案にも署名させた。契約書草案の主要条文は次のようであった。

中華民国政府と漢冶萍煤鉄有限公司（以下、公司と簡略）と三井物産株式会社（以下、三井と簡略）との間に以下の契約をなす。

公司の資本金は三〇〇〇万円とし、日中両国人の共同経営会社とし（第一条）、

両者の持ち株は同数とし、各株の権利は同一とする（第二条）。

公司は、現有している日本からの借入金一〇〇〇万円のほかに、新規に五〇〇〇万円を日本から借入する。合計一五〇〇〇万円の日本からの借入金は日本人の持ち株に変更する（第三条）。

上記の新規五〇〇〇万円の借入金は公司より中華民国政府へ貸与するが、その方法は一部は現金による支払い、残金は中華民国政府が三井より買入れた軍器代の支払いに充当する（第四条）。

中華民国政府はこの五〇〇〇万円を明治四六年（一九一三年）一月　日までに返済する。但し、利息は年利八分（一〇〇円に付き八円）とし、明治四五年七月　日と明治四六年一月　日の両度に支払う（第六条）。

政府借入金の支払い、返済、及び利息の支払いについては三井が取り決める（第七条）。

中華民国政府は銑鉄の輸出税を免除する（第八条）(7)。

以上にみられるように、三井物産が借款の提供を望んだのは、いわゆる合弁企業を通して漢冶萍の資源を独り占めするという以前からの長年の目的を達成しようということからであった。この契約書は、漢冶萍公司の株主総会で承認されず、三井物産の画策は達成されることはなかったが、このことが臨時政府に与えた負の影響は非常に大きく、孫文の革命指導者としてのイメージと威信を損なわせると同時に、また臨時政府内部に深刻な分岐をもたらし、そのために新任の農商大臣張謇が不満を表明して辞任を宣告する事態を惹起し、臨時国民政府を大きく動揺させるまでにいたった。

これまで記述してきたさまざまな事実は、三井物産上海支店が日本の対中侵略と拡張のなかで多方面において大き

な役割を発揮したことを示していた。この上海支店は、どこにでも首を突っ込み、どんなことでもしてきたといっても過言ではない。その活動範囲は広範囲に及んでおり、そのエネルギーと役割は通常一般的なものとは大きくかけ離れていた。三井物産上海支店は、中国におけるすべての外国商社や機関のなかで、当然、恥じることない第一の花形であった。三井物産は中国各地至る所に配置したこうした支店機構によって、まさしく日本の対中経済拡張の最大の主力軍となりえたのであり、さらに西洋列強と中国市場を分割する争奪戦を通して、弱者から強者へと転換し、ついには遅れてきたものが上位に立つという状況をつくりだしたのである。

第二節　渋沢栄一と三井の関係

1　三井家との関係

近代日本の対中侵略とその拡張活動は三井財閥の存在と密接不可分であり、三井財閥の形成と発展の歴史上、重要な役割を果たした人物を二人挙げることができる。一人は日本近代の政界の長老、政商保護神と称された井上馨、もう一人は、渋沢である。

井上馨と渋沢の三井家との接触は明治新政府の成立期に遡る。日本において、三井家が商業に従事してきた歴史は古く、早くも江戸時代に呉服店と銭荘(8)の経営を通して莫大な富を築き、最も有名な大商家となった。明治維新の後、各業界の振興の待望、混乱の収拾、新貨幣金融体制の樹立、どれをとっても一刻の猶予もない状況にあった。新政府からすれば、財力が非常に限られ、近代的な金融機関も存在しない状況下において、旧来の商家を改造支援して、新政府のためにその力を借用することが何よりも必要であった。当時、新政府大蔵省の要職に就いていた井上馨がまず考えたのは三井であり、彼はこの三井を新政府が設計する新しい軌道に引き入れようと決心した。一八六八年、新政府は三井を会計官付御用に任命した。その後まもなく、渋沢が大蔵大丞及び代理大蔵少輔を務めた期間、相次ぎいくつかの政府資金の出納業務を三井に代理させた。三井はこれら業務の代理を行うなか、巨大な便宜を得て、収入の安定のみならず、相当な利益を獲得した。このことはまちがいなく三井にとって大きな援助であり、時代変遷による経営の苦境から三井を抜け出させただけでなく、三井に事業の新たな起点をもたらした。

一八七二年、明治政府はアメリカの経験に倣い、株式会社企業制度を導入して国立銀行を創設することを決定した。井上馨が当時最も緊迫したこの仕事を先頭に立って指導した。大蔵大丞を担当していた渋沢は、責任者として「国立銀行条例」を起草し制定した。国立銀行を計画どおり創設できるかどうかは、出資者がいるかどうか、一定の資本金を調達できるかどうかに懸かっていた。そのため、井上馨と渋沢は、まず三井、小野などの豪商に目を向け、彼らを組織して国立銀行設立の共同発起者にしようとした。しかし、この時の三井は、考え方が非常に保守的であり、家門を重視する偏見も相当強かったことから、株式銀行創設への出資を懸念し、消極的な態度をとり、家門に沿う独立した銀行を創設し経営することに腐心していた。そのため、井上馨と渋沢は、再三、三井家に対して啓発と教育を行い、ある時には三井、小野両家の家長、三井八郎右衛門と小野善助を井上馨家に呼び出し、丁寧に彼らを諭し、利害得失を知らしめた。こうして、最終的に共同出資して第一国立銀行を創設することを彼らに同意させた。三井家のその後の発展にとって、この第一歩は非常に重要な意義を持っていた。それは、三井家がすでに資本主義経営体制のうちに取り込まれ、旧式銭荘から近代的銀行へ転換しはじめたことを意味しただけでなく、同時に三井家と新政府の間に緊密な協力関係ができあがり、その経営活動が政府の手厚い保護と支援を受けてさらに発展しうるようになったことをも意味していた。

一八七三年、渋沢は官を辞して商に従事し、第一国立銀行を発起創立し、同時に第一国立銀行の総監役に就任した。渋沢は第一国立銀行と契約を結び、総監役として経営上の意思決定権を持ち、また主要な出資者たる三井家と小野家の間での分岐が生じた際、調停と仲裁を行う権利をも獲得した。つまり、渋沢は事実上の第一国立銀行の最高指導者であり、彼がその任に堪えうるかどうかが第一国立銀行の将来と運命を決定した。しかし、当時、制度的改革が相次ぎ、経済もいくぶん混乱状態にあったから、第一国立銀行が早急に成長を遂げることは容易ではなく、相次ぐ困難や挫折に遭遇したし、甚だしきに至っては存亡の試練の時もあった。一八七四年、第一国立銀行が正式に営業を開始した翌年、小野家の経営が行き詰まり、この時、渋沢は、小野家は破産するかもしれないと予期し、迅速にこのための対応策を採った。それは小野家に追加資金の貸付を行う際、所持する第一国立銀行株を抵当資産として引き渡すよう要求したことであった。こうしたことによって、小野家の破産がもたらす第一国立銀行への大きなリスクを解消することに成功した。その後、渋沢はまた大鉈を振って改革を断行し、経営方針を調整して明確に商業銀行へ向かって発展する目標を掲げた。こうして、第一国立銀行のその後の壮大な発展が保障されたのである。こうしたすべてのことは、第一国立銀行の主要な出資者三井家にとってみれば喜ばしいことであり、その恩徳に感激する一大事であった。というのも、三井家にとっては、たんに投下資本の安全が保障されたというだけでなく、それからきわめて豊富な報酬が与えられたからである。

第一国立銀行の経営の成功によって、渋沢と三井家の関係はさらに堅固なものとなり、いっそう深まっていった。渋沢からすれば、これによって三井家から大きな信頼を勝ち得たということであった。三井家からみれば、渋沢は敬い尊重すべき人物であり、信用のおける人物であると同時に、実業界で最も組織能力を備えた率先垂範的人物であり、どの面からいっても、三井家の事業繁栄にこうした人物の支援や支持を欠くことはできなかったのである。このようなことから、三井家は渋沢を礼遇し高い地位で迎えた。

一八七七年、三井家は三井銀行を創立し、その際、正式に渋沢を三井家の顧問として招聘した。彼には三井銀行の取締役たちと協力して経営上における諸問題の解決のほか、三井銀行の発展方策についても意見を提示してもらいたいと要請した。一八八一年、松方正義蔵相が貨幣制度の改革を推進した時、日本は初めて経済デフレを経験し、その影響から三井銀行も財務上苦境に陥った。この危機から三井銀行を脱出させるため、渋沢らは井上馨の委託を受けて「三井銀行一六条改革案」を策定し、大幅に支店数を減少させる、大型貸付については必ず取締役会の合議によって確定する、幹部の若年化を実施する等の措置を実施した。これらの措置はその後の三井銀行の発展に大きな役割を果たした。

一八九一年、三井家は三井家仮評議会の設立を決定した。この仮評議会が定めた規則によれば、三井家仮評議会は三井家同族三井高喜ら八名の正会員と非同族の渋沢、益田孝、上中川彦次郎ら顧問及び各店重役を含む七名から構成された。この仮評議会の任務は「三井家ノ業務ヲ監督シ、其営業資金ヲ運用及ヒ保管スル」[9]ことにあり、また、三井組及び三井各商店の重要事項、例えば営業資産の運用方法及び保管方法、業務監督、定款及び規約の認可、重役の任免黜陟、予算決算の認可等のほか、三井家の事業改革（三井物産・三越呉服店・三井銀行）に関する措置について審議し議決した。

一八九三年、渋沢らの進言に従い、三井家は、同族寄合[10]（三井同族の戸主及び隠居を正会員とし、三井組重役を参列員として組織）と仮評議会を合併統合して、三井家同族会を設置した。[11]この同族会は、三井家同族の共同財産の保管及び運用方法と同族の営む商工業の監督に関して議決認可の権限を有した。これは同族及び三井家同族営業を統一的に統括する機関であった。三井同族会は、三井家同族（三井一一家）を正員とし、益田孝、中上川彦次郎など七名の関連企業の責任者を参列員（投票権を有せず）として構成され、渋沢を顧問に委嘱した。[12]いうまでもなく、三井家同族会の成立は、経営者側の権力を制限し、組織上、三井家の三井関連企業出資者としての決定的地位を保証したものであり、三井家の利益は最大限の保証を得ることができた。しかし、他方、三井家が日本の近代化の発展要求に適応していくには、三井家自身の活動や行為にも明確な規範に基づくある種の制約を設ける必要があった。このため、井上馨は三井家に対して新しい家憲を制定することを提案したが、この三井家の新家憲の条文を立案した者こそ渋沢の娘婿の法学者穂積陳重と井上馨の娘婿都築馨六であった。三井家の新家憲は一〇章一〇九条の多きに上った(13)。それは、同族各家の義務、同族会事務局、婚姻、養子縁組、分家、財産処理の禁止（禁治産・準禁治産）、相続、重役会、財産、制裁について明確に規定し、同族に厳守を課した。そのうちで最も重要なものは、三井家の財産を二つの部分すなわち同族の財産と三井の事業資産に明確に分け、さらに事業資産は分割できない三井同族の共同所有財産として、三井家の最高意思決定機関たる三井同族会が集中的に管理運用すると規定したことであった(14)。新家憲の草稿が完成した後、井上馨、渋沢、穂積陳重、都築馨六らは三井家とともに逐語・逐句を検討し討議した。彼らにしてみれば、この三井家の新家憲は私家内部の一つの「法律」にすぎないものであったが、それは三井財閥と日本の企業組織体制に大きくかつ深遠な影響を与えるであろうと考えたからである。

以上のように、三井が決定した重要な意思決定のどの事項をとってもすべて渋沢と密接に関連していたといっても過言ではなかった。渋沢の存在は、三井家にとってはきわめて重要で欠くことのできないものであり、渋沢が三井家のために後方に構えて意見を呈し画策していなかったなら、また渋沢と井上馨の終始一貫した配慮と支援がなかったなら、明らかに三井は近代日本の最大の財閥に発展することはできなかったといえる。

2　三井物産社長益田孝との交流と協力

渋沢と三井財閥の関係は非常に密接であり特殊なものであった。とりわけ、渋沢と三井物産社長益田孝との長期的な交際と協力関係は重要であった。

三井物産は三井財閥の最も主要な会社の一つであった。三井物産は井上馨の音頭と計画の下で一八七六年に創立された。一八七三年、井上馨と渋沢は、財政の予算編成問題をめぐって当時の大蔵卿大久保利通と対立し、辞任した。辞任後、井上馨と益田孝らは東京で先収会社を設立し、主に陸軍への武器・絨類の輸入・納入と米穀取引に従事し、政府米の輸出貿易も取り扱った。その後すぐに、井上馨は再び政界に復帰した。こうしたことを背景にして、井上馨は先収会社の閉鎖を決定し、清算業務に入ったが、この業務を担当していた益田孝に目をつけ、大隈重信と三井組の番頭三野村利左衛門に先収会社の人員を引き連れて三井で商事会社を作るよう働きかけさせた。益田孝と三井家との協議を経て、三井家による三井物産が設立された。「先収会社」の社員と業務は三井物産に受け継がれ、益田孝が三井物産の「総轄」(社長)に就任した(15)。

三井物産の創立及びその後の独占的地位は、この会社を近代日本の最大の貿易商社に成長させた。その最大の功労者は益田孝であった。彼の職務や肩書きには変化があったが、三井物産の実際の政策決定者として、前後あわせて三〇年もこの地位に就いていた。この期間の彼の最大の功績は、三井物産を率いて最初に対中貿易の大門を開き、日本の対中国経済拡張の主力軍にこの会社を育て上げたことであった。しかしながら、益田孝がこれほどまでの大きな役割を果たせたのは、彼が渋沢と密接な交流を保ち、両者に協力関係があったからである。

益田孝は、井上馨や渋沢とは古くからの知り合いであり、彼ら両人が大蔵省で仕事していた期間の古い部下でもあった。益田孝は、かつて渋沢の指示で大阪の造幣寮へ赴任し、一年近く仕事をしたが、その後、井上馨、渋沢らと一緒に官職を辞任し、商業に従事した。彼らの関係について注目すべきことは、その関係が三井物産の設立された時から新しい意味内容を持ったということであった。三井家が益田孝を三井物産の社長に任命したとき、特に渋沢に宛てて「委託書」をしたため、渋沢に益田孝の「後見人」になるよう依頼した。このような連帯関係は、疑いもなく、渋沢が益田孝の企業経営に重要な責任を負い、益田孝は企業経営についてまず渋沢の理解と支持を得る必要があり、そうでなければ何事もなしえないということを意味していた。この意味からいえば、両者間の意気が一致して協力できるかどうかに三井の発展が懸かっていたといえよう。

渋沢と益田孝の関係については、この「後見人」という三文字で簡単に説明することはできない。渋沢にとっても益田孝の存在は多重の意味を有していた。益田孝は渋沢が三井家に影響を及ぼすうえでの重要な要石であり、同時に最も理想的なパートナーでもあった。渋沢にとって、三井物産が持っている巨大な経済力や勢力は対中経済拡張活動を組織・発動するのに頼らなければならない主要な力として必要であった。三井物産と益田孝の参加と支持がなければ、渋沢の念願の目的を達することは難しかった。こうしたことから、渋沢が関連組織や企業を発起創立する場合、最初にすることは益田孝と三井家をそのうちに取り込むことであり、益田孝は求められればいつでも何でもこれを引き受け、協力することを厭わなかった。そのため、両者が一緒に創立や出資に参加した企業は数多く、とりわけ専門に対中貿易や対中投資に従事する企業を創立する時には必ずこの方式を採った。渋沢と益田孝が意識したことは、ある期間日本企業の対中国投資活動を調査し事情を理解した後、日本資本がより大きな利益を確保するには、継続して積極的に日本企業の投資活動を推進することであり、しかもこれら日本企業を中国の投資環境に適応させる良策として、日中両国の合弁企業を創設して中国の外資企業に対する制限を回避する必要があるということであった。こうしたことから、彼らは手を携えて日本初の中国との合弁企業である中日実業会社を創立した。彼らは一緒にこの会社の創立発起人を務め、同時に同社に相当額の資金を投入し、同社の最も主要な株主（渋沢個人は六〇〇株、彼が総裁を務める第一銀行は五〇〇株、益田孝個人は三〇〇株、三井合名は一〇〇〇株を所持した）[16]になった。彼ら両名の密接な協力の下に、この会社は対中経済拡張活動において巨大な役割を発揮した[17]。

渋沢と益田孝は旧知の仲であり、かつて官界において進退を共にした「戦友」でもあった。さらに重要なことは、彼らが経済思想及び現実の経済問題に対して共通する見解を持っていたことであった。例えば、彼らはともに合本主義（資本を持ちより共同で企業経営を行う）の主張を堅持し、積極的に株式会社による企業経営を力説していたし、また海外へ経済拡張を実行することが明治維新後の日本経済の発展にとってきわめて重要で切迫した課題であり、まずは優先的対象として中国と朝鮮への対外拡張を選択すべきであると認識していた等々であった。両人の主張する路線と方法が一致していたからこそ、いつも考えることも為すことも一緒になり、両者間には呼吸がぴったり合った暗黙の了解ができあがっていた。渋沢は益田孝を特別に評価し目をかけて可愛がった。渋沢によれば、益田孝は非凡な商才を持つ人物であり、眼光が鋭いだけではなく、行動は果断、大胆かつ入念であった。渋沢は次のように益田孝を賞賛している。彼は新事業に対して独自の見識を持ち、思考は非常に精緻周到で、実業において大きな役割を果たせる人物である(18)。他方、益田孝は渋沢に対して終始変わらず絶大な敬意と感謝の気持ちを持っていた。彼は『自叙益田孝翁伝』において渋沢との付き合いを次のように回顧し評価した。

三井物産会社を創立した以後は、頻繁にお目に掛り、殆どお目に掛らぬ日はないくらいであつた。実に親切な人で、一旦世話をすれば何処までも世話をする。面会を求める者があれば、誰でも面会し、綿密に意見を述べられた。実に綿密で、同じ事を三度位は繰り返す。……渋沢さんは、零砕な資金を集めて事業を起さそうと云う主義であつた。私も、若い時分から外国人に就き外国のことを学んだのであるから、此の主義には無論大賛成である。何か事業を起さうと考えた時には、先ず渋沢さんに相談した。……斯う云ふ事業を日本にも起すとよいと思ひますと云うて意見を述べたが、一つとして賛成を得なかつた事はない。よしやろうぢやないかと云ふて賛成せられ、いよいよ実行と云ふ段になると主動者の地位に立ち、起案者たる私は後から附いて行くのであるが、あの熱心と努力とを以て進んで行かれるのであるから、後から附いて行く私は、いつもへとへとになつた(19)。

三井財閥を研究してきた小島直記は、この『自叙益田孝翁伝』を評論して次のように指摘している。

この著書が触れている人物は数百人の多くに上るが、そのうち、益田孝が敬意を込めて長兄とみなしたのは渋沢栄一ただ一人であった。……益田孝はかつて山県有朋に別荘を贈ったが、この著書のなかで、益田が彼に敬意を示している言葉はない。明治政府や三井家側の人物についていえば、井上馨が益田に大きな援助を与えたが、同じように益田孝は彼にも何らの敬重の情を示さなかった[20]。

このことから、益田孝と渋沢との交流と協力は終始非常に愉快なものであり、渋沢の存在は益田孝の心中で重要な地位を占めていた。すなわち、両者はよき師よき友であり、事業における得難い親友、同志であった。渋沢が益田孝の思想や行動に及ぼした深刻な影響は、益田孝にとって一生忘れることのできないものであった。

三井財閥の中核企業三井物産がなぜ近代日本の対中侵略と略奪の尖兵となったかということも益田孝と渋沢との協力関係と密接に関係している。以下、いくつかの事例を紹介しよう。

第一は、一八七七年に清朝政府が日本政府に借款の要望を提出したことに関するものであった。このため、日本政府の委託を受け、渋沢と益田孝が上海へ赴き、清朝政府役人と二五〇万両白銀の借款契約を締結した。清朝政府側の原因からこの借款契約は実行されなかったが、渋沢と益田孝はこの中国訪問を通して中国の情況を理解し、対中貿易に巨大なビジネスチャンスを見出し、中国に支店を設立することの切迫性を認識した。帰国後、両者は大蔵省に報告を行い、最終的な協議を経て、同年一〇月、三井物産は上海に海外第一号の支店を正式に設立した。渋沢の第一国立銀行は支店を設けず、中国関連の業務については三井物産上海支店が代理することになった。これを起点にして、渋沢と益田孝はともに手を携えて対中経済拡張の活動を開始した。

第二は、三井物産の対中経済拡張がまず石炭をダンピング輸出することに突破口を見出したことに関するものであった。当時、日本はいまだ殖産興業の初期段階にあり、大量に輸出できる製品は石炭などの少数の種類に限られ、しかもそれらは他国が代替できないものでもなかった。当時の中国においても、石炭資源の採掘が活発に行われはじめ、次々と新しい投資計画が打ち出されていた。渋沢と益田孝はいずれも、中国の石炭開発といったこの新たな動きは日本にとって大きな脅威であり、日本への石炭需要を直接減少させることになるであろうから、中国の石炭工業の発展を抑制するような対抗措置を採らなければ、日本の対中石炭輸出の不断の拡大は保証できないと考えていた。そのため、彼らはいくども協議を重ね、最終的に連名で大蔵大臣大隈重信、工部大臣伊藤博文に「要望書」を提出することにした。その「要望書」は、日本政府が石炭輸出税を免除し、海運船購入に融資を提供し、未開放港における石炭輸出を認可する等の措置を要請するものであった。こうした措置を講じることで、日本産石炭は価格面で十分な競争力を持つことが保証され、この安価な日本石炭を中国に大量に流入させて中国の石炭生産を困難に陥らせることができるとした。彼らのこの要望は直ちに認可され、三井物産による中国への石炭輸出は急激に増加し、いまだ揺籃期にあった中国の石炭業や近代工業に大打撃を与えると同時に、三井物産は大きな利益を獲得し、一躍、日本の対外貿易商社の指導的存在になっていった。

第三は、渋沢は早くから中国の紡織品市場に目をつけ、これを巨大な可能性が潜在している有利な投資場所と考え、率先して中国紡織業界への投資に参加しようとしたことに関するものであった。一八九五年一一月、渋沢は、日本紡織業界の主要人物である松本重太郎、佐伯勢一郎らと共同して東華紡績株式会社を発起し、計画資本金三〇〇万円で上海に工場を設立しようとした。彼の後に続き、同年一二月には、三井の益田孝、中上川彦次郎、朝吹英二らも同じく上海に上海紡績株式会社を設立しようとした。渋沢は、益田孝や中上川彦次郎の行動に大きな支持と協力を申し出、出資してその会社の株主になった。しかし、この東華紡績も上海紡績もいずれも事業困難から経営に挫折し、成立して二年も経ずしてやむをえず解散あるいはその目的変更を余儀なくされた(21)。

注

（1）坂本雅子『財閥と帝国主義—三井物産と中国』ミネルヴァ書房、二〇〇三年、三五頁（表1—1）。
（2）汪敬虞《中国近代工业史资料　第二辑　一八九五—一九一四　上册》中华书局，一九六二年，一九六页。
（3）中国紡績業に対する日本資本とりわけ在華紡の動向について、严中平《中国棉纺织史稿》科学出版社，一九六三年，第三章以下参照（依田憙家訳『中国近代産業発達史』校倉書房、一九六六年、参照）。
（4）前掲『日本の資本輸出—対中国借款の研究』二五八—三〇六頁「使途別対中国債権統計」より抽出。このうちには、契約開始日が〇六年であるが、この期間継続していた契約一件を含む。
（5）一九〇五—〇七年までに七—八％を占めた外国間取引比率は、一九〇九—一〇年には一五—一六％に跳ね上がり、内国売買と匹敵するまでになった（栂井義雄『三井物産会社の経営史的研究』東洋経済、一九七四年、四二頁、第1—5表）。
（6）原安三郎『山本条太郎』時事通信社、一九七三年、一一五—一一八頁参照。
（7）財団法人三井文庫『三井事業史』本編第三巻上、二一九—二二〇頁。なお、第五条は受取人に関する事項のため省略した。
（8）銭荘とは、中国の明代から清代にかけて行われた小規模な旧社会の金融機関であり、近代銀行制度の導入とともに衰退していった。こうした旧社会の金融機関を銭荘と総称するので、ここでもその用語をそのまま用いた。
（9）安岡重明『日本財閥史の研究』ミネルヴァ書房、一九七〇年、四〇五頁。
（10）同上の研究によれば、同族寄合は大元方寄合であるとされる（同上書、三六一頁）。なお、この同族寄合に対する渋沢の見解については、「大元方寄合仮規則ニ付渋沢氏意見概略」（同上書、三六三頁）を参照。
（11）同上書、四〇七頁。
（12）柴垣和夫『日本金融資本分析』東大出版会、一九六五年、一〇九—一一〇頁（柴垣和夫《三井和三菱　日本资本主义与财阀》上海译文出版社，一九七八年，四一页）。
（13）三井家憲については、松本宏『三井財閥の研究』吉川弘文館、一九七九年、六八—八一頁参照。
（14）同上、一八—一九頁参照。

（15）『自叙益田孝翁伝』（著作兼発行者長井實）一九三九年、「先収会社」（一六四頁以下）、「三井物産会社」（一七一頁以下）、参照。
（16）前掲『渋沢栄一伝記資料』第五四巻、五二八頁。
（17）このことについては、第二章ですでに詳述した。
（18）渋沢栄一述『渋沢栄一自叙伝』大空社、一九九八年、八二三頁。
（19）前掲『自叙益田孝翁伝』二一三―二一四頁。
（20）葛東萊譯（小島直記、邦光史郎等原書）『三井財閥：官場商人化身錢莊大王』時報出版公司（臺北）一九八六年，一六三―一六四頁。
（21）前掲『渋沢栄一伝記資料』第一六巻、六六八―六六九頁、六七六―六七七頁。

第五章　渋沢栄一と孫中山（孫文）

二〇世紀初頭の一〇年代は、渋沢が国際舞台で最も活躍した時期である。日本財界の筆頭人物として、中国と朝鮮への経済的拡張を積極的に進めながら、同時に「民間外交」を自ら任じ、多くの重要な対外活動に参加し、外国の各界人士との交流を積極的に行っていた。この時期は、日中間の外交をはじめ、さまざまな交流が頻繁に行われた時期でもあったため、相次いで中国の各界人士も日本を訪問した。そのため、渋沢の中国人士との交流や接触の機会も多くなり、それが渋沢の対外交流にとって日常的な事態となっていた。渋沢と中国人士との交流は頻繁に行われていたが、そのうちには清朝の皇族関係の人々、また中華民国の政府要人や各界の有識者などが含まれていた。しかし、その後の交流状況からすれば、渋沢がお互いに友人と認め、長期に亘って交流しつづけた人物はそれほど多くはなく、とりわけ、渋沢にとって重要な意味をもつのは孫文との交流であった。

第一節　孫中山、援助を乞う

一九一一年一〇月一〇日、中国で武昌起義が爆発し、この後、一九一二年一月一日、中華民国の成立が宣告され、南京において中華民国臨時政府が成立し、孫文が臨時大総統に任じられた。旧暦でいう辛亥の年に相次いで引き起こされたこの二つの政治事件は全世界を震撼させ、隣国日本にも大きな衝撃と影響を与えた。当時、孫文が率いる中華民国南京臨時政府と袁世凱が実質的に統制していた清朝が対峙し、双方それぞれの利弊権衡し、微妙かつ複雑な形勢が生じていた。臨時政府についていえば、共和体制を布くといった政治主張は民心を深く捉えていたが、直面していた情勢は相当厳しく、財政の収入源を有していなかったことから、資金状況は険悪の極限に達し、武器装備ともに最悪の状態にあった。そのため、資金を調達することで当面の急場を凌ごうと、孫文はやむにやまれず多方面からの援助を求めた。その一つとして、さまざまなルートや人脈を利用して、日本からの資金援助を得ようと試みた。

辛亥革命発生後、日本政府にとって、孫文側の借款要請にいかに対応するかということが非常に手を焼く問題であった。これに関して、日本政府は多くの裏工作を行ったが、清朝政府との関係を考慮して、原則上これを拒否する姿勢をとっていた。これに対して、日本財界の首脳たる渋沢はいかなる態度を示したであろうか。渋沢は、一九一二年二月六日に「日本電報」に掲載された「清国時局観」において、孫文の借款要請に対する考え方を披瀝し、次のように述べている。(1)

這回支那革命軍の勃発は蓋し自然の数にして、必ずしも怪むに足らざるなり、満朝覇を唱へて以来茲に三百有余年、其の治や寧ろ威服的政治にして、満人は独り其の首脳として常に傭者地位に在るに反し、漢人は蠢々として常に被傭者たり。……支那は実に其の朱子学派の本家本元なるを奈何、抑々支那の国教たる孔子の教へは畢竟革命を鼓吹するものなり。治国と云ひ平天下と云ふも、其の極まる所は遂に革命に非ざるよりは外に途なし」とし、続けて次のようにいう。「今よりして之を観れば革命軍の勃起は実に自然の数なるの感益々新なるを覚ゆる、……然り而して彼等革命軍の勢力如何。果して如何なる程度迄成功を収め得べきやは職として其の首領株たる人物の如何に依るものなるが予や孫文を知らず、将た黄興、黎元洪等の人物を知らず、所謂支那通にあらざれば之を語るの資格なし。若し夫れ刻下官革両軍にありては共に財力の窮乏を訴へ、我が国資本家に対し借款を申込み来るもの頻々たる模様なるが、此の際、吾人実業家の態度としては、元より進んで帝国外交に就き容喙すべき限りにあらず、其の一個人に対する借款の如きも、慎重なる考慮を費して後、初めて之が諾否を決すべく、徒に個人の利益を主として将来の慮りなく、全然火事盗人的利益を得るに努むるが如きは断じて不可なり。……要するに此の際官革両軍何れに対しても其の借款に応ずべきや否やに就ては、予輩未だ何れとも明言する能はざるなり。只夫れ何日かは事変の終局を告ぐるの日あるべく、其の時に当り、彼の不統一なる支那貨幣制度を改善し、紊乱せる其財政を整理するに就ては、当に大に吾人日本人の努力すべき事にして、不肖予輩と雖も緊褌一番、敢て微力を致すに躊躇せざるなり。而して頃者聞く所によれば、革命軍は大隈伯並びに阪谷男に対し打電し、依頼するに南清に於て銀行設立の事を以てしたる由なるが、余も亦孫文の名を以て同意味の電報に接したり。電文甚だ簡単にして其の要を知るに由なきのみならず、予にとりては全く寝耳に水の感あり、更に要領を得ざれば之に就ては未だ何等考慮する所もなし。(2)

以上のことから分かるように、渋沢は、中国の政治情勢の変化に対して、独自の看方をしていた。彼からみれば、辛亥革命は清朝の高圧的な統治がもたらした民族と社会矛盾の進展の必然的結果であり、遅かれ早かれ発生するものであった。とはいえ、辛亥革命後の事態について、それをあまり楽観視していなかった。孫文らとの面識がなく、臨時政府と革命軍のいずれが最終的に勝利するのか判断できないと釈明している。明らかに、渋沢が「判断できない」と述べたことは、彼が疑問を感じていることを表明している。この疑問とは、完全とはいえなくてもいまだ孫文、黄興ら革命指導者を知らず、個人的な信頼や理解に欠けているということであり、さらに重要なことは、臨時政府や革命軍が清朝政府軍と対峙状態にあることが気懸りであったということである。こうしたことから、彼は、再三、日本の実業家たちに資金援助に当たっては慎重な態度をとるよう訴え、情勢がはっきりした段階において再度決断すべきであると主張し、こうすることが外交上主導権を保持するうえで有利であり、日本自身の利益を守ることにもなるという認識を示した。このことは、孫文の臨時政府と革命軍に対する援助問題に関して、渋沢がいかに日本政府と一致した態度と歩調をとったかを意味している。

しかし、資金援助の問題において慎重な態度を保持した渋沢ではあったが、臨時政府が中央銀行を設立する問題に対しては、非常に積極的な態度を示した。このような態度の明らかな相違を理解するには苦労がいる。こうしたことの背景には、一般的に知られていない事情があった。実際、中央銀行の設立については、最初に臨時政府側から提案されたのではなく、日本側が主導的に提出したものであった。その事情は以下のようであった。臨時政府が成立する直前の一九一一年一二月下旬、孫文は何天炯を日本に送り資金調達の工面に乗り出した。何天炯は大隈重信の紹介で、当時の大蔵大臣阪谷芳郎を訪問した。しかし、阪谷芳郎からは別の異なる回答を得た。阪谷芳郎は何天炯に対して次のように述べた。戦争費用については、現時点では大して重要なことではない。二、三億元で済むことであるので、私（阪谷芳郎）のところに来なくても、直接銀行へ行けばよい。[3] 阪谷芳郎によれば、中国の当面の財政金融情勢は混乱しているので、こうした状況を変えるには、幣制改革を行う必要があり、臨時政府には中央銀行を設立するよう提案したというのである。

阪谷芳郎は借款の話をせずに中央銀行の話をしただけであるが、もちろんそれには彼なりの考えがあったからである。借款はリスクを伴うだけではなく、日本の経済拡張ということからいえば、その意義と影響は中央銀行の設立にはるかに及ぶものではなかった。しかし、何天炯はこうしたことの理由にまで意識は及ばなかったため、阪谷芳郎の提案に賛意を示し、孫文に電報を打ってこのことを報告した。孫文は即断し、翌一二年一月一〇日、阪谷芳郎に電報を送り、中央銀行の設立に関する件は貴君にお任せするので南京に来訪され協議されたい、と伝えた。阪谷芳郎は早くも一九〇三年に清朝政府に清国中央銀行設立に関する建議を提示し、具体的方案を策定したことがあるので、この件に関してはよく習熟していた。数日を経ずして、彼はこの件の委託を引き受ける用意があることを伝える返信と自ら立案した具体的な方案を一緒に人に托して孫文に送った。以上のような経緯について、渋沢は最初からこれを把握していた。阪谷芳郎は、渋沢の娘婿であり、日本財界の重鎮の一人でもあったから、渋沢との関係は非常に親密であった。阪谷芳郎が何天炯に中央銀行設立の建議を提示した翌日にはこれを渋沢に報告し、また、孫文からこの件を委託するとした電報を受けた時も、直ちに渋沢と詳細に相談していたとされている。(4) 渋沢はこの件を非常に支持し、すぐさま前首相桂太郎公爵と外務大臣内田康哉のもとを訪れ、彼らと意志疎通を図る協議を重ねた。

このように、渋沢は最初からことの内情を掌握しており、かつこれに直接関与して、そこで重要な役割を果たしていた。それなのに、渋沢は、ことさら孫文の「電文甚だ簡単にして其の要を知るに由なき」と述べた。その理由は臨時政府側に思いがけない出来事が生じたことにあった。孫文は、阪谷芳郎の返信と方案を受けとった三日後に態度を一変し、中央銀行の設立計画を取り消し、これを阪谷芳郎に伝えた。当時の状況から判断すれば、孫文が中央銀行の設立計画を取り消した理由には確かに人にはいえない事情があった。というのは、中央銀行の設立は所詮時間のかかる事業であり、資金の必要に迫られている臨時政府からすれば、それは目前の差し迫る状況を解決できるものではなかった。このほか、当時、孫文は、日中合弁の漢冶萍公司を条件に日本と借款契約を調印することを承諾していたが、これに各界が猛烈に反対したため、臨時政府は信頼を失い、政治不安に陥っていたという事情もあった。さらに、阪谷芳郎が提示した方案のうちには、日本人が中央銀行の総監に就任するなど、国家の尊厳を些か損なわせる条項が含まれていたということが数多くあったため、これが同意されれば、臨時政府のイメージはいっそうの打撃を蒙ることになるという懸念もあった。言い出しっぺの日本側としては、当然のことながら、この件が流産するのを目にしたくはなかったが、もしこのことが清朝政府に知られれば、外交上、受動的な立場に立たされ、収拾のつかない状態に陥ることにもなりかねないことから、この件に関する交渉は秘密裏に進めていた。このため、公開の場においては、渋沢がそうしたように、ただ「電文甚だ簡単」、「要を知るに由なき」、「全く寝耳に水の感あり」といった語句を用いて、孫文の臨時政府に対する失望と不満を表明したのである。しかしながら、注目すべきことは、渋沢がこの合作（共同事業）を決していい加減に済ましてしまうことなく、なおも中国に対する経済拡張の機会を見出そうと情熱を注ぎこんでいたことであった。彼が再三強調したことは、当面の中国はまさに政治的不安定の時期にあり、日本の対中貿易は大きな影響を蒙るかもしれないが、悲観的になる必要も失望する必要もない。情勢が安定したならば、中国市場は以前と同様に非常に価値あるものになるのであり、日本の企業家や商人らは西洋列強とそこで激烈な競争をする思想的準備を整えておくべきであるということであった。こうしたことから、渋沢は中国の政局と孫文に対して高い関心を示しつづけたのである。

第二節　孫中山との密接な接触

一九一二年四月一日、孫文は正式に臨時大総統の職を辞任した。それまで彼は、清朝皇帝の退位、南北統一、北京政府の成立といった政治情勢に直面していたから、いくぶん重荷を降ろした気分を味わっていた。しかも、長年にわたって追い求めてきた三民主義の政治目標における民族と民権の二大主義がすでに実現されたのであるから、次は残された民生主義の実現に着手しなければならないと考えていた。中国で民生主義を実現するには、実業を振興しなければならず、実業の振興は何よりも鉄道建設から始めなければならないと考えていた。彼によれば、「鉄道は国家興盛の先駆であり、人民の幸福の源泉である」として、満腔軒昂たる意気を込めて「一〇年以内に二〇万キロの鉄道建設を完成する」(5)という宏大な目標を提起した。だが、当時の社会経済状況からすれば、中国が鉄道建設に大いに力を入れるには、外国から資金、技術及び管理方法を受け入れなければならなかった。そのため、孫文は、辞職するとすぐに、日本への訪問を希望した。彼の新しい目標を実現するには、日本から援助を得る必要があったからである。

孫文は切実に日本への訪問を希望したが、日本の外交部署は回答を暫くの間保留した。外交関係者たちからすれば、臨時大総統を辞職したばかりの孫文を真っ先に招聘するのは明らかに敏感な政治問題であり、袁世凱との関係に些か微妙な影響を与えかねないと、これまでのことや今後のことを考えて、なかなか決断できないでいた。しかし、日本の財界の態度は明らかにこれとは異なり、孫文の訪日を招聘することに非常に積極的であった。渋沢ら財界首脳からすれば、孫文と袁世凱との「和談（和平交渉）」は、中国の政治情勢を大きく緩和させ、すぐにでも計画されている日中両国の合弁企業に関する事業は確実に実施されるものと考えていた。そうであれば、中国側の協力者として明らかに孫文はこれにいくぶん相応しい人物であると判断された。というのは、孫文はこれまで日本を何度も訪れ、日本と密接な関係を有しているので、相互の交流と理解にとっては都合がよく、大総統の座を袁世凱に譲ったとしても、依然、中国ではきわめて大きな影響力を有している人物であり、しかも、かつて中国の全国鉄道総監という要職を歴任し、膨大な鉄道建設計画を策定したことがあり、日本の経済拡張ということからすれば、以上のことは、考慮すべき重要な要素であることはいうまでもないことであった。まさにこうしたことから、一方では、日本の財界は日中合弁企業の創立の件について孫文側と接触して商談を重ね、他方では、多方面からの斡旋を仰いで外務当局に対して説得を試み、遂には渋沢本人が自ら出でて、桂太郎内閣や軍部に対して現状と財界の主張を説明し、孫文の訪日計画が実現されるよう尽力した。

ほぼ一〇ヶ月間待たされた孫文は、一九一三年二月一三日、貴賓としてようやく日本を訪問した。彼の訪日は日本各界から熱烈な歓迎を受け、長い四〇日間の訪問中、彼は政界、財界各方面の広範囲な人士と接触し面談した。渋沢は日本側招待者の主要人物として自ら盛大な歓迎会を主催し、さらに孫文に付き添って各種の招待会や社交活動に同席するなど、孫文と幾度となく会談した。渋沢の「日記」記載によれば、孫文の二〇日間の東京滞在のうち、一二日間は渋沢と行動をともにした。(6) 渋沢がこんなに頻繁に密接に外国の要人と接触したことはこれまでなかったことから、彼が孫文のこの度の訪問をいかに重視していたかを知ることができる。

渋沢が孫文を接待した主要な目的は、日中両国の合弁企業、中国興業公司の設立について協議することであった。結果からいえば、渋沢の願いどおりに希望は達せられ、多大な成功を収めたということになる。その成功を意味する第一は、正式に中国興業公司設立発起人大会が挙行され、渋沢と孫文を主とする発起人名簿が確定されたことであった。第二は、渋沢が孫文に日本側の起草した公司章程と公司設立主旨説明書を提出したことであり、その内容のうち、双方異議ある事項については協議を重ね、双方がともに受諾できよう改正されたことであった。第三は、個別の条項にはなお意見の一致しない箇所も残されていたが、例えば、本公司は中華民国の法律に依拠して設立されるのか、それとも日本の法律に依拠して設立されるのかをめぐる問題、また中国側の出資形態や払込方法に関する問題等々であるが、孫文は、帰国後、中国側の発起人たちと相談し、早急に返答するということを約束したことから、もはやこれらの問題も公司の設立には影響しないものになっていたことであった（この中国興業公司設立の詳細についてはすでに第二章第二節で詳述した）。

以上のことから分かるように、渋沢による孫文の接待は、ある程度満足なまでにその目的を果たした。だが、このほかに、渋沢にはもう一つの収穫があった。それは、孫文との身近な接触を通して、彼が孫文に対する新たな理解を得ただけではなく、両者間に友情のような親近感が生まれ、それが今後の両者の交流の基礎になったということであった。彼は孫文に対して次のように述べた。「日本は千年以上も前から中国文物の影響を受け漸次その風に染まってきた。中国は日本にとって兄貴のような存在である。しかし、今日、実業ということについては、日本は少しばかり中国より進んでいる。いまこそ維新以来日本が積んできた実業の経験を中国に伝え、中国の富源を開いていきたいと望んでいる。十数年後、中国の実業の様相は一変することになりましょう」(7)。これに対して、孫文も大きな期待を寄せ次のように述べた。「私は政治に奔走して数十年になりますが、今日その素志を全う致しました。……しかし、残念なことに、いまだ富源を開く方法を摑んでおりません。これを解した暁には、直ちに着手いたします」、「友邦日本は、この私を助力していただけるものと思っております」(8)。このことに止まらず、渋沢と孫文は自分たちの人生経験や政治に対する態度について歓談し、渋沢は遂には先輩として孫文に政治を辞し商業に従事して、実業家の道を歩むよう勧めもした。この渋沢の説得に孫文は格別な親近感を感じ、「素志が達せられた以上は」といった中国の政治情勢に対する単純な認識から、彼は渋沢の説得を受け入れ、政治舞台から身を引き、全精力を中国の商工業の発展に注ぎたいとした。両者は歓談が進むにつれて意気投合し、しだいに気持ちが通じ合う関係になり、両者は将来必ずや経済協力を行う日が来るだろうと願う情熱と期待で満ち溢れていた。

第三節　孫文の「人種論」に対する反対と「反袁第二革命」

この時の孫文の日本訪問を通して、渋沢は孫文と知り合い、親しい友人を得た。しかし、渋沢と孫文の関係には、孫文の他の日本の友人と異なり、独特なものがあった。周知のように、孫文は革命家であり、明確な政治主張、信念及び理想を持ち、目的を遂行するまで決して諦めないという強い意志に基づいて、一貫して革命活動を続けてきた。孫文と交流のあった日本の友人たちは、それぞれ動機や目的を異にするとはいえ、彼らの共通点として、孫文の革命活動に対して、多かれ少なかれ、陰に陽に、さまざまな形で支援してきたことがあった。しかし、渋沢と孫文の交流には、彼らとは異なる別の事情が介在していた。それは、渋沢の「倒幕攘夷」運動のなかで遭遇した挫折に関係しているのかもしれないが、渋沢にしてみれば、政治変革の風雲は予測し難いものであり、付き従うべきものではなかった。それ故、渋沢は政党活動には一切参加せず、政治の事情にはできる限りこれを回避する態度をとっていた。彼が最大の関心を示したのは経済上における協力と交流であり、このために孫文と親しい友人関係を結ぶことになった。しかし、そうであるからこそ、渋沢は孫文の不撓不屈の革命精神を完全には理解できず、このことが彼らの間にいくつかの問題に関する見方や態度について不一致や分岐を必然的に生じさせてしまったといえる。

両者間における不一致を表現する第一のことは、孫文が中国近代革命の先駆者であり、何よりも民族主義者であったということである。彼が革命の最初に提出したスローガンは「蒙古の夷、満人どもを追い払い、中華を復興させ、合衆国政府を樹立する」であった。この民族解放を勝ち取り、民主国家を実現するといったスローガンは、人々を惹きつける力が強く、多数の民衆を扇動し、清朝封建君主統治をひっくり返すのに大きな役割を果たした。しかし、中国はなお自力で完全に西洋列強の抑圧から抜け出すことができない状況下にあった。孫文にしてみれば、日本もかつて西洋列強から軽蔑と侮辱を受けていたことから、日中両国に共通する同一文化の淵源と同一人種を強調することは、両国間の親近感と連帯感を増強させるのに、また日本からの支援と援助を得るのに、きわめて有利であると思われた。こうしたことから、孫文は、訪日の期間、日中両民族は黄色人種であり、連合して西洋白色人種に対抗すべきであると強調していた。彼がいうには、黄色人種は物質文明において遅れをとり、いつも白色人種から勢力で威圧され蹂躙され、長期に亘って権力を剝奪され、いまだに回復できていない、遺憾至極といわざるをえない。現今、黄色人種は大いに目覚めている。近い将来黄色人種と白色人種の衝突は避けられない。今後、我ら黄色人種は歩調を合わせて対応する決断を下すべきであり、この意義からいって、日中両国の提携は実に急務である。

だが、渋沢は孫文のこうした思想・主張には同意しなかった。彼は次のように述べた。「吾人一個の意見としては、謂ゆる黄白両人種競争論の如きは殆ど問題とするの価値なきものと考へられる」、「頭髪や皮膚の色を以て人間に区別を立て、若くは障壁を設けて相争ふのは、甚だ謂れなき事なりとの意見を有する。例へば夫の杏花の紅を愛づるが為め梨花の白を棄てるのは、何とも理に合はぬ料簡の狭い話であると思ふ。……蓋し文明の恩恵たるや広大無辺にして、世界の人類何れに対しても親疎の別なけんや、況や宗教の異同、政体の如何の如きは素より問ふ所ではない」(9)。明らかに、渋沢は黄白人種論には批判的な態度を持していたが、このことは、彼と孫文との間には、政治思想上の意思疎通や十分な理解が欠けていたことを意味している。周知のように、最初に人種差別を論じたのは西洋列強の植民地主義者であり、彼らは、白色人種こそが最も優秀であるので、他の有色人種を統治するのは当然であると宣揚した。しかし、孫文が黄色人種は連合して白色人種に抵抗しようと強調したことに表現されているのは、被抑圧者の反抗意識であり、同時にまた、民族解放闘争を追求する際のある種の策略であるともいえるものであり、それは西洋列強の植民地主義者らが宣揚する種族主義と本質的に異なるものであった。孫文が日本で繰り返しこの主張を宣揚したのは、日本側の事情とも大いに関係していた。明治維新後、日本は「脱亜入欧」を主張し、二〇世紀に入るといわゆる満蒙から全中国、さらにはアジア全域を併呑する必要から、「大アジア主義」と黄色人種論を盛行させていたが、孫文がこれと類似した観点を披瀝したのは、明らかに日本側に迎合しようとした意図があり、政治家としての策略及び態度からいって、実際上、大きな意義と役割を有するものであった。しかし、渋沢はこれを認めようとはしなかった。これが第二の両者の不一致を表現するものであった。

孫文の訪日期間における渋沢との密接な接触は、孫文と袁世凱との政治対立が暫く妥協した状況下において行われたものであった。しかし、近代中国の政治舞台上での闘争は、畢竟、風雲測り難くかつ残酷無常であり、この両者の関係も制約と影響を受けざるをえなかった。一九一三年三月二〇日、国民党代理理事長宋教仁が上海で殺害されたため、孫文は即座に日本滞在を切り上げ、対策を練るために帰国した。孫文は、袁世凱が共和を破壊し、議会選挙制度を転覆し、暗殺者を買収して革命党人の一掃を企てる卑劣な行為に憤慨し、大総統が指示して殺人を行わせるとは、それこそ法を踏みにじる行為であり、武力を以て袁世凱政府を打倒する決心をした。しかし、渋沢はこれに対しても異なる見解を保持した。第三の両者間の不一致はこのことであった。渋沢は、孫文の心情や境遇に理解を示したが、同時にまた、渋沢にしてみれば、この政治事件に対する孫文には冷静さが欠けており、武力で袁世凱を討伐した後に生じる問題を周到に考慮する明智的な策略ではない、と思われたのである。そのため、渋沢は、孫文が再度挫折を味わうことを心配し、二度にわたる私信を孫文に送り、袁世凱の討伐計画を中止するよう説得した。彼は私信のなかで、次のように述べた。

……唯貴国政局の現状は誠に憂慮に堪へす、貴台は天資英明頗る時務に通し居られ候こと故、東亜の大局に顧み宜しく隠忍自重、終局の勝利を獲ることに力められ度、南北の主義相反せるは氷炭も啻ならざれば、其争ふや立憲的行動に出ること已むを得さる処なれど、今南方の準備未た完成の域に達せさるに、激情の余り、北方の誘致する処となり、大局決裂し、砲火を交ゆること丶なれば、国民塗炭の苦を享くるのみならず、時局は益々紛糾し列国をして通商保護に藉口し、国政に干渉し、或は領土分割の端を啓くこと丶なり、其極東東亜の大乱となり、影響する所至大なるべきは贅言を要せず、万一にも斯る事態の発生せば、其主義政見如何に善美なりとも、恐らく之を施す所なき次第ならは、何卒鄙見を諒とせられ、十分心神を冷静に持され、深謀遠慮、必す軽挙して他の術策に陥らさる様、専ら東洋平和と同種保持を目的とし、一箇の忍字を大切に守り、静かに時機の至るを待たれ度し、其時期は決して悠遠のものに有之間敷、昔張公芸は帝の下問に対し百箇の忍字を書し奉答せりと申伝候、今老生も忍字を以て貴台に進め候間、何卒等閑視せられ間敷候、貴国の政争は貴国内部のこととは申せ、東亜の全局に関するのみならす、世界の大局に至大の影響を及ぼし候へハ充分御考慮相煩度、御懇意の間柄なれは鄙見を述へ忠言を呈し候事老生の義務なりと相信し申候。(10)

実際、さまざまな事情から、日本の政界及び財界は、狡猾に物事をあしらう袁世凱に以前から何ら好印象を抱いていなかった。しかし、孫文が討袁の挙兵を行うことは、日本の財界にしてみれば、必ずしも喜ばしい情報ではなかった。中国興業公司は発足したばかりで、この時の渋沢は対中経済拡張に大きな発展が生じると期待していたのであるから、当然、中国の政治情勢が再び大きく動揺し混乱するのを望んではいなかった。だが、渋沢から孫文に宛てた私信から看取しうることは、彼が討袁の挙兵に反対した理由は別にあった。渋沢にいわせれば、孫文の討袁挙兵は「明智の挙」とはいえなかったが、その理由は、討袁挙兵に勝利の見込みはなく、中国を再び戦乱に陥れるだけではなく、列強に中国を再度分割する口実を与えかねないからであった。こうしたことから、渋沢は、孫文が長期的な展望に目を向け、「忍」字を重ね、慎重に策略を練り、じっと時期を待ち、最終的に自らの目的を達成するよう望んだ。渋沢は、残酷な政治闘争に必ずしも通用するとはいえない「忍耐の哲学」を極力主張したけれども、彼のこうした説得には確かに個人間の温かい友情が感じられ、孫文に対する忠告としては実に率直であり適切であり、孫文としても考慮すべきものであった。というのも、孫袁の力関係からして、孫文の討袁挙兵は畢竟絶望的な状況に直面していたからである。しかし、孫文のような政治闘争において何回挫折しようが屈せず遣り通そうとする経歴といささかも恐れざる精神を持つ革命家からしてみれば、袁世凱の陰謀を企てる行為に我慢するのは政治上何もしないことであり、屈辱以外の何ものでもなかった。それは、彼が一貫して堅持してきた政治信条に背馳するだけではなく、袁世凱を傍若無人に振舞わせ、いっそう悪質に議会制度と民主政治を踏みにじらせることにもなるので、袁世凱政府と真っ向から対峙し、これを武力で打倒するしかなかった。孫文は、渋沢の説得には動ぜず、あくまでも袁世凱を討伐するという自己主張にこだわった。これに対して、渋沢が遺憾と失望を感じたのも当然であった。

一九一三年七月一二日、孫文は袁世凱を討伐するために挙兵した。しかし、慌ただしく準備したことから、この挙兵はわずか半月で失敗に終わり、孫文は再び日本に亡命せざるをえなくなり、袁世凱政府が指名手配する逃亡犯とされた。これは半年前の訪日とはまったく異なり、孫文の身分上に劇的な変化が生じ、彼を困難な境遇に陥れただけではなく、そのことが渋沢との関係にも次のような大きな影響を与えることとなった。第一は、孫文が日本に到着してまもなく渋沢を訪問し、たとえ失敗しても決して諦めることなく、再度討袁の準備を進める覚悟でいることを伝え、渋沢の理解と協力を得たいと表明したことに関してであった。これに対して、渋沢は孫文の境遇に深い同情を示したけれども、再び孫文が討袁の挙に出ることには賛成できないと明確に伝え、その場で率直にそのための援助を拒絶し、再度の討袁に賛成しない理由として、「中国の現在の政治制度はいまだ完備していないが、形式上すでに立憲国家である」(11)ことを挙げた。渋沢がいうには、確かに、袁世凱は権謀術数を弄する人物ではあるが、彼の地位は公認されたものであるから、再度、討袁挙兵などという考えを放棄し、議会制度が完備されることに望みを寄せるべきである。渋沢はこのように孫文を説得したが、明らかに今回の説得は、半年前に孫文にしたためた私信での説得と少し異なり、いくぶん個人的な感情が薄れていた。この問題について、渋沢は、自分の態度や立場は日本政府と一致していることを孫文に明確に示した。

第二は、孫文の日本亡命によって、実質上、中国興業公司の合弁計画が反故にされたことであった。孫文は、すでに本公司での法的地位を継続して維持することができなくなったことを認め、渋沢に対して「本人(孫文)は革命に専念しなければならないため、公司を経営する余裕はない。本人が所有する株式は北京当局に譲渡しようと思う」(12)と表明した。こうした事態は、渋沢が内心望んでいたことでもあった。実際、袁世凱は、孫文と日本財界との実業における協力関係を断ち切るために、孫文を指名手配すると同時に、日本財界と協力事業を展開したいと何度も表明し、日本側が中国興業公司の改組を行うよう希望した。いうまでもなく、中国興業公司の正常な運営が遅々として進まないことに焦りを感じていた渋沢にとっては、非常に魅力的な話であった。そのため、渋沢はすぐさま袁世凱政府の要求を受け入れ、中国興業公司の改組に着手することを決定し、袁世凱の招聘を受けて中国を訪問するとした。また、楊士琦らと正式に会談して協議を取り纏め、公司名を中日実業会社と改名し、孫文の元来の職務を楊士琦らに譲り、これに関する必要な一切の法的手続きも完了させた。こうした渋沢の選択は、対中経済拡張の利益を見込んだ必要からなされたものであったが、客観的には、袁世凱を助けて孫文を孤立させるという政治目的を達成したことになり、そのことが孫文の日本での活動や交流をさらに制限し、その境遇をいっそう受動的なものにさせたのである。

第三は、中国興業公司の改組により、日本側はその権利や利益をさらに拡大したことであった。例えば、新たに制定された公司章程によれば、公司の国籍は日本に属することになり、日本政府の登記のほか、また中国工商部の登記でも、中国の公司と同等の待遇と権利を享受し、外国の公司とみなされなくなった。渋沢はこうした新たに獲得された成果に十分満足し、このことから袁世凱に対する態度も評価も大きく変わった。渋沢にいわせれば、日本では元来袁世凱に対して悪評だらけであるが、これは失礼なことであるだけではなく、国事を誤らせることになる。実際に袁世凱と会ってみれば、「彼は非常に謙虚で穏やかであり、軍人政治家に止まらず、近代稀にみる現実的な経済家」でもあることが分かると評価した[13]。さらには、袁世凱政府の要員が渋沢に対して日本政府による孫文ら革命党人の反袁世凱活動の阻止を要請し、「所謂日本人中の支那党なる人士が、支那亡命者を煽動して以て自己の利を獲んと欲するが如きは、吾人の最も堪えざる所なり云々」と語った際、「余は此大官の言を聞きて、心私かに肯く所あるを禁ずる能はざりき、而して我日本国民も、此言を聞きて、大いに悟る所あるべきを信ずるなり[14]」と述べている。渋沢のこうした表現からして、袁世凱に対する個人的な賛美の言辞は大方外交辞令的な好意を示す必要から生まれたものというべきであるとしても、中国政治の難から逃れている亡命者の孫文にとっては無情な打撃であり、それが孫文に与えた政治的圧力及び心理的圧力は非常に大きかった。しかし、以上のようなことが確かに存在していたとはいえ、渋沢と孫文との関係を考える際には、何よりもまず、実用主義的色彩に染まっていた日本の政治及び経済の利益の必要性を考慮しなければならないであろう。

第四節　孫文との友人関係の継続

「第二革命」が失敗した後、孫文の日本での亡命生活は三年もの長きにわたった。この間、渋沢との面会は計六回行われた。面会日は、一九一三年八月二九日、九月一七日、一〇月六日、一〇月三〇日、一九一五年三月二一日、八月三日であった[15]。面会時期からいえば、前の四回と後の二回の間には、相当長い期間があった。渋沢が孫文の再度の討袁に賛成も支援しないと表明した後、両人の往来はかなり制約されたものであったことを物語っている。しかし、渋沢の日記には次のように記載されている。「一九一五年二月一六日、和田瑞氏来訪、孫文氏は苦境にあり、援助を求めていると話す。三月一日、戴天仇氏来訪、孫文氏からの委託により援助を乞う要請を伝えたので、考慮すると答える。三月二一日、孫文氏、陳其美氏、廖某某氏事務所に来訪、夕食を共にし、孫文氏としみじみと会談し、以前考慮すると答えた援助金を孫文に贈与した[16]」。こうしたことから、渋沢は孫文の境遇について以前と変わらない関心と同情を示し、できる限り援助を与え、互いの友情関係を維持していこうとしていたことを知ることができる。

一九一五年、中国の政治舞台で再び波乱が生じた。袁世凱が道理を無視して帝制復活という茶番を演じ、歴史上の罪人となり、翌一六年六月六日、全国一斉の罵声糾弾のなか、憂いから苛々して病死した。これより前、孫文は国内情勢に新たな変化が生じたのをみて、日本を離れ帰国の途に就き、一六年五月一日、上海に到着した。帰国した孫文は日々多忙を極めるなか、護憲の旗幟を高く掲げ、軍閥統治を終焉させ、国民革命の大業を完成させるため、自らの身を顧みず、休むことなく奮闘した。しかし、こうしたなかでも、これまでどおり日本に関心を寄せ、渋沢との関係を忘れることはなかった。一九二三年九月、東京に大地震が発生したとき、孫文は直ちに渋沢に電報を打ち、慰安の情を示した。渋沢はこれに応えて電文を送り、自家の損害状況を伝えるとともに、孫文の心遣いに感謝の意を表した。[17] 一九二四年、孫文は日本の神戸を経由して北京に赴き、段祺瑞、張作霖と国事に関する相談をする決心をした。このため、李烈鈞を先に派遣して私信を東京にいる渋沢に届けさせた。渋沢宛の私信には、「我国では討賊の事態が進行し、孫文は已に北伐軍を率帥し、国民待望の安定した政治の殷賑に応えようとしております」に続けて、可能であれば、訪日期間中、渋沢に面会したい旨が記されていた。[18] 孫文は、出発前に再度渋沢に電文をしたため、「貴国の賢士と東亜の大局を語り合いたく、神戸で面会し談話できれば幸甚の至り」とした。[19] 渋沢は孫文の来日を非常に重視していたが、健康上の問題から、自ら面会することは叶わなかった。そのため、わざわざ日華事業協会常任理事の角田隆郎に孫文宛の手紙を持参させて、神戸で孫文を迎えさせた。彼の手紙には、次のように書かれていた。

久しくお別れして以来、折に触れてお手紙をいただき、閣下の国事に奮闘されるご苦労をお察しいたしております。辛苦を厭わず、身心を労して国事に尽力なされ、心から感服いたしております。閣下のこの度の来訪、神戸に出かけてお目に掛りたいところですが、疾病を患い、どうしても出向くことができません。誠に申し訳なく思っております。……今朝中外商業新報に掲載されました閣下の宣言を拝読いたしました。我意を得たりとばかりに、恰も閣下と面談した気分であり、これ以上の喜びはありません。……しかし、日中両国の友好につきましては、政治上であれ経済上であれ、いまだ円熟の段に達していないことに心を痛めております。この問題には双方に責任があり、各自が反省すべきところと考えます。両国のさらに堅固な友情を望んでやみません。……閣下は間もなく北京にお戻りになり、段、張の諸氏と会談される由、その際には円滑な国交がはかられるようご配慮ください。また、大局に着眼され、小事より着手されんことを期待しております。……以前閣下と組織いたしました中日実業会社につきましては、その後何らの進展もなく、今後貴国と共に継続して努力する所存でおります。[20]

この手紙を読むと、この時の渋沢は、年をとりだいぶ体も弱っていたが、日中両国の関係改善と合弁事業に以前と変わらず非常に関心を寄せていたことが分かる。さらにまた、渋沢は、なおかつ中国の政治舞台上における孫文の前途と運命を懸念しており、少し前に孫文が発表した「北上宣言」にわざわざ言及して、「我意を得たりとばかりに、恰も閣下と面談した気分であり、これ以上の喜びはありません」とその心情を表明した。この文面から、彼が孫文のかの主張に賛同したかどうかを窺うことはできないけれども、少なくとも、かつて孫文の「討袁第二革命」に反対した時と比べて、国民革命に専念する孫文の態度に対する評価が積極的に変化したことを看て取れる。孫文がいくばくか事をなし、小から大へと一歩一歩自己の目的と理想を実現することを期待した。このほかにも、渋沢は中国で展開される日本製品不買運動（日貨排斥運動）に強烈な不満を表明したが、両国関係に摩擦が多いのは、双方の責任であり、各自が反省しなければならないとした。明らかに、こういった主張は、日本政府の何かと武力で中国を威嚇する態度とは大いに異なっている。渋沢は、日中間の紛争が少なくなることを望み、中国が政局の混乱から抜け出して安定に向かうことを望んでいた。こうしたことから、彼は、孫文と段祺瑞、張作霖の会談が円満な結果を得られるよう、同時にまた、日本の対中経済拡張の条件がいくぶん改善されるよう願うことを孫文に伝えたのである。

年齢からいえば、渋沢は孫文より二六歳も年上であり、年長者というべき人物であり、しかも、日本では徳望が高い財界の領袖であった。こうしたことから、孫文は変わることなく彼を尊敬し、終始、交際の良き友人、協力者とみなしていた。今次の訪日が終了後、孫文は渋沢に電報を送り、次のように述べた。

今次の貴国への訪問におきまして、朝野各界の盛大な歓迎を受けました。厚く御礼申し上げます。お体がよくないとお聞きしても、お見舞いにも参らず、申し訳なく思っております。お早く回復に向われることを心より願っております。さらに今後、両国国民経済の連携のためにご尽力くださいますようお願い申し上げます。(21)

しかし、誰も予測しなかったことであるが、孫文は、帰国してすぐ、長期の過労が積もって病に臥し、重い病を患うことになり、寝たきり状態になった。この消息を聞いた渋沢は、直ちに北京の中日実業会社副総裁の高木陸郎に電信を発し、自分の代わりに孫文を見舞わせた。これに対して、孫文は渋沢宛の電報で次のように感謝の意を表した。

心温まるお見舞いを受け、厚く御礼申し上げます。勇気と信心をもって奮起し、必ずや病魔に打ち勝つ所存でおります。ご幸福をお祈り申し上げます。(22)

惜しい限りであるが、孫文という国民革命事業の歴史的偉人も、やはり死神の手から逃れることはできず、ついに一九二五年三月一二日、北京でこの世を去った。孫文の逝去に接した渋沢は、この友人の夭折を痛惜し、沈痛のなか哀悼の意を表する弔電をしたためた。

注

（1）前掲『渋沢栄一伝記資料』別巻第六、五五五頁。
（2）同上。
（3）阪谷子爵記念事業会編纂『阪谷芳郎伝』故阪谷子爵記念事業会、一九五一年、四二〇頁。
（4）前掲《日本财阀与辛亥革命》二一四―二一五页。
（5）前掲《辛亥革命时期中日外交史》三〇二页。
（6）前掲『渋沢栄一伝記資料』別巻第一、七五八―七六二頁。
（7）「実業家之孫文氏招待会」（『龍門雑誌』第二九八号、五三―五四頁）。彭澤周《近代中國之革命與日本》台灣商務印刷館發行，民國七十八年（一九八九年），七二頁より再引用。

（8）同上。

（9）前掲「東大陸開発と帝国の開発」二五頁。

（10）前掲『渋沢栄一伝記資料』第五四巻、五三三頁。

（11）俞辛淳，王振锁编译《孙中山在日活动秘录—日本外务省档案》南开大学出版社，一九九〇年，六〇四—六〇六页。

（12）前掲《近代中国之革命与日本》八九—九〇页。

（13）前掲『渋沢栄一伝記資料』第三二巻、五四六頁。

（14）同上、五八一頁。

（15）兪辛焞『孫文の革命運動と日本』六興出版、一九八九年、二五〇頁。

（16）前掲『渋沢栄一伝記資料』別巻第二、日記、一二、一四、一九頁。

（17）前掲『渋沢栄一伝記資料』第四〇巻、二七二頁。

（18）前掲《近代中国之革命与日本》三〇二页。

（19）同上，三〇七页。

（20）同上，三〇七—三〇八页。

（21）《孙中山全集》第一一卷，中华书局，一九八五年版，四三七页。

（22）同上，五八五页。

第六章　渋沢栄一の中国訪問

　渋沢は、生涯、中国を三度訪問した。最初の訪中は一八六六年であった。この年の二月、渋沢は一橋昭武の随員として船でヨーロッパ各国を訪問し、途中、上海に上陸し、二日間を休養と訪問に当てた。時間は短かったが、当時の上海の街貌や租借地から滲み出ている西洋の息吹が、初めて日本を出た渋沢に深い印象を残した。第二回目の訪中は、一八七七年のことである。この訪問は、大蔵大臣大隈重信の依頼を受け、第一国立銀行の頭取として、清朝政府の役人と清朝政府が日本に求めてきた借款に関して協議を行うためのものであった。訪問した都市は上海で、訪問期間は五日間であった。それから三七年後の一九一四年に、第三回目の訪中を行った。今次の訪問は前二回の訪問とは大いに異なり、訪問期間は三五日間と長く、訪問した都市は南から北まで中国の大半が含まれ、多くの中華民国政府の官僚や地方政府の要人らと接触し会談を行った。当時の日本財界を代表する最も重要な人物として、渋沢の訪問は当時の日中両国各方面の高い関心を集め、両国の交流における重要事件の一つとして取り上げられた。渋沢にしてみれば、この訪問は改めて中国を観察し理解する機会であり、さらに身を以て「民間外交」を垂範する重要な実践の機会でもあった。ここでは、渋沢のこの訪問の主な目的が何であり、訪問中に主にどんな活動に従事し、当時の中国は彼にいかなる印象を与え、訪問後、彼はどのような見方と主張を発表したかについて考察する。

第一節　背景と目的

一九一四年、渋沢栄一はすでに七五歳の高齢を迎えていた。この時には、すでにいくつかの重要な職務を辞任していたが、依然として経済界で最も地位と影響力を有する人物であった。そのため、渋沢が近く訪中するというニュースが報道されるや、国内外各界の注目を集め、いろいろな憶測が次々に新聞に掲載された。イギリスの「ロンドンタイムズ」紙、中国の「字林西報」紙、日本の各新聞が伝える報道によると、渋沢の今次の訪問は、中国に対して新しい特権を要求すること、及び長江流域においてイギリスと経済利益の争奪戦を行うことと密接に関係するものと考えられた。

確かに、当時の帝国主義列強による中国分割情勢及び日本の勢いづいた攻勢的態度からすれば、各紙の推測には根拠がないとはいえなかった。また、周知のように、日清戦争と日露戦争の後、日本は巨額の戦争賠償金の獲得と勢力範囲の拡大によって、かつてない「うまい汁」を啜り、中国を丸のみする欲望はいよいよ大きくなっていた。日本の財界と商工業界はそれに乗じて、中国東北地方への経済浸透を加速し、視野と触手を中国全土に拡大していった。当時の状況からみると、日本は中国に対して江西省九江から南昌を経由して福州に至るまでの鉄道建設権を要求していたが、最も独り占めしたいと考えていたのは湖北省の大冶鉄鉱石資源であった。日本は鉄鉱石資源が不足し、軍事力を増強するには鉄鋼業を発展させなければならなかった。そのため、湖北省の大冶鉄鉱石資源は早くから喉から手が出るほど切望していたものであった。辛亥革命の前、漢冶萍公司が資金難に陥ったのを機に、日本はかつて借款を提供したことがあり、その際、この公司の鉱産資源を借款担保とすること、及び鉄鉱石の優先購買権と価格交渉権を獲得した。その後、中華民国の時期には、日本はより確実に大冶鉄鉱石資源を自らの統制下に置くため、再度、両国による漢冶萍公司の合弁会社を作ることを要求した。しかし、国民の強い反対を受けて結局これは実現されなかったが、これで手を引くことなく、継続して新たな方策を考えていた。他方、こうした日本の飽くことなき貪りに対し、英米は脅威を感じた。とりわけイギリスは長江流域の既得権益が日本に蚕食されているといっそう不安を感じていた。そのため、止むことなく密接に日本の動向を注視し、たびたび日本にその活動に関する説明と解釈を要求した。このような背景のもとで、日本財界の特殊人物としての渋沢の訪中及び大冶鉄鉱への参観が実現されたのである。疑いもなく、これは非常に注目すべき、かつよく吟味すべき出来事であった。

渋沢は、世論の巨大な圧力に直面して、沈黙を保つことができなかった。彼は、今次の訪問の雰囲気がそのために破壊されるのを心配し、また欧米諸国の日本に対して抱く警戒心がますます厳しくなるのを恐れ、出発前に繰り返し、今次の訪問は純粋に私的な訪問であり、政府のいかなる使命も負うものではないと強調した。訪問の主要な目的は二つあり、一つは長年来の孔子廟拝謁を成し遂げることであり、二つは中華民国政府と中日実業会社の件について協議することであった。それ故、いわゆる「権利請求」とされる言説はまったく根も葉もない話であることを示そうとした。実際、渋沢本人の経歴と主張からいって、上記の説明がすべて外交辞令であったとはいえない。彼は幼い頃から漢書を熟読し、儒家思想の教育を受け、孔子を非常に崇拝し、『論語』を人生の座右の銘とし、これを行動指針として事業で大きな成功を収めた。そうであるから、晩年になって曲阜の孔子廟に参拝するというのは実に彼の人生における心境の致す所為ともいえるもので、理解できないわけではない。また、中日実業会社の合弁の件についても、中国の政局の変化から民国政府との再協議が必要とされていた。この会社は、一九一三年に孫文が全国鉄道総監として訪日した際、渋沢の提案に応じ、両国の共同出資で創立した合弁企業であり、孫文と渋沢の両者それぞれが代表を務め、一方が総裁に就任した。しかし、孫文は、帰国後まもなく宋教仁暗殺事件から袁世凱を糾弾する「第二革命」を発動したが、その後日本へ亡命避難を余儀なくされたため、会社の運営に携わることができない状態に陥った。渋沢は、会社の「為さざるなし」に甘んじるわけにはいかず、他の方法を模索した。彼は、一方では、孫文に中国側総裁の職務を放棄させ、他方では、中国側に人員の再編を要請するという方策を袁世凱などの政府要人に持ちかけ、孫文がかつて関与したことから生じる誤解を解こうとしていた。

渋沢は、今次の中国への旅行を「心の旅」、「公務の旅」と位置づけたが、いかなる政治目的も持たないという説明はかえって成り立たない。というのは、当時の日中関係は複雑に錯綜しており、渋沢が最も憂慮したことは、日本の対中政策が情勢の変化に適応できていないということであった。彼にいわせれば、日本の中国に対する態度は、これまで長い間、あまりにも傲慢尊大であって、実際上、中国の政局変化や国民の心理状態を理解するということには程遠かった。日本側は、孫文という人物やその主義主張を知っていたが、彼に代わる袁世凱には先入観をもってみている。また、実際に日本と袁世凱の接触は非常に限定的であり、北京政府の統制下にある中国の政治情勢、及びその対日政策や態度に理解を深めてはいなかった。こうした状況を早急に改めなければ、日本は多くの不利益を蒙ることになる。このため、渋沢からすれば、日本の対中政策を調整し、いまこそ中国国民の日本に対する敵視と反感を改めさせることがいくつかの新しい特権を要求することよりももっと必要であり、それこそが日本の当面の急務でなければならなかった。明らかに、このような思想的背景のもとで、渋沢の中国訪問は重要な政治的使命を担っていたということができる。渋沢は、自ら努力して新しい態度を示そうと試みることで、日本の対中経済拡張に必要な政治と社会環境を作り出し、過去の武力で威嚇し強権を振るうような日本の対中外交における悪いイメージを改変しようとした。こうした意味から、渋沢の今次の中国への旅行は、単純な「心の旅」、「公務の旅」ではなく、政治的意味が溢れる「関係改善の旅」であったといわなければならないであろう。

第二節　旅程と活動

一九一四年五月二日、渋沢は多くの政府要人や各界名士の盛大な見送りを受けて、訪中の旅に出立した。随員は全部で一二名、渋沢の息子の渋沢武之助のほか、大日本麦酒会社社長の馬越恭平、東洋生命保険会社社長の尾高次郎、朝鮮銀行理事の三島太郎ら、企業界の著名人も含まれていた。彼らはまず車で東京から神戸へ行き、その日の夜に神戸から乗船して上海へ向かった。途中、長崎で一日滞在し、五月六日に上海に到着した。三五日間の訪問期間中、訪問した都市は上海、杭州、蘇州、南京、武漢、北京、天津、大連であった。予定としては、渋沢は天津で乗車し山東曲阜へ向かい、孔子廟を参観する計画であったが、残念ながら彼は風邪を患い発熱したため、願いを叶えることができず、予定を変更して大連から乗船して帰国した。

渋沢の旅行路程は中国の半分の地域に及び、日程も非常に詰まっていた。これは七五歳の老人にとって、体力的にも精神的にもある種の試練であったが、渋沢はきわめて元気に満ち溢れ、招待儀式への出席から名所旧跡の参観まで、また政府要人との会談から講演活動まで、豊富多彩な活動を続けた。孔子廟を参拝できなかったことに遺憾な思いを残したとはいえ、今次の訪中は大きな収穫を収めることができた旅行であった。

1　政府要人と広範に接触

中華民国政府が政権を掌握した後、この政府は渋沢のような輝かしい地位にある日本の来賓を接待したことはなかったので、渋沢の今回の訪中を非常に重視した。駐日公使の陸宗輿は早くも国内へ電報を送り、渋沢の訪中に関する状況を報告した。袁世凱は渋沢の訪問に関連して、特に訪問予定行路の省市に指示を出し、各地の長官は丁寧親切に接遇するよう申しつけた。そのため、渋沢が訪問した先々ではどこも盛大な歓送迎儀式を催し、国賓と同等に招待し、毎日大小の宴会を行い、出席者は多い時には一、二〇〇人にも及び、少ない時でも四、五〇人に達した。そのなかには、地方の都督、市長らの政府要人及び各界の社会的名士のほか、甚だしい場合には、地方によっては警察局長などの官僚も出席して、場を盛り上げるのに一興を添えた。一方、渋沢はとりわけ「礼尚往来（謙譲礼儀は互いに往来することが大切であること）」を重んじ、訪問の先々では政府要人を訪ねることを欠かさなかった。こうしたことから、渋沢のこの訪中において、接触した人物の多さ、交際範囲の広さは、これまでの日本からの来訪者の遠く及ぶものではなかった。渋沢の訪問中の日記記載によると、当時の農商総長張謇を除いて、北京政府のほぼすべての重要な人物と会見した。そのなかには、袁世凱（大総統）、徐世昌（国務卿）、章宗祥（司法総長）、孫宝琦（外交総長）、曹汝林（外交部次長）、湯化龍（教育総長）、熊希齢（前国務総理）、唐紹儀（元国務総理）、梁啓超（前司法総長）、伍廷芳（元司法総長）、楊士琦（招商局董事会長）、汪大燮（前教育総長・平政院長）、盛宣懐（漢冶萍公司董事長）、馮国璋（江蘇省都督）、孫多森（中国銀行責任者）などが含まれていた。これらの中国政府要人との接触を通して、渋沢は中国の政治、経済状況や日本に対する態度の多くを知りえた。同時に、他方、渋沢は会見する度に必ず孔子と儒教文化を尊崇していることに言及し、中日両国は同文同種であって容易に理解しあうことができると力説し、各種の経済協力の展開は双方にとって有利であると繰り返し、中日友好と経済協力に余生の力を貢献させたいと表明した。そのため、渋沢は訪問先の人々に深い印象を残した。当時の新聞界も彼の訪中を高く評価していた。「申報」は次のように報道した。「この（渋沢の訪問）数日間のうちに、中国の対日感情は大きく変わった。これは渋沢男爵の影響によるものである」。(1)

2 「経済と道徳の合一」思想の宣揚と中日経済協力の主張

渋沢は中国側の盛大な接待を受け、多くの政府要人と親交を結び、同時にまた、自分の思想主張を宣揚する絶好の機会を得た。彼の講演才能は抜群であり、かつ十分に準備してきたので、それは訪問中の注目される活動となった。渋沢は各種の招待会で挨拶と即興の演説を行っただけではなく、招きに応じて多数の講演会を行った。彼は会衆に向かって繰り返し自らの「経済と道徳の合一」思想を喧伝し、日中間の経済協力の展開を力説した。その老いてますます盛んな雄弁は多くの会衆を感嘆させた。

渋沢は次のように述べている。「抑日支の関係は、其の由つて来る所頗る遠く、且つ深し、而も今は唯同文同種とか、唇歯輔車とかの言辞にのみ甘んずべきにあらず、真に両国の聯繋の密接ならんことを欲せば、両国の経済的関係の鞏固を期せざる可からず、世上の論者口を開けば即ち利権獲得と云ふ而も利権獲得なる語の真意義を知るもの稀なり、利権の獲得は獲得者をのみ利益せじ、同時に被獲得者をも利益することを悟了すること最も肝要なり、又論者往々商業は平和の戦争なりと謂ふ、されど是誤れり(2)」、「（予の見る所）戦争といへは必ず勝敗あり、甲勝ては乙敗る、乙勝ては甲敗る、然るに経済の真理に於ては、甲乙得失なく、亦勝敗なし、甲乙共に利して、各其供給需要を弁するを得へし(3)」。

渋沢はまた次のようにも述べている。「支那の天恵に富み、其物産の豊富なるは、欧米人も亦羨望措かざる所なるが、此等富源の利用は実に目下の急務にして、支那の開発は実業の発展によりて始めて之を期待し得べし、中日実業会社の興起したるは寔に此所要を満さんが為めにして、日支実業の進歩を促す外、他に意図の存するなし、而も之が為には天の時、地の利、人の和を要とするは論を俟たず、而して予も亦支那の為め一臂の労を惜むものに非ず(4)」、「吾人商人の真意は、決して領土の侵略、又は利権の獲得を目的とせず、只日支実業上の聯絡によりて、双方共に利益することを企図せるのみ(5)」。

渋沢が宣揚したこうした「経済道徳合一」思想に対して、会衆は新鮮さを感じた。というのは、『論語』のような儒教古典は、聴衆たる政府要人や社会的名士たちには馴染み深いものではあったが、彼らにはこれまで『論語』と実業を結び付け、儒教古典を思想的武器として商工活動を指導することなど思いもよらなかったので、非常に興味をそそられたのである。しかし、渋沢の説は人を騙す見かけ上堂々とした説にすぎず、現実と非常にかけ離れている言辞であるとする批評もあった。一九一四年五月二七日の「申報」は、渋沢の所論に対する評論を掲載し、次のように指摘した。

渋沢氏がいうには、経済の道は、利己利他を用とし、仁愛を体とするもので、断じて戦争によって勝負を争い、殴ったり咬みついたりして奪い取るものではない。他人を損ね、自己を利する者はこれに比するまでもない。かく言うは、誠実さにあふれた言である。然るに、近来の商戦の趨勢にみられるよう、殴ったり咬みついたりして奪い取り、他人を損ね、自己を利する行為がまかり通り、戦争よりも甚だしきに至っておる。例えていえば、日本人の南満州の経営である。いったい中国の利は奈辺にあろうか。投資は侵略国人の先駆であり、鉄道や鉱山の実業は生死の境界線であるとし、各国もまたこれを公然と宣言しているではないか。斯様なことからして、渋沢氏の言説はただ理想の言を弄するにすぎぬ。世界は道徳の進歩を欲するといえども、氏のように言説する者は、それから数十世紀もすでに経過していることを知らずにおるといわざるをえない。(6)

3　中国に節度ある経済開放を建議

渋沢の訪中は国内外の新聞報道界に注目され、彼の行く先々では、すべての新聞がこれを報道した。渋沢は、相次ぐ記者の取材を歓迎し、できるかぎり満足のいくようそれに応じた。彼は、何度も新聞記者たちに今次の訪中目的を説明し、記者たちの要求に応じて、中国は列強による利権の強要や経済発展の問題にいかに対応すべきかについての自らの見解を発表した。彼は、率直に、中国は考え方を改め、節度ある対外開放経済を実行すべきであると提案し、次のように述べた。「余の見る所に依れば、支那の現状は近世的産業組織未だ十分に発達せず、開拓の余地頗る豊富なる国柄なれば、其宝庫を開き国富を発展せしめんには、勢ひ自国に欠乏する資本と産業上の智識技能とを輸入しなければならぬ、故に此点より考ふれば、偏狭なる思想に囚はれて絶対に利権附与を拒絶するは、策の得たるものではない、さればと言ふて、列国の求むる儘に一々其言に聴き、利権を彼等に附与せんか、之れ実に際限のなきことにして、其結果支那は終に自国の存立を失ひ大に悲しむべきこととなるかも知れぬ、然らば如何に之れを処すべきか、絶対に与へざるも不可にして、際限なく与ふるも不可なりとせば、今後如何なる態度を採るべきであらうか、要するに与ふべきは与へ、与ふべからざるは与へずと云う方針を確守するより外はないのである、一々例を挙げて、之れは与へてよろしき利権なり、之れは与ふべからざるものなりと云ふ分類を示すことは困難であるが、国家の事業として自から経営せざるべからざる仕事は、飽くまで自から之れが経営に当りて列国の請求を拒み、然らざる種類のものは惜む所なく外国の要求に応じ、資本と智識とを入れて其富源を開発するが得策である」(7)。同時にまた、渋沢は、中国が経済を発展させるには、混乱している財政状況を改善することから着手すべきであると考え、次のように指摘した。「(中国は当面の)、財政及経済上一日も忽かにすべからざるは、財政の整理と、貨幣制度の改革と、銀行制度の完備との三点である、借款を以て国家歳入の一財源となし、之れによりて政費を支弁するなどと云ふことは最も警むべきことで、国庫収支の均衡を図かるは最も焦眉の義務である、又支那の幣制は目下甚だ不統一であつて、不換紙幣は濫発され、各種の補助貨幣が市場に横溢すると云ふ有様であるから、速かに改良統一を行はねば、経済の発達も亦望むことは出来ぬ、次は銀行の制度である、支那に於ては金融に関する機関が備はらず、従つて商工業の進歩に多大の障碍があるから、銀行制度を完備し、以て実業の発達に利便を与ふること、せねばならぬ」(8)。いうまでもなく、渋沢は、明治維新後の日本経済の興隆の経験に基づいて、これらの建議を提出した。しかし、当時の中国がおかれている内外の状況からすれば、これらは参考にすべき価値ある建議ではあったが、残念なことに当時の中国の為政者たちの間で、何ら大きな反応や思考を惹き起こすことはできなかった。

4　中日実業会社に関する協議と大総統袁世凱との会見

中日実業会社に関する協議と中華民国大総統袁世凱との会見は、渋沢の今次の旅行日程における最も重要な事項であった。五月一九日、渋沢は、北京到着後、中日実業会社の件について楊士琦と何度か協議を行い、最終的に双方の意見は一致した。それによれば、社名は以前の中国興業公司を中日実業会社に変更するが、株式会社制をそのまま継続し、資本金総額を五〇〇万円として、中日双方がそれぞれ半数の二五〇万円を引き受ける。本社を北京に置き、楊士琦が総裁に就任し、日本側の朝倉鉄吉が副総裁に就任する。中国側の会社顧問は国民政府工商総長の張謇ら五人、日本側の会社顧問は渋沢ら一〇人が就任し、会社は中国の法律に従って関係事項を処理する。このほか、この協議において、渋沢は、中日実業会社の経営に関する「覚書」を提出し、中国側に次のような要望を伝えた。この会社は、電話事業の借款業務を引き受けること、四平—洮南の鉄道敷設工事と資材機器の発注業務を確保すること、中国の鉱産資源調査に技師を派遣し参加させること、であった(9)。この「覚書」で提出された事項に対して、楊士琦は明確な回答を示さなかったが、渋沢は「良好な会談気分」に感激したとしているので、後日の再度の交渉において、中国側に受け入れられたものと判断される。

五月二一日午後、渋沢一行七人は、駐中国日本公使を同行して、中南海の居仁堂に袁世凱を表敬訪問した。袁世凱は渋沢の中国訪問に歓迎の意を表し、次のように述べた。「中日の関係たる、其の淵源する所頗る遠く、一朝一夕の事にあらざるは説くの要なけん」とも、今後さらに両国の親善なる交誼を堅固に保持しようとするなら、いっそう密接なる経済関係を築く必要がある。「これ予が中日実業会社の事業に賛同し、楊士琦をして之に加はらしめたる所以なり、何卒十分此上の御尽力を煩はしたし(10)」。渋沢は、袁世凱大総統の拝謁に感謝の意を表し、「自分は幼少の時より孔孟の学によりて教養せられたれば、貴国の文物を慕ふこと久しく、その為め孔子の廟に参拝せんと企てたるなり」とし、また、中日実業会社については、「ご承知の通り中日実業会社も大総統の御助力によりて先般完全に成立したれば、以後は優渥なる御訓示に随ひ、益々奮励して両国実業の発展せんことに尽瘁すべし、猶此上とも何分の御高庇を請ふ」(11)と述べた。この会見時間は半時間ほどであり、会談内容はごく限られたものにすぎなかったとはいえ、渋沢に大きな印象を与えたことはいうまでもない。

第三節　印象と感想

渋沢の今次の訪中日程は非常に過密なものであったが、彼は老いてますます盛んで、少しも疲れをみせることはなかった。ただ天津に行った時、不注意から風邪を患い熱が出たため、やむを得ず日程を変更して帰国した。渋沢にとって、曲阜に行って孔子廟を参拝する願いが実現できなかったことは非常に残念であったが、とはいえ、今次の訪中は非常に有意義であったという思いがあり、相当多くの感想があったものと思われる。

1　中国の自然風光と豊かな資源に対する羨望

渋沢は、今次の訪問で中国の大半を遊歴し、中国特有の人文古跡や自然景観を堪能した。杭州西湖の麗美な風光、岳飛廟、六朝古都南京の城郭、長江両岸の気勢盛大な峻嶺、北京の多くの名所旧跡、これらすべてが渋沢に深い印象を残し、ついには絶賛するしかなく、大いなる感慨をもたらせた。彼がいうには、幼少から漢書や唐詩を読み習ってきたが、いまこの時、人を陶酔させるほどの景観を目の当たりにして、やっと大詩人李白の誇張に富んだ詩句がまったく後代の人を騙す表現ではないことを感じたという。それだけではない。中国の素晴らしい大河山を前にして、渋沢自身のうちに詩興が湧いてくるのを抑えることができず、抒情の思いに駆られたのである。しかし、実業家としての渋沢をさらに羨望させたものは、中国のきわめて豊富な鉱物資源であった。彼は、大冶鉄鉱を参観した際、そこにある恵まれた鉄鉱石資源とそのきわめて便利な地理的位置に賞賛を禁じ得ず、甚だしきに至っては「喉から手が出るほど欲しい」という言辞をもって自己の心情を吐露した。彼は次のように述べている。「殊に大冶は鉄鉱を以て世界第一の称あり、其鉱石の無尽蔵なる実に垂涎三千丈ならずんばあらず、米国に於けるビユーテ鉄鉱と雖も、到底大冶の鉄鉱豊富なるには及ぶ可くもあらず、兎に角全山悉く鉄鉱なれば、切り崩して直ちに運搬すれば可なり、決して他鉱山の如く坑を設けて採掘するにあらず(12)」。明らかに、渋沢の眼中にあるものは、他国と比べものにならないほどの中国の豊富な人文古跡、自然景観、それに鉱物資源であった。これらの貴重な精神文化と物資的富は大切に保護されるべきものであったから、彼が南京と北京の古都風貌の荒廃衰退した光景を目の当たりにした時にはこれを痛惜した。そのため、彼が当時の江蘇都督馮国璋と会見した際、婉曲に人文古跡の保護を提案した。渋沢は、私たちは往々にして古旧の物を粗略にするのは人情ではあるが、将来必ずや後悔することになるので、いまのうちに文化古跡の保護に力を尽くすべきではなかろうか、と述べた。この渋沢の忠告に対して、馮国璋は賛意を示すようでもなく、渋沢には、その印象から、「お前は国の富を増やすことに就いて心配してくれ、そんなことは百も承知だと(13)」とでもいっているように受け取れた。中国の為政者たちのこのような人文古跡を保護することに対する態度は明らかに短見無知の表れとしか思えず、このことは渋沢に意外さと同時に無力さを感じさせた。

2　中国の社会気風の乱れと深刻な貧富の差に対する懸念

今次の渋沢の訪中期間は三五日間であり、一国の社会状況を理解するという面では明らかに時間的には不十分であった。とはいえ、この期間中に彼が目にしたことや耳にしたことは、彼にとってみれば、多くはあまり良い印象とはいえないものばかりであった。目に触れるものことごとくに心を痛ませるという感を彼に抱かせ、中国の前途に対する懸念を強くした。渋沢は儒家文化や孔子に特別の崇拝心を抱いて中国に来た。しかし、彼を驚かせたことは、孔子の教えが中国ではすでに「門前を飾る」だけの説教に変わり、人々の口上に留まるとはいえ、もはや実際の行動を制約するものではないということであった。渋沢は次のように述べている。「支那に於て上流社会あり、下層社会あるに拘らず、其中間に国家の中堅をなす中流社会のあらざること、、識見人格共に卓越せる人物少なしとせざるも、国民全体として観察するに、個人主義、利己主義発達して、国家的観念に乏しく、真個国家を憂ふるの心に欠けたることにて、一国中に中流社会の存せざると、国民全般に国家的観念に乏しきとは、支那現今の大欠点なりといふを得べし(14)」。目下の社会気風とりわけ人情のうちには、「孔孟の教旨蕩然地を掃つて尋ぬるに由なきが如しと雖も、人誰か善を善とし悪を悪となさゞるものあらんや、若し吾人にして忠恕の道を以てこれに接せば、支那人と雖も終には真実に感謝せずと謂ふを得んや(15)」として、次のように自らの見解を述べている。「一般支那の人民は、利己心の外、国家及地方的観念は極めて薄弱なり、政治的観念の如き、又甚しく欠如せり、此の如きは畢竟積年弊政の致せし処(16)」なり。こうしたことに関しては、同行の高尾次郎も同じような感覚に襲われた。彼によれば、「自分等が漫遊中支那人に就いて驚いたのは、支那人が孔子に対する尊敬の念の薄い事である。支那人の多くは孔子を以て、一の喋舌る人であつて実行の人でないと見て居る、故に論語の教への如きは取るに足らず、若も孔子の教へを奉ずる時は却つて其の国が衰亡するものとまで云つて(17)」いるという。

このような損なわれた社会気風や人情の実情と同時に、渋沢が目にしたもう一つの顕著な社会現象は、深刻で極端な貧富の格差であった。これに対して、渋沢は次のように述べている。「殊に積年弊政の結果、富む者は愈々富み、貧者益々乏しきを加へ、一人の富を致すが為には、万人貧に陥るの弊なしとせず。吾等は如此貧富の隔絶甚しきを見るに付けても、人のふり見て我ふり直す所あらざる可らず(18)」。

以上のように、渋沢一行からみれば、中国の社会制度は、「辛亥革命」を経てすでにいくばくか変化したとはいえ、中国では日本の明治維新後のような現象は完全に現れず、そのため彼らは中国の前途に対し懸念を示すほかなかったのである。彼らとしては、今後とも中国には紆余曲折や不安定な動揺が生じるのはまちがいないと思われた。

3　度量のある開豁な平民的大総統袁世凱を称賛

既述したように、渋沢は、日本人には袁世凱に対する理解が乏しく、新聞報道による袁世凱の評価も一面的であり、完全に信用のおけるものではないと考えていた。そのため、真のところを極めたいとの思いから、袁世凱との会見へ赴いた。袁世凱との会談を通して詳細に観察した結果、渋沢の袁世凱に対する印象はかなり良く、彼を大いに賞賛する言説をなした。「一国の大黒柱を以て任ずる袁世凱が、果たして如何なる人物なる可きかとは、予等一行の常に種々の想像を逞しうせし所なりしが、一度之れに接見して予等一行は等しく意外の感をなせり、最初予は世上の風説より、袁は必ずナポレオン三世の如き人物なる可く、従つて其儀容の如きも頗る尊大なる者ある可しと思惟せしに、一度之れを訪へば、態々戸口まで出でて予等を迎へ入れ、約一時間許りの会見（既述のように、日記記載の時間は半時間）に終始謙遜敬虔の態を失せず、予が中日実業公司の事実を説明せるに対しても、熱心に之れを聴取し、而も該事業の大体を熟知し居りて、其発展には出来得る限り援助を吝まざる可ければ……民国産業の開発に折角尽力を請ふと、熱誠面に溢る、許りにして、……其態度は彼の平民的を以て知られたる米国のルーズヴェルト、タフト二氏以上に質朴簡易にして、而も至つて平民らしく、一見したる所にては迚も支那第一の大度量家、大手腕家などとは思はれざる程なりき[19]」。

渋沢が一度だけの袁世凱との会見で彼をこれほどまでに賞賛するのは、おもねりを媚びているように感じさせるが、実は、目的が他にあったからである。渋沢には、次のようなことがはっきりと分かっていた。つまり、さまざまな原因から、日本の世論は孫文に対する同情ばかりで、袁世凱には少しの好感も抱かなかったが、しかし、現実的に判断するならば、日本の中国における利益の大事は、現為政者たる袁世凱によって決められるしかない。そのためには袁世凱国民政府との関係を緩和することが非常に重要であり、そうでなければ日本は多くの経済利益や機会を失うことになるかもしれない、ということであった。ここでの袁世凱に対する賞賛が畢竟渋沢の心からの真の賞賛であったかどうかが問題なのではない。重要なことは、袁世凱政府に友好的な外交姿勢をみせなければならなかったということなのである。

4　民国政府要人には外資の重要性に対する知見が乏しい

渋沢は訪問中に多数の民国政府の要人と接触し会談を行った。彼らとの会談において、幾人かの政府要人には切実な実業振興の気持ちがあることを感じたが、同時にまた、国民政府の首脳からは、経済のことはあまり分かっていない、という印象を受けた。例えば、中日実業会社の再編の件に関していえば、渋沢が北京に滞在していた期間、当時の民国政府の要人でもあり、中日実業会社の総裁楊士琦と何度も長時間の会談を行い、両国の経済協力に関して意見交換をしたが、その際、楊士琦は渋沢に次のような見解を示した。すなわち、中日両国が協力して共同事業をやるのに必ず必要なものは経験と知恵と資金であるが、経験と知恵は日本から学べるとしても、資金をどこから調達したらよいのか。中国は貧乏な国である。しかし、日本も貧乏というのでは似ているので、資金は他国から借りなければならない[20]。この件については、「先刻総理大臣閣下が、日本も支那に対して資本の事ではさう意張る訳にはいかぬと仰しやつたのは、楊士琦氏の言葉を想い回して、何だか有難くないやうな感じが致しました」として、楊士琦に次のように答えた。「それは貴下の一を知つて二を知らぬのである、凡そ資本といふものは沢山あるからといふても無暗に来ない、何となれば資本は頗る臆病であるから、危険と思ふ処には来ない、安心だと信用するので来る、沢山あるから来るといふ訳ではない、若しも多く有るから来るのならば、資本家の多い国からドンドン放資しさうなものだが、さうはいかぬ、支那にも金持があるが、試に相談をして見なさい、容易に出さぬであらう、何程の金持でも実状の分らぬ仕事には金を出さぬ、日本は欧米と比較をしたならば貧乏に相違ないが、併ながら日本は支那を能く知つて居る、故に支那にて此事が有望とあれば、日本の資本家は必ず金を出す、詰り資本は事実を知るに於て初めて出るのだから、金が有りさへすれば出ると思ふのは、一を知つて二を知らぬものである」(21)。

もちろん、楊士琦の発言に根拠がないわけではない。当時の状況からすれば、日本国内では確かに資金不足という現象が生じており、制限的な資金はまず国内産業の発展に使うべきであるという主張が広まっており、楊士琦もこうした事情を知っていたのである。しかし、渋沢が楊士琦に説いたのは当然な道理であり、彼の本意は、外資を導入して経済発展を図るには安定した社会条件が必要であり、資本は利益を追求するものであるから、高利益を図りさえすれば、必ずや資本はやってくるのであり、中国はこうしたことをよく考慮すべきだということにあった。

第四節　批評と主張

渋沢が訪中を終えて日本に帰国した後、日本の新聞各紙は評論を発表し、渋沢の今次の訪中が大きな成功を収めたことを報道した。渋沢本人もさまざまな機会を利用して訪中感想や成果を報告し、同時にまた、何度も日本の対中外交に対する鋭い批評を展開した。彼がいうには、「元来支那に対する外交は、根本から間違つて居ると云はなければならぬ。……私は事実を遠慮なく申すのを主義として居る人間であるから、此際自分の所見を忌憚なく申す次第である」(22)として、次のように指摘した。「対支外交の不振の因つて来る所は、其の不統一に存せり、凡そ対支外交に三種あり、一は外務省の外交、二は軍人の外交、三は浪人連中の外交これなり、此三者は常に扞格して相容れず、動もすれば欧米諸国に乗ぜらる、のみならず、往々支那の誤解を招く原因をなせり」[23]。渋沢によれば、こうした状況を重視し、何とか変えていかなければならなかった。その際、両国の関係改善を図るには武力をひけらかすことを基調とする対中外交政策を放棄すべきだと考え、次のように述べた。「我国今日の隆盛を致すに当て、明治維新後政治軍事及び教育の力与て大なりしは勿論なりと雖も、今や富の力が武力に随伴する時代は漸く過ぎ去り、弱肉強食、討伐侵略は、暴戻野蛮の弊風として排斥せらるゝに至りしを以て、吾人は専ら強固なる意志と、深き道理に則り正当なる手段方法を用ゐて国富の増加を計ることを務め、兼ぬるに武力を以てし、以て国光を発揮し国威を高めざる可らず」[24]。同時にまた、渋沢は自らの見解として、日中関係を改善するには、企業家が行動を起こし、経済面において中国との連携を強化し、真摯で誠実な態度で中国の実業界の発展を促進すべきであると強調した。このほか、渋沢は西洋列強の中国における争奪関係にいかに対応すべきかに関しても意見を発表した。彼によれば、列強間の争奪は市場や資源の争奪にとどまらず、同時にいかに人心を獲得するかについての競争でもある。人心を得たものはさらに多くの利益と機会を得ることができ、競争における勝利者になる。このことに関していえば、日本は独特な有利な条件を備えている。日本と中国との関係は他の列強と異なり、「同文同種の関係あり、国の隣接せる位地よりするも、将た古来よりの歴史よりいふも、又思想・風俗・趣味の共通せる点あるに徴するも相提携せざるべからざる国柄」にあり、これこそ両国間の経済協力の展開にとって非常に有利な条件である。「其方策他なし、人情を理解し、己の欲せざる所は之は人に施さず、所謂相愛忠恕の道を以て相交はる（「論語」の一説）にあり」[25]。しかし、同時にまた、次のようにも指摘した。つまり、中国は国土が広大で、自然資源が豊かであり、今日にいたるも他の列強がいまだ考慮していない地域や業種が数多くある。日本は視野を広げ、新しい地域や領域を選んで開拓することで、他の列強とのたえずエスカレートする激しい利益衝突を回避する必要がある。

注

(1) この時、張謇は出張中で北京にはいなかった。
(2) 前掲『渋沢栄一伝記資料』第三二巻、五四〇―五四一頁。
(3) 同上、五〇九頁。
(4) 同上、五二九頁。
(5) 同上、五四四頁。
(6) 田彤編《一九一四年涩泽荣一中国行》华中师范大学出版社，二〇一三年，一八四页。
(7) 前掲『渋沢栄一伝記資料』第三二巻、四九五頁。
(8) 同上。
(9) 前掲《日本财阀与辛亥革命》三〇八―三〇九页。
(10) 前掲『渋沢栄一伝記資料』第三二巻、五四二頁。
(11) 同上。
(12) 前掲『渋沢栄一伝記資料』第三二巻、五九一頁。
(13) 同上、六〇三頁。
(14) 同上、六一三頁。
(15) 同上、五三二頁。
(16) 同上、五九三頁。
(17) 同上、五七一頁。
(18) 同上、五九六頁。
(19) 同上、五九七頁。
(20) 同上、六〇〇頁。

(21) 同上。
(22) 同上、五八三頁。
(23) 同上、五四一頁。
(24) 同上、五九四頁。
(25) 同上、六一二頁。

第七章　中国への災害救援と慈善活動

渋沢の中国との関係は、多岐にわたりさまざまな分野に及んでいる。彼は対中経済拡張活動に積極的に従事すると同時に、中国政局の変化及び社会の各方面において起きた事件にも大きな関心を持ち、行動上でもそれらに反応した。周知のように、清末民国初期の中国では、政治は動揺し不安定で経済は混乱していた。それに加えて自然災害も頻発していた。大きな災害に遭うたびに、数え切れないほどの難民が生じ、彼らは酷い生存状態に陥っていた。こうした中国で発生する天災や不測な事態に対する渋沢の同情心は尽きなかった。これまで何度も中国の被災者救援活動や慈善活動を発起し組織してきた。また、渋沢は中国人留学生の生活に対しても非常に関心を持ち、多くの援助を提供した。これらの善行は中日両国の関係改善に積極的な影響を与えてきたのであり、注目すべきことであった。

第一節　災害救援活動

中国では、水害、干ばつなどの自然災害が相次いで起こり、中国の北部や中部地方では穀物が連年凶作に見舞われた。一八七七年には異例の食糧飢饉が頻発し、何千何万人もの庶民の生活が困窮きわまりのない深淵に陥り、死亡者があちこちにみられる非常に悲惨な光景を呈した。中国の大災害のニュースが日本に伝えられるや、新聞各紙はこれを連日報道した。一八七八年二月一八日の「東京日日新聞」は「支那の飢饉」と題して、次のように報道した。

民有飢色野有餓莩トハ蓋シ支那ノ現状ヲコレ謂フ歟、北部ナル陝西・山西・直隷・河南ノ諸省ガ不幸ニシテ凶歉ノ天災ニ罹リ、無数ノ生民ガ飢餓ノ困苦ニ迫リテ、或ハ溝壑ニ転ジ、或ハ道路ニ斃レ、言フニ忍ビザルノ苦界ニ陥リタル景況ハ、昨年以来屢々之ヲ我ガ新聞紙上ニ記載シタルヲ以テ、読者ハ必ズ其概略ヲ了知シタルベシ、……（近日に至り）清民ノ困苦ハ愈々急ニ、餓莩ノ員数ハ益々多ク、其惨状ハ日一日ヨリ甚シキモノアル、陝西ノ知事ハ、北京政府ニ飢饉ノ現状ヲ上陳シ、陝西ノ一省ニ於テ餓死スルモノ毎日凡ソ千人アリ、目下飢饉ニ迫ルモノ無慮五・六百万人ニテ、陝西人口ノ凡ソ十分ノ七ニ当ルト云ヘリ、之レヲ推シテ四省（陝西・山西・直隷・河南）ノ餓民ヲ通計スレバ九百万乃至千万ニ達シ

とされた(1)。

中国が受けたこうした深刻な災害は、日本社会でも幅広い関心を惹き起こし、隣国として拱手傍観することはできず、中国の被災者に対して救援活動を展開すべきであると受け止められた。一貫して慈善活動に熱中していた渋沢にとって、中国が遭遇した災害に対する同情心はさらに強く、直ちに行動を起こすべきだと思われた。彼は、益田孝（三井物産会社社長）、岩崎弥太郎（三菱会社社長）、笠野熊吉（広業商事社長）などの商工業界の実力者と協議して、連名で対中被災者救援活動を発起・組織することを決めた。また、「東京日日新聞」などの三大紙を通して、日本社会に中国に対する救済活動を呼びかける「声明書」を発表した。この「声明書」では、中国の食糧不足の状況を簡潔に説明し、対中救援に積極的に参加して善隣の友誼を示すよう呼びかけた。「東京日日新聞」に掲載された「支那飢饉の

救恤」と題する「声明書」は以下のようであった。

支那ノ北部諸省ハ往々歉食ノ災ニ遭ヒ、特ニ去年ノ凶歳タル、陝西・山西ノ二省ヨリ直隷ノ南方ト河南ノ北方ニ跨リテ最モ不登ノ甚シキヲ以テ、其積蓄ノ米穀・蔬菜ノ類ハ已ニ昨冬ニ消尽シ、現今ハ諸省数千万ノ人民ミナ食ヲ求メテ得ザルガ為メニ、餓莩道路ニ相望ムニ至ル、是ヲ以テ清国政府ハ鋭意シテ救恤ヲ事トシ、遠ク南部ノ粟ヲ移シテ其急ニ周クシ、各省ノ紳士豪族モ亦財ヲ擲チ資ヲ醵メ以テ其ノ餓死ヲ救援スルヲ懈タラズト雖トモ奈何センヤ疆域ノ広キ、窮民ノ多キ、未ダ其凍餓ヲ免レシムルニ足ラズ、今日ニ於テ益々其惨状ヲ極メ、吾輩ガ聞クニ忍ビサルノ苦域ニ陥タリ、其邦域ヲ異ニシ、其言語ヲ異ニシ、其風俗ヲ同ウセザルモ、均シク是レ坤輿ノ生民ナリ、彼ノ諸省ノ民ニシテ独リ餓死ノ窮厄ニ遭フヲ傍観シ、恬トシテ之ヲ憫マザルハ之ヲ生民ノ道ト云フベケンヤ、夫レ窮ヲ憫ミ厄ヲ救フハ、慈善ノ情ニ発シテ実ニ人生ノ徳行タルハ識者ノ知ル所ニシテ、今ヤ隣邦ノ人民ノ此厄運ニ際スルヲ見、吾人亦宜シク今日救助ノ義挙ヲ以テ、公ニシテハ善隣ノ誼ヲ表シ、私ニシテハ惻隠ノ心ヲ発スベキノ時ナリ、是ヲ以テ我輩ハ茲ニ若干ノ醵金ヲ集合シテ先ズ賑恤ノ資ニ供シ、併テ世上ノ諸君ニ勧奨セント欲ス、蓋シ瑣々タル損資ハ固ヨリ四省千万ノ飢餓ヲ救フニ足ラズト雖トモ、苟モ数円ヲ以テ一人ノ為メニ数日ノ命ヲ繋グニ足ラバ、則チ数千円ヲ以テ数千人援クルヲ得ヘシ、是即チ吾輩ノ志ナリ、冀クハ諸君自ラ其家産ノ豊厚ニ応シテ捐助セヨ、捐金ノ大モ之ヲ吝ム事勿レ、捐金ノ小モ之ヲ慚ル事勿レ、吾輩ハ吝且ツ慚ル事ナク、既ニ応分ノ捐助ヲ為スニ決セリ(2)。

渋沢らの「声明書」には、いかにこの救援活動を展開するかに関しても具体的な手続きが示されていた。例えば、第一国立銀行と三井銀行本店が寄付金の保管を担当する、この二銀行の各地支店でも寄付金を受け付ける、「東京日日新聞」など三紙では寄付者名と寄付金額を掲載する、寄付金で穀物を購入し中国に届ける、等々であった。また、救援義捐金の受付期限も定められ、希望者が迅速に行動することを望んでいた。

渋沢らは、「声明書」を発表すると同時に率先して寄付金を出した。渋沢本人は二〇〇円、彼が頭取を務める第一国立銀行は一〇〇〇円、第一国立銀行の各責任者は合計五〇〇円を寄付した。他の対中救援活動の発起人では、三井物産会社一〇〇〇円、三井銀行一〇〇〇円、広業商事社長笠野熊吉一五〇〇円、大倉組二〇〇円、第二十国立銀行二〇〇円をそれぞれ寄付した。これをみれば、渋沢が寄付した金額がいかに大きな価値をもつかが分かるであろう。

渋沢らが発起したこの時の中国被災者救援活動は二ヶ月間続けられ、日本社会に大きな反響をもたらした。新聞各紙はほぼ毎日のようにこれを報道し、皇室の人々、公卿貴族、政界要人から一般の商工業者まで、誰もがこの救援活動に参加し、寄付金募集に協力し、大きな成果を上げた。この活動の終了時までに、三万一〇〇〇円を超える募金が集められ、それによって米や麦を六二〇〇余石、旧銅銭一〇〇万枚、洋銀三一五〇ドルを購入した。(3) 渋沢らの綿密な準備と組織の下、これらの災害救援物資は前後して大阪から天津に送られた。また、責任者竹添進一郎が派遣され、駐天津領事館側とこれら物資の中国側への引渡しと使用方法に関する交渉を担当した。その後、救援物資の具体的な使用状況が日本の新聞で報道され、日本社会に救援物資に対するある程度の理解を与えることができた。

日本の対中救援活動は中国で大きな関心を引き起こした。清朝政府は日本の善行に深く感謝の意を表した。当時の直隷総督李鴻章が直隷及び山西省の救援業務を全権担当責任者として取り仕切ったが、彼は日本からの救援を非常に重視し、自ら竹添進一郎に接見して、再三、感謝の気持ちを表明した。その後、李鴻章は特別に駐日公使何如璋に手紙を書き、彼に代わり日本の対中救援活動の組織者に感謝の意を伝えるよう指示した。この要請を受けた何如璋はわざわざ第一国立銀行に渋沢を訪れ、直接、李鴻章の感謝の意を伝えた。(4) このことからも、日本の救援物資が中国にとって大きな役割を果たしたことが分かる。

渋沢は慈善事業にも熱中していたが、同時に民間外交にも熱中した。慈善事業を民間外交の不可欠な一部とみていたからである。彼からすれば、中国に対する救援活動は一過的な行為であるべきではなく、長期的に継続すべき仕事であった。こうしたことから、渋沢は何度も対中救援活動を組織し、これに参加した。『渋沢栄一伝記資料』によると、上記の事例のほか、彼が組織した対中救援活動は、一九〇七年の中国南部飢饉救済義捐活動、一九一五年の広東地区水害難民救済義捐活動、一九一七年の天津水害救済義捐活動、一九二〇年の中国北部干ばつ救済義捐活動、一九二一年の中国の被災児童救済活動（参加）、一九二六年の中国被災児童帰国旅費寄付活動（参加）、一九三一年の中華民国水害同情会活動等々であった。これらの記載は、渋沢が亡くなる年まで一貫して対中救援活動に従事し、その期間は五五年にも亘っていたことを示している。一九三一年の渋沢は、すでに九一歳の老人で、病気を患っていたが、そんな状況のなかでも、中国で大洪水が発生した報道に接した際、彼の関心と意気込みは依然として少しも減じることはなかった。彼は高齢で体が衰弱しているにもかかわらず、救援義捐金を集めるため、中華民国水害同情会を創設し、自ら会長に就任した。この時の渋沢は社会活動に直接参加することができなくなっていたが、亡くなる（一九三一年一一月一一日）二ヶ月前（一九三一年九月六日）に、なおもラジオ放送を通して日本全国に声明を発表し、日本国民に積極的に対中救援活動に参与するよう呼びかけた。彼は次のように述べた。「人ありて或は言ふ、目下支那は到処排日の風潮盛にして、邦人を迫害し邦貨を排斥しつゝあるに、何の水害見舞かあると。是は政治と道徳とを混同せる謬見である。……この度の水害は全く天災、之を救済するは人道上の義務で、政治とは何等関係はない。排日を以て賑災を相殺すべきでない。半開国はいざ知らず、苟も文明国民のなすべきことではない。吾人は水難救済の事業に満腔の賛意を表するものである[5]」。

以上のことから、渋沢の慈善事業への執着心は、生きている限りやり抜くという境地に達していたといっても決して過言ではない。対中救援活動において成し遂げた彼の貢献は何にもまして第一のものであった。

第二節　中国留学生に対する援助活動

二〇世紀に入って、清朝政府は新政を推進しはじめ、各種の方式によって若者らの海外留学を激励した。これによって、いわゆる「留学救国」という新しい思潮が中国各地で急速に勃興した。当時、張之洞など清朝の重臣たちは、日本の成功と思える興隆の経験はとりわけ学ぶべき価値があると考え、しかも日本は中国の隣国であるため、留学費用も比較的安く済み、言語や文字上の障害も克服しやすいことから、日本を留学生派遣の首位に選択した。他方、日本政府は、多方面のことを考慮して、中国留学生の受け入れに積極的な態度を示した。こうしたことを背景として、日本への留学が有志青年らに選択され、急速に留学生が増加した。在日留学生が最も多い一九〇六年には一万人を超えた。そのうち国費留学生の割合は限られており、多くは私費留学生であった。

しかし、清末政局の急激な変化は、在日留学生の状況にも大きく影響した。特に辛亥革命の勃発は、在日留学生に大きな思想的動揺をもたらしただけではなく、彼らは生活面において大きな困難に遭遇した。清朝政府が政治的危機に陥ったことから、留学生の面倒をみたりする費用を支給する余裕はなくなり、国費留学生たちは生活と学習の経済的支援を切断された。他方、私費留学生たちも、国内情勢の混乱などさまざまな要因から家からの送金を正常に受け取ることができなくなり、生活と学習は完全に混乱状態に陥った。この時期、大勢の留学生が日本を離れ、帰国するといった現象が生じ、日本社会でも大きなニュースとなっていた。渋沢は、こうした現象に大きな関心を抱き、いまこそ中国人留学生に援助の手を差し伸べ、困難を乗り越えられるよう援助すべきであると考えた。彼は、近藤廉平、益田孝、山本条太郎らと共同して「支那留学生同情会」を設立した。主要な任務は、募金を収集して、なお帰国せずにいる中国人留学生たちに安心して学業を完遂するための学費と生活費を融資することであった。

「支那留学生同情会」が集めた資金は合計四万六〇〇〇円に達した。同会の規定によると融資期間は六ヶ月、貸出額は毎月二〇円であった。この資金は、三四四名の中国人留学生に貸与されたが、これら留学生は中国二一省四七ヶ所の大学や専門学校から来日していた(6)。「支那留学生同情会」が提供した資金によって、中国人留学生は苦境を乗り越え学業を続けることができただけではなく、彼らの中国にいる親族にとっても大きな慰めとなった。その後、中華民国政府教育総長の蔡元培はわざわざ手紙をしたため、同会に感謝の意を伝えた。

「支那留学生同情会」は臨時的な組織であったことから、その使命を終えた後、渋沢との協議を経て、山本条太郎らは「支那留学生同情会」の余った資金をもとに「日華学会」を設立し、渋沢は同学会の顧問を務めた。「日華学会」は常設の組織で、その主たる任務は、在日中国人留学生に各方面の援助やサービスを提供することであった。例えば、学校の紹介、実習や参観の連絡や手配、関連専門書籍の貸出、娯楽やスポーツ活動の開催、生徒と学校側及び教師とのコミュニケーションの促進、宿舎の紹介、等々であった。簡単にいえば、「日華学会」の基本任務は、中国人留学生が普遍的な問題と困難を解決するのをできるだけ援助し、日本が彼らに関心を示していることを感じさせ、両国関係の改善に資するという目的を達成することにあった。その後の「日華学会」の取り組みから、中国人留学生のために多くの有意義な役割を果たしたことが看取しうる。

「日華学会」の「通報」の記載によると(7)、北京政府は一九二三年秋から官費留学生制度の取消を決定した。このため、日本政府文部省は、両国政府の合意によって設立した第一高等学校、高等師範学校、高等工業学校における中国人留学生特別予科を廃止することにした。当時、この三学校の特別予科に進学しようとしている中国人留学生は四〇〇人以上にも達しており、このことを知らされた彼らはこれに強く反発し、「日華学会」に助けを求めた。「日華学会」は、この件が留学生に重大な影響を与えるとして、文部官僚及び三学校の校長と意見を交換するなどの意志疎通に取り組み、最終的に中国人留学生の要請を受け入れることを彼らに合意させ、引き続き三学校に中国人留学生特別予科を保留することを決定させた。こうして留学生の要求は満足させられた。同年、もう一つ大きな事件が起きていた。それは関東大震災が起きた時、多くの中国人留学生が朝鮮人と間違えられて襲撃を受けたことであった（当時の日本社会では朝鮮人が暴動を起こすという噂が流布していた）。「日華学会」は、このことが両国の外交上の重大事件を引き起こすことになりかねないと考え、外務省アジア局局長に詳細を報告し、中国人留学生に対する必要な保護を要請した。外務省の同意を得た後、「日華学会」は、中国人留学生に対する救援活動を展開した。例えば、学会内に臨時事務所を設置して救援事務を専門に担当した。また、第一高等学校の寮を借用して収容所とし、救護車を派遣し市内外各方面を捜し回り、百余名の中国人留学生を収容し、食事等のサービスを提供し、傷病者に対しては救護を行った。このほかにも、帰国希望者には専用船を用意し無料で帰国させる措置を採るなどした。

以上のことから、「日華学会」は中国人留学生に対する援助において大きな役割を果たしていたといえる。そうしたなか、顧問の渋沢が費やした精力は一目瞭然であった。彼は忙しいさなかにもかかわらず、「日華学会」の例会には必ず出席し、いかに中国人留学生の後援活動を行うにかついて意見を発表し、しばしば駐日中国公使や留学生管理の担当官僚と連絡を取り、留学生に関する事項を協議した。さらに、彼は自ら乗り出して関東大震災で被災した中華キリスト青年会会館のために修繕資金四万余円を調達した。(8) 彼は、終始、留学生は日中両国関係の将来に関係しているとして、社会全体が彼らに関心を注ぎ大事にするよう何度も呼びかけた。総じて、渋沢にとってみれば、中国人留学生に対する援助は、民間外交にとって必要であるからというだけではなく、人道主義者として果たさなければならない社会責任でもあると考えていた。彼がそれに注いだ深き情熱は賞賛され、感謝されるべきものであった。

注

（1）前掲『渋沢栄一伝記資料』第二五巻、七一四頁。
（2）同上、七一七頁。
（3）同上、七〇七頁。
（4）同上、七三六頁。
（5）前掲『渋沢栄一伝記資料』第四〇巻、九一一―九一二頁。
（6）前掲『渋沢栄一伝記資料』第三六巻、九〇―九一頁。
（7）同上、一〇六―一〇七頁。
（8）同上、一一二八頁。

第八章　渋沢栄一の『論語』解読

今日の日本において、渋沢栄一といえば、人々が真っ先に思いつくのは彼の持論とする「論語と算盤」であろう。渋沢の歴史的イメージが彼の確立した経営思想及び理念と繋がっているからである。渋沢は、儒教文化の忠実な支持者であり、同時に資本主義的生産方式を信じて疑わない人物でもあった。彼は極力、儒教の思想と倫理道徳観念を西洋資本主義の経営方式と融合させると主張し、われわれ現代人がいう儒教資本主義を追求していた。明治維新後、西洋文明が違和感なく受け入れられる時代において、渋沢のこうした儒教資本主義思想の追求は、日本民族に特有の「兼収併蓄（内容・性質の異なったものでもすべてを受け入れる）」、「自らのために用いる」といった伝統的な実践精神を堅持し発揚するうえで貴重なものであった。それは現実と歴史文化価値を肯定するという意義を有していた。渋沢の「論語と算盤」（儒教資本主義思想）説については、本書第一章第七節ですでに概説したので、この章では、渋沢が晩年に著わした『論語講義』と『実験論語処世談』を手がかりとして、別の視点から渋沢が念頭に置く孔子と『論語』を解読しようと思う。

第一節　孔子崇拝と『論語』熱愛の理由

渋沢は、儒教文化の始祖たる孔子をきわめて崇拝し、『論語』を熱愛した。晩年の渋沢は、熱中する儒教文化と持論とする「道徳経済合一」の実業思想を広く喧伝するため、飽くことなく繰り返し『論語』を精読し、また「論語」講座も開催した。そこでは、自ら講義を担当し、孔子の『論語』を初めから終わりまで、逐字逐句、詳細にこれを解説し、自身の経験と結びつけながら、いかに真意を体得するかについて講義した。渋沢はなぜかくも孔子を崇拝し、『論語』を熱愛したのか。彼は『論語講義』と『実験論語処世談』において、次のように説明している。

さて、孔子教は宗教とは信じてをらざるに拘らず、何が故にかく孔子の論語に親しみ、これを処世上唯一の信条となし、八十四歳の今日まで日常生活の規矩準縄となしたるかといへば、これには余が幼少の時より受けた教育から申し述べねばならぬ、

余は七歳の時に実父より三字経を教へられ、次に従兄の尾高藍香より大学・中庸・論語・孟子の四書句読を授けられ、……論語に親しむ発端を開いたのである。そもそも均しく儒教を奉ずるにしても、大学もあり中庸もあるにこれを捨て、独り論語を選んで遵奉するは、何ぞやといはるる人もあらん。余が論語を選択して一生恪循すべき規準となしたるは、大学はその開巻第一に明言するがごとく治国平天下の道を説くを主眼とし、修身斉家よりも寧ろ政治に関する教誨を重としてゐる。中庸は更に一層高い見地に立つて『到中和、天地位焉、万物育焉（中和を致して、天地に位し、万物育す）』などの悠遠なる説があつて、哲学に近く、修身斉家の道には遠ざかりをるがごとし。しかるに論語に至つては、一言一句悉くこれ日常処世上の実際に応用し得る教えである。朝にこれを

聞き夕べにこれを実行し得る底の道を説いてゐる。これ余が孔夫子の儒教を遵奉するに膺り学・庸に拠らず特に論語を選び挙々服膺して、終生敢て或はこれに悖らざらんことを期する所以である。(1)

古来所謂英雄や豪傑は常人に卓越したる特色や長所があると同時に、非常なる欠点や短所もあるものである。しかるに孔夫子に至つては特別なる長所といふべき所なき代りに、これぞといふ短所もないのである。故にこれを称して偉大なる平凡人というても適当であらう。……則ち人は釈迦や耶蘇たることは難しとするも、孔子たることは難きことにはあらざるべし。何となれば吾人は非凡の釈迦や耶蘇たること能はざるまでも、平凡の発達したる孔子たり得べからざる理なければなり。ただ勉めて倦まざるに在るのみ。要するに孔子は万事に精通して円満無碍の人である。即ち常識の非常に暢達した方である。余は深く孔子に学んでその教訓を遵守して往けば、家に処し、世間に出でて、非難せられざる熟達円満の人物になり得らるるものと信ずるなり。(2)

論語の章句のうちにも時代の関係から今日の世には直に其儘適用し得られぬものがある。然し、時代に関係の無い個人個人の行為に就ての教訓は、今日に於ても将た千載の後に於ても、万古変る事なく直に実行し得られるゝものである。(3)

孔子は一代の制度のみを採らず、古今を折衷し長短を取捨し、時に応ずる所の最良の方法を示したのである。若し孔子をして今日あらしめば、又その方法を異にしたものと言つてよい。(4)

私は孔夫子の経典を実際の実業に結びつけて読ましむるやうにし、之を実践躬行するのが何よりであると考へ、最も実際に適切な道を説かれてある論語を私も読み、又他の実業家にも読んでもらひ、知行合一によつて実業の発達を計り、国を富まし国を強くし、天下を平かにするに努むべきものだと信じたのである。私が論語を服膺し、その教訓を実地に行ふ事に心懸くるやうになつた一つの因縁は実に這個にある。実業を何時も政府の肝煎にばかり任せて置いては、決して発達せぬ、民間に品位の高い知行合一の実業家が現はれ、率先して之に当るやうにせねばならぬものであると感じた事が、私をして論語の鼓吹者たるに至らしめたものだ、とも亦云ひ得ると思う。(5)

以上のいくつかの抜粋のうちに、渋沢の孔子を崇拝し、『論語』を熱愛した理由が明確に説明されている。彼がまず挙げたのは、少年時代に受けた啓蒙教育である。これは確かに理解しやすい理由である。少年時代に受けた啓蒙思想は一個人の思想に深い「烙印」を押し、その後の人生観の形成に大きな影響を与える。渋沢もちろんその例外ではない。しかし、これを決定的な要因とするわけにはいかない。より重要な理由は、彼自身が実際に必要とした孔子及び『論語』に対する認識にあった。第一は、渋沢からすれば、孔子は神ではなく、宗教における精神的偶像でもなく、身近にいる人生の指導者であり、先輩であり、偉大ではあるが平凡であり、後世のために模範を樹立し、学習し模範とすべき人物であるだけでなく、彼の言説や教えを自ら体験しそれを実行しさえすれば、誰もがそのような人間になれる、ということにあった。第二は、渋沢によれば、『論語』の特別なところは、『大学』や『中庸』と異なり、人自身の行為に対する教誨に重点を置いており、『論語』の章句は立身処世の際に従うべき道理と原則の教示にあった。それらは実生活を起源とするものであったから、個人が実践するのに便宜であり、学びながら用いることができるものであり、知行合一を果たすことになる、と考えたことであった。第三は、渋沢からみて、孔子は思想硬直の保守的な人物ではなく、むしろ柔軟な思想の、現実を重視する人であり、彼は古今を折衷し、長所を得て短所を補うことを良しとする人間であった。こうしたことから、『論語』は死んだ学問ではなく、生きた学問であり、その思想や方法は時代が変わろうが価値を失うことはない、としたことであった。第四は、渋沢は宗教が嫌いで(6)、宗教の教示はどれも奇跡的な物語であり、いかに救世主に希い求めるかに終始していた。人間として救世主に希わなくても、うまくやれることもあり、人間の本務を尽くすことができる。とはいえ、人間が本能を十分に発揮するには、いくばくかの信仰を持ち、それを追求しなくてはならない。これは修身斉家の要求のみならず、企業活動に従事するのにも必要であった。いわゆる儒教は宗教ではないが、孔子及び『論語』の教示は、「知行合一」であり、自己の信仰とその追求を完全に満足させるものである、ということであった。

以上のことから、渋沢が孔子を崇拝し『論語』を熱愛する主たる理由は、「知行合一」の教示に対する彼の内面的思考にあった。彼が重視したものは『論語』が宣揚する人の道とその実践性であり、彼は、人生において遭遇するさまざまな問題はすべて『論語』のうちに答えをみつけることができ、それを実践することで大きな収穫、限りない利益を得ることができると信じていた。実際、早くも徳川時代、日本の儒学者の多くは、『論語』を「実学」とみなし、日常生活の「人倫日用」の「道」としていた。渋沢の『論語』観は、そういう意味では、日本儒学の伝統の継承であるといえるが、これに止まることなく、彼は、時代の変化をはっきりと認識し、西洋文化の挑戦の矢面にあっても、儒教文化の生命力を持続させるには、これに新たな内容を注入しなければならないということを理解していた。このような理由から、渋沢は、正統派の儒学者と大きく異なり、規則どおりの古いしきたりに従わず、『論語』の活学活用（実際と結びつけて学び、よく運用すること）を強調し、時代の要求に合った新しい解釈を行うことを善しとし、人々の『論語』に対するイメージを一新させ、新時代におけるその価値と魅力を彼らに示したのである。

第二節　「仁」に対する解釈の拡張

「仁」は『論語』のなかで最も重要な概念であるが、読者からすれば、把握しがたい概念でもある。「仁」は『論語』各編にみられるが、人・時・事によって孔子のそれに対する答えも異なっている。しかし、渋沢からみると、それこそがまさしく人々の興味を誘うところであり、『論語』の奥深さや魅力の存するところであった。それはまた、孔子の臨機応変な、現実的な思考方法を表現しており、読者にも思考と応用空間を残すものでもあった。こうしたことから、渋沢も「仁」に対して独自の拡張的な解読を行うことができたのである。

渋沢の独自の拡張的な解読をみてみよう。

その一、「樊遅問仁。子曰、愛人。（樊遅（はんち）仁を問う。子曰わく、人を愛すと）」（顔淵二二）。一般的な解釈では、人を愛するというのは、他人を愛することとされた。この一句は、孔子の「仁」に対する最も透徹した解釈とされる。渋沢は、このような理解に反対しなかったものの、彼の解読によれば、孔子のここでいう愛は普遍な愛、すなわち博愛であるとする。この博愛の対象は人類に留まらず、草木や国土など感情の無いものも含まれる。彼は次のようにいう。「蓋し博愛これを仁といふ。仁のことたる独り人を愛するのみに止まらず、草木国土有情非情一切を愛恤する、これを仁の本体とす。然れどもその内にて人を愛するが第一緊急重要のことなれば、先づ人を愛せよといはれたるなり[7]」。このように、渋沢は、人間に対する愛を博愛の基礎とし、人に対する愛がなければ、自然界に対する愛など語ることはできないとした。渋沢が仁愛の範囲を自然万物にまで広げたことは、孔子の思想と矛盾するものではなく、現在の観点からすれば、このような解読はむしろ先進的であるといえる。

その二、「夫仁者、己欲立而立人、己欲達而達人。能近取譬、可謂仁之方也已。（夫（そ）れ仁者は、己（おの）れ立たんと欲して人を立たしめ、己れ達せんと欲して人を達せしむ。能（よ）く近く譬（たと）えを取る。仁の方（みち）と謂（い）う可（べ）きのみ）」（雍也三〇）。この句の元来の意味は、仁者は自分を立たせようと思えば、まず他人を立たせ、己が目的を遂げようと思えば、先に他人をそのようにさせるということである。この句は自分と他人との間における取り引き（交換）の意味を有しているようにもとれる。己れの欲求を達成するためには、まず自ら我慢をして人に譲らなければならないということを示唆しているようであるが、渋沢の解読によれば、孔子の真意は決してそのようなことにはなく、先に他人を立たせ、目的を達成させて、その後に己れのことをするということは、人の行いの順序はかくあるべきだということを教えているにすぎない。彼にいわせれば、この句の本意は、仁をなすことは、事に当たってまず他人のことを考え、己れのことを後回しにすることであり、他人のための出発点や目的は自分のためのものであってはならないということにあり、それ故に仁をなすことは非常に困難なことであるということにある。彼の理解では、仁は他人を先とし自分を後にする行為であり、利己心のない品格であるということになる。これは「無私」ということでもあり、一種の公徳であり、社会的責任意識でもあるとした。このようにして、渋沢は仁を新たな思想次元へと昇華させたのである。

その三、「顔淵問仁。子曰、克己復礼為仁。一日克己復礼、天下帰仁焉。為仁由己、而由人乎哉。（顔淵仁を問う。子曰わく、己（おの）れに克（か）ちて礼に復（かえ）るを仁と為（な）す。一日己れに克ちて礼に復れば、天下仁に帰す。仁を為すは己れに由（よ）る、而（しこう）して人に由らんや）」（顔淵一）。渋沢は、孔子のこの句は非常に重要であると考え、深く探究した。彼の理解によれば、ここでいわれる「克己」は、自己を制限し自己を抑制することであり、「復礼」の復は、履行すなわち実践することであり、「復礼」の礼は、自身を治め、家を治め、国家を治める規範であった。では、畢竟自己を抑制するとはどういうことか。渋沢は次のようにいう。いわゆる「克己」は私心や奢侈逸楽に耽る欲を打ち捨てること、「よく私心嗜欲に打ち克つ」ことである。しかし、「とかく吾々が世に処し事を行ふに当たつては、理知と感情とが必ずあひ伴ふものである。……実際その理知と感情との均衡がよくとれて、万事に処するに節度宜しきを得るといふ人は、誠に辰星の稀れなるがごとし。これ喜・怒・哀・楽・愛・憎・欲の七情の発動によつて、理知が昧却せらるるのである。……されば紳士淑女を以て自ら任ずる人は、平和な心を以て道理に適した発情をするやうに、平生心掛けねばならぬ。七情の発動がよく理知に適（かな）い」、「その言動が礼に適うて過ぐる所のなきを」すなわち仁という[8]。彼の理解では、このようにして初めて仁といえるのであり、こうした自己抑制の仁こそが礼の履行すなわち実践であり、「知行合一」であった。さらに渋沢は、「克己復礼」は一種の闘争精神の表れであるとも考えた。彼は、「己に克つて礼に復るといふ事も、つまりは争ひである」として、私利私欲と争い、善を以て悪に勝たなければ、人は礼を実践し、人たる道を履行することはできない。そのために、人は徳を修めて立派な人間になろうとするならば、どうしてもこの争いを避けるわけにはいかないのであり、品性の向上発展は悪との闘争を通して初めて成し遂げられる。「絶対に争ひを避け、悪とも争はず己れに克たうとする心懸けさへ無くなつてしまふやうでは、品性は堕落する一方になる。争ひは決して絶対に避くべきものでは無い。社会の進歩の上にも国家の進歩の上にも個人の発達の上にも品性の向上の上にも無ければならぬものである」とした[9]。

その四、「子曰、志士仁人、無求生以害仁、有殺身以成仁。（子曰わく、志士仁人（じんじん）は、生を求めて以て仁を害することなく、身を殺して以て仁を成すことあり）」（衛霊公九）。この句の意味は、有志の士（仁に志す者）と仁を行う仁徳ある者は、生命を惜しんで、仁徳を害するようなことはせず、生命を捧げてでも仁徳を実現しようとする。渋沢はこの句を非常に賞賛した。彼のこの句に対する解読は、「仁は博愛なり。一身を殺して衆のためにし、私利を棄てて国家の公益に徇ずれば、博愛の徳となる」であった。つまり、「生を貪つて衆を害し、私福をさきにして国のためにせざれば、博愛の徳を害す[10]」ということであり、「凡そ死を以て王事を勤むる、即ちこれ身を殺して仁を成すなり。この元気ありて一国始めて隆興す。この元気銷磨すれば則一国衰退す[11]」ということであった。このように、渋沢からみれば、身を殺して仁を成すことこそが仁の信念を成すための犠牲的精神であった。彼はこのような精神に賛同し、これを提唱しただけでなく、究極的には、この敢然たる犠牲的精神が国家において尊重されるかどうかによって、その国家の盛衰と運命が決定されると考えたのである。

以上のように、渋沢にとっては、仁は博愛であり、他人を先に己れを後にすることであり、国家と社会に対する責任意識であり、闘争と犠牲の精神でもあった。こうしたことから、彼は、仁こそが『論語』の最も核心的な概念であるとし、孔子思想の真諦であり、その他の概念はこれに比肩すべき位置にないと考えた。また、彼は次のように指摘する。「仁の一字は孔夫子の生命で、又論語二十篇の血液である。もし孔夫子の教訓より仁を取り去つたならば、恰も胡椒の辛味のぬけたと同然となるであらう。孔子はこの仁のために生命を捧げられた程の大切な文字で、孔子の一生は仁を求むるに始まり、仁を行ふに終わつたというてもさしつかへなからん(12)」。渋沢の仁に対する解読は渋沢説ともいえるもので、その解釈と心得は十分に認められているとはいえないかもしれないが、このような解読を通して、仁の意味は理解しがたいものでなくなり、『論語』の実用的空間をさらに広げることになった。

第三節　治国と処世の根本たる「忠」と「信」

『論語』に次のような句がある。「子以四教、文行忠信。（子、四つを以て教う。文、行、忠、信）」（述而二四）。これは、孔子が弟子を教育する際、学業（学問知識）、実践（徳行）、誠実、信義の四部門が要枢であるとした、と理解されている。渋沢は孔子のこの教育方法は教育の要途をしっかりと摑んでいるとみた。というのは、読書によって学問知識をいくら詰め込んでも実践を積まなければ、それは空談空論に終わらざるをえない。実践は人的な社会活動や行為であり、その基本的道徳の準則として遵守しなければならないものが誠実と信義であると、考えたからである。このことから、渋沢は『論語』の「忠」、「信」の二字を格別に重視し、それらを人間としての道、治国の根本とみて、自らの社会実践において、この「忠」と「信」を身をもって実行した。

孔子が『論語』で述べる「忠」は主として次の二側面において表現される。一つは一般的な人間関係における「忠」であり、もう一つは君主と臣との関係における「忠」である。まず、前者の関係についていえば、渋沢によれば、誰に対してであろうと、人間関係における思想意識や行為において、「忠」は絶対に欠くべからざるものであり、それを欠くと道徳教養は完全にはならないということであった。こうしたことから、彼は常々「忠」と「信」の二字を心に刻みつけるよう自らを戒め、修養に励んだ。彼は、孔子の弟子曾子（そうじ）の「吾日三省吾身、為人謀而不忠乎、與朋友交不信乎、傳不習乎。（吾（われ）、日に三たび吾が身を省（かえり）みる。人の為に謀（はか）りて、忠ならざるか、朋友と交わりて信ならざるか、習わざるを伝えしか）」（学而四）の句を賞賛し、その精神を見習うべきものとし、次のように指摘した。「余は曾子のこの言がもつとも吾が意を得たりと思ひ、一日に数度吾が身を省みるといふまでには参らずとも、夜間床に就きたるのち、その日になしたることや、人に接したる言説を回想し、人のために忠実に謀らねばならぬ、友人には信義を尽くさねばならぬ、また孔夫子教訓の道に違ふ所はなかりしやを、省察するに怠らぬつもりである[13]」。

次に、君主と臣の関係における「忠」についていえば、渋沢の解読には特徴があった。彼は、孔子が魯君定公の質問に答えて主張した「君使臣以礼、臣事君以忠。（君は臣を使うに礼を以てし、臣は君に事（つか）うるに忠を以てす）」（八佾一九）という観念は、日本ではすでに早くから深く人々の心のうちに定着しており、日本の古き良き伝統として広く高揚し継承すべきものであると考えられていた。そうしたことから、渋沢はこの「君主と臣民」に関する自身の考え方を多方面にわたって明確にした。その一つは、孔子が述べる「忠君」は、ある種の奉公行為であり、この奉公行為は誰もが持つ愛国心と一緒になっているということである。彼にいわせれば、「総て人は自己の生れて生存しつゝある国に対し自然と固有の権利義務がある筈である」として、「この権利と義務とは何人が附与し命令する訳でもないが、其の国民として生るれば生れた其の日から身辺に付随して居るものである。従つて国民は自然と国家のことを思ふもので、自国は他国よりも強大ならんことを欲し富裕ならんことを希ふは、これ国民が国家に対する自然の情である。是が即ち愛国心といふもので、国民に於けるこの心の強弱厚薄の如何に因つて、亦其の国の強弱貧富も自ら生じて来るのであると謂へるであろう(14)」。つまり、愛国心は奉公行為の思想基礎であるというのである。その二は、君主は国家の代表であり、象徴であるということである。彼によれば、「愛国の心あるものは言ふ迄も無く君に忠なるものである。君に忠なるものは愛国の心深きものである。けれども役人にならねば愛国の実は挙らぬ官吏でなければ忠君の道は立たぬという法は無からうと思ふ。官吏であらうと、軍人であらうと、弁護士であらうと、教育家であらうと将た又商業者であらうと、国家を愛する心、君に忠なる点に至つては皆同一である。唯其の職務に由つて直接国家の為になるのと間接に国家の為になるのとの差はあるであらうし、其の人物の如何に由つては此の心に大小厚薄の別はあるであらうが、之を国民として平等に見るときは其の念慮に軽重は無い筈である(15)」。

その三は、忠君愛国をある種の奉公行為として考えたことと関連している。「愛国忠君といふことは、或る程度迄自我心とか利己心とかいふものを犠牲にして居るもので、絶対的に私利私欲を思ふ人には愛国心も忠君の情もあり得べからざる所である。即ち愛国忠君とは総て私の反対に公なることであるから、真実愛国忠君の心ある人は、謂ふまでも無くこれ公に奉ずるの人である訳だ(16)」。しかし、実際には、孔子は『論語』において「忠君」について語っても、「愛国」については言及していない。「忠君」を「愛国」に関連させ、両者の一致性を主張するのは、日本の近代儒学における忠君観念の一つの特徴であって、渋沢の独創的見解ではなかった。彼は「忠君」を奉公行為とみなし、「愛国」を国民の生まれつきの「自然な感情」と捉え、これらが「忠君」観念を生む思想的基礎であるとし、私を捨て公を立て、国家のために奉じる精神であると主張した。その意図は、新たな時代背景のもとで、「忠君愛国」の観念も時代とともに発展しなければならないと考えたことにあった。そうした発展した「忠君愛国」の観念は、上から下への社会変革を実行する必要に適応するものであり、強大な国家を作り出すのに必要な精神的支持を提供するものと考えたのである。このように、渋沢の「忠君愛国」観念に対する解読には、彼なりの新味があったということができる。

ところで、渋沢は「忠」に関連した「信」をどのように理解したのか。『論語』では、「信」は「忠」と同じく、言及回数の多い概念であり、「忠信」の語句も多数出現している。孔子の「人而無信、不知其可也。大車無輗、小車無軏、其何以行之哉。（人にして信なければ、その可（か）なるを知らざるなり。大車輗（げい）なく、小車軏（げつ）なくんば、それ何を以てかこれを行（や）らんや）」（為政二二）という句は、大車に輗がなく、小車に軏がなければ、それを動かせないように、人にして信がなければ、つまり人間としてその言葉を信用できないのならば、何の用に立つのかさっぱりわからないということであり、人間として言行一致がないならば、いったい何をもって信用というのかということである。とりわけ、子貢が「政（政治のやり方、為政者の心構え）」を問うた時、孔子は「足食足兵、使民信矣。（食を足らしめ、兵を足らしめ、民をして信あらしめよ）」（顔淵七）と答えた。すると子貢は、「（この食・兵・信の）三者のうち、やむをえずどれか一つを捨てなければならないとしたら、まずどれでしょうか」と尋ねた。孔子は「兵（軍備）である」と答えた。では、「残った二者のうち、どうしても捨てなければならないときは、どれでしょうか」と子貢が再度たずねた際、孔子は次のように答えた。「食物を棄てよ。（もちろん食物がなければ人は死ぬが）、古来、人間はいつかは必ず死ぬものである。（しかし）もし人民というものに為政者に対する信頼というものがなければ、国家は立ちゆかないのである」。渋沢には、この孔子の教えは次のことを説明していると思われた。すなわち、よく「仁、義、礼、智、信」といわれるように、儒教の徳目のうちでは、「信」の順位は後ろに置かれるが、逆に、孔子の思想においては、「信」は非常に重要な地位を占めており、この「信」を治国及び人間の処世の根本としているということであった。こうしたことから、渋沢は「信」を非常に推し崇め、特に気に入っていた。彼は、「信」が表す思想内容は豊富であり、信義、信念、信用などさまざまな品格（徳目）すべてが含まれ、人間にとって最も貴重なものであり、「道徳の真髄[17]」と考えた。彼がいうには、「信は人間の最も貴ぶべき道」であり、「この道をなくすれば、人を成さず。精神の抜けた戸肉の行走するに異ならず。何の生甲斐がある[18]」ということであった。国家にとっても同じことがいえるのであり、もし対内的にも対外的にも「信」がなければ、必ずや失敗に帰し、甚だしきは国家の滅亡に至ることになる。

また、渋沢は、「信」は高尚な精神として無窮無尽の力があるものと捉え、広く実用される空間を有し、社会の発展とともに常に発揚させられるものであると考えた。彼は次のように指摘する。「信の効用は、社会の進歩と共に、いよいよますますその価値を増加し、その応用の範囲を拡張し、一人より一町村へ、一町村より一地方へ、一地方より一国へ、一国より全世界へ及ぼして拡充せざるべからざるものなるが故に、信の威力は、国家的、いな世界的になつたものと称すべきである。会社の経営も、商業の取引も、行政の運用も、裁判の効能も、外交の働きも、悉く信用の二字に係らざるはなし。忠といひ孝といふも、この信の力に依りて光彩を放たざるはなし。故に古人は信は万事の本と説き、一信よく万軍に敵すといへり[19]」。これに関して、渋沢はまた、企業活動に関連する自らの体験や心得について多くを語っている。彼は、信用は資本よりも重いもので、「一人の資産には限りがある、其の限りある資本を頼りにするよりも、限りのない資産を活用するの心掛けが肝腎である。而して限りなき資本を活用するの資格は何であるかといふに、それは信用である[20]」とし、「信用は実際には資本であり、商業繁栄の基礎である[21]」とした。さらに渋沢は、「余は明治六年五月以来、銀行を経営し、諸種の会社事業に関係せしが信用の一点を重んじ、以て大過なきを得たり[22]」とした。

以上みてきたように、渋沢の主張は「信を以て本となす」ことにあり、それこそが自身の事業を成功へと導いたものであると感得し、総括した。

第四節　「富貴」と「利」の本義

近世の日本儒学は『論語』の日常の実用性を強調してきた。もとよりこれは良い伝統として継承すべきではあるが、渋沢にいわせれば、『論語』のいくつかの文言理解に正確性を欠き、そのことが殖産興業を阻害したり、商工業を軽視したりする思想の根源になっていた。渋沢は、「従来儒者が孔子の説を誤解していた中にも、そのもっとも甚だしいのは富貴の観念貨殖の思想である」として、それを次のように批判する。「彼らが論語から得た解釈によれば、『仁義王道』と『貨殖富貴』との二者は、氷炭相容れざるものとなっておる。しからば孔子は、『富貴の者に仁義王道の心あるものはないから、仁者になろうと心掛けるならば、富貴の念を捨てよ』という意味に説かれたかというに、論語二十篇を隈なく捜索しても、そんな意味のものは、一つも発見することはできない。否、むしろ孔子は貨殖の道に向って説をなしておられる。しかしながら、その説き方が例の半面観的であるものだから、儒者がこれに向って全局を解することができず、遂に誤りを世に伝えるようになってしまったのである」[23]。こうしたことから、渋沢は『論語』のいくつかの文言に対して独自の解読を行った。以下のようである。

その一、「飯疏食飲水、曲肱而枕之、楽亦在其中矣。不義而富且貴、於我如浮雲。（疏食（そし）を飯（く）らい、水を飲み、肱（ひじ）を曲げてこれを枕とす。楽しみ亦（また）その中（うち）にあり。不義にして富み且つ貴きは、我に於いて浮雲の如し）」（述而一五）。渋沢によれば、孔子のこの句の本意は次のようであった。「精げざる玄米の飯を食ひ、水を飲み、夜間ねるにも枕なく、臂を曲げてこれを枕の代用とす。至極簡易の生活なり。しかもこれに安んじて楽しみまたこの中にありとなし、楽天主義を取りて動かず。世上の人はこれに安んずること能はず、いかにもして富貴を得んとし、その手段の義不義を問はず、その方法の理不理を顧みざれども、不義不理を以て得たる富貴は、孔子よりこれを観れば、天上の浮雲のごときものにて何時消散するも知れぬから、決してこれを得んことを願はずとなり[24]」。渋沢はさらに続けて、「孔子は固より貧賤を好むにあらず、義に合ひ理に叶ふ富貴なれば、これを得るを欲するなり。しかるを世人往々孔夫子は『粗衣疏食を人に勧めつまらぬものを口に食らひ、水を飲み、肱を枕にして生活せねば、真の楽しみは得られぬ』と説かれたかのごとくに解釈するは、全く誤解だ[25]」と断じた。

その二、「富與貴、是人之所欲也。不以其道、得之不処也。貧與賤、是人之所悪也。不以其道、得之不去也。（富と貴（たつと）きとは、これ人の欲するところなり。その道を以てせざれば、これを得（う）るも処（お）ざるなり。貧しきと賤しきとは、これ人の悪（にく）むところなり。その道を以てせざれば、これを得るも去らざるなり）」（里仁五）。この句の本意について、渋沢は次のようにいう。「富貴は万人の欲する所なり。然れどもこれを得るに道あり。即ち学を修め功を立て、身を修め徳を備ふるこれなり。それ富貴その物は固より悪しきものでないのみならず、青年の宜しく希望すべき所であるが、これを獲得する手段方法に就いては、慎重の上にも慎重の態度に出でねばならぬといふのが、本章に顕はれた孔子のご趣意であらうかと思はる。然るに従来学者間において往々本章の『人』を悪人の意に解釈しさり、富と貴とは悪人の欲求する所であつて、これを獲得するには道ならぬ方便を以てするを要するが故に、君子は富と貴きとに近寄らず。もし富と貴きとが外より舞込んできてもこれを避くべきであるかのごとくに心得る輩少からず。これ実にいはれなき僻見である。孔子のご趣意はただ道を以てせず、無理非道を敢てして獲得したる富貴が悪といふだけのことである[26]」。

その三、「富而可求也、雖執鞭之士、吾亦為之。如不可求、従吾所好。（富にして求むべくんば、執鞭（しつべん）の士と雖（いえど）も、吾亦（また）これを為（な）さん。如し求むべからずんば、吾が好むところに従わん）」（述而一一）。この句について、渋沢によれば、一般的には、これは孔子の富貴を賤しんだ言説のように解釈されているが、実際にはこの句のどこにも富貴を賤しんでいる意味を見出せない。ここには、孔子の富貴を求めることに対する態度が明確に表明されているとして、彼は次のような解読を示している。「富を求め得られたなら、卑しい執鞭（鞭を持って貴人の行列の警蹕〈＝先払い〉をすること）の人となってもよい」というのは「正道仁義を行って富を得らるるならば」ということである。すなわち「正しい道を踏んで」という句がこの言葉の裏面にあるのである。下半句は、「正当の方法をもって富を得られぬならば、いつまでも富に恋々としておることはない。奸悪の手段を施してまでも富を積まんとするよりも、むしろ貧賤に甘んじて道を行う方がよい」ということを意味している。孔子は、必ずしも好んで貧賤になれとはいっていないのである。孔子は富を得るためには、実に執鞭の賤しきも厭わない主義であったと断言したら、おそらく世の道学先生は眼を円くして驚くかもしれないが、事実はどこまでも事実である。孔子の富は絶対的に正当の富であり、不正当の富や不道理の功名ではなかった。「しかるに、儒者はこの間の区別を明瞭にせずして、富貴といい功名といいさえすれば、その善悪にかかわらず、何でも悪いものとしてしまったのは、早計もまた甚だしいのではないか。道を得たる富貴功名は、孔子もまた、自ら進んでこれを得んとしていたのである」(27)。

その四、「君子喩於義、小人喩於利。（君子は義に喩（さと）り、小人は利に喩る）」（里仁一六）。この孔子の句は、これまで後世の人によって、商人は品格が低く、当然軽蔑すべき者という経典の根拠とみなされてきた。というのは、古来、商人は畢竟算盤上の利益を最も重視してきたからである。これに対して、渋沢は、孔子がいう「君子喩於義、小人喩於利」の意味するところは、次のようであると指摘する。「君子と小人とはその心術同じからず。君子は平生常に善をなすことに志し、何ごとに臨んでも、それが果たして義に適するや、或は義に適せざるやといふことを考へ、然るのち進退取捨を決するのである。即ち義の宜しきに従つて処置するを主義とするものである。これに反して、小人は平生常に私利を謀ることに志し、万事につけて利害を目安に進退取捨を決するものである。即ち利にさえなれば、たとへそれが義に背くことであろうとも、そんな所には一切頓着せず、利益本位に打算するのが小人の常である。この故に同一の事を見、同一の言を聴くも、君子はこれによつて義を行はんことを思ひ、小人はこれによつて利せんことを思ふ。その思想に天地雲泥の差があるから、その行為の上にもそれが現はれ出るのである[28]」。つまり、渋沢からすれば、孔子のこの句は、経済利益を否定したのではなく、「利をみて義を思う」ことを主張したものであり、「利をみて義を忘れる」ことに反対したものなのであった。したがって、いわゆる「小人の利に喩る」は、商業行為それ自体と必然的な関連はまったくなく、小人と君子の区別も利益を追求するかどうかにあるのではなかった。その利益の追求が道徳上の義の要求に適うかどうかにあるということであった。

以上、渋沢による孔子の「富貴」観と「義利」観に対する新解読をみてきた。そのなかから、彼が主張したことは、孔子は財富や利益を蔑視したのではなく、むしろ仁義道徳観念を指針として「富貴」と「利益」を追求することを提唱したのである。このような解読は、孔子の本来の意思に符合するかどうかは別として、明らかにいわゆる「仁則不富、富則不仁」ということや賤商観念に対して、その理論的根拠を喪失させ、日本が商工立国の道を歩むのに一大障害となる思想観念上の弊害を取り除き、『論語』を多くの商工業者の精神の糧としての必読書にさせたのである。このことは、渋沢の『論語』解読が強い時代意識を有していたことを物語るものであり、現実の必要に対応して、実際と結び付けて学び、それをよく運用するといった渋沢の思想方法は大いに評価すべきものである。

注

（1）渋沢栄一『論語講義』二松学舎出版部、一九七五年、一二一―一二三頁。
（2）同上、一〇一―一一頁。
（3）前掲『渋沢栄一伝記資料』別巻第六、六五七―六五八頁。
（4）前掲『渋沢栄一伝記資料』別巻第七、六二六頁。

(5) 前掲『渋沢栄一伝記資料』別巻第六、六四一頁。
(6) 前掲『渋沢栄一伝記資料』別巻第七、五二四頁。
(7) 前掲『論語講義』六四六頁。
(8) 同上、五八四―五八五頁。
(9) 前掲『渋沢栄一伝記資料』別巻第七、二四―二五頁。
(10) 前掲『論語講義』七八六頁。
(11) 同上、七八六―七八七頁。
(12) 同上、二三頁。
(13) 同上、二五頁。
(14) 前掲『渋沢栄一伝記資料』別巻第六、三四―三五頁。
(15) 同上、三五頁。
(16) 同上。
(17) 前掲『論語講義』八五頁。
(18) 同上、六一四頁。
(19) 同上、八六頁。
(20) 渋沢栄一『経済と道徳』渋沢翁頌徳会、一九三八年、三六頁。
(21) 渋沢健『巨人・渋沢栄一の「富を築く一〇〇の教え」』講談社、二〇〇七年、一七四頁。
(22) 前掲『論語講義』八七頁。
(23) 涩泽荣一《论语与算盘》九洲图书出版社，一九九四年，八一页（渋沢栄一『論語と算盤』角川学芸出版、二〇〇八年、一三〇頁）。
(24) 前掲『論語講義』三二一頁。

(25) 同上。
(26) 同上、一五〇頁。
(27) 前掲《论语与算盘》八二页（前掲『論語と算盤』一三一―一三二頁）。
(28) 前掲『論語講義』一七五頁。

第九章　渋沢栄一研究の回顧と現状

渋沢栄一は日本近代史上の重要人物として、彼が生涯にわたって従事した企業活動は近代日本経済の飛躍的発展に重要な影響を与えた。こうしたことから、長期にわたり、日本経済史、産業と企業発展史、企業家史などの分野の学者は常に彼を重要な研究対象とし、さまざまな角度から、彼について深く緻密な研究を行い、豊富な成果を挙げてきた。また、日中両国の学術交流の発展とともに、日本学界における「渋沢栄一に関する研究」は、徐々に中国の関連学術界にも知れ渡り、注目されてきた。それが一部の研究者の興味を惹き起こし、特に近年には、多くの学者がこの研究に足を踏み入れ、いくつかの研究成果が相次いで発表され、中国における日本問題研究の視野は広げられ、内容はより充実したものになり、日本研究の発展に一定の役割を果たしてきた。日中両国の関連学界の研究成果からみると、渋沢栄一研究は、重要な歴史的意義と理論的意義を有する課題であるだけではなく、同時に現代的意義をも持つ課題でもある。この研究史を回顧し、総括すべき意義について考察してみる。

第一節　日本における渋沢栄一研究の開始と発展

1　渋沢栄一に関する研究の開始

渋沢は一八四〇年に生まれ、一九三一年に亡くなった。彼の九一年の人生のなかで、日本は四つの歴史時代（徳川幕府時代、明治、大正、昭和時代）の変遷を経た。こうした時代変遷のなかで、渋沢は常に平凡ならざる足跡を残していた。それぞれの時代において、日本の新聞雑誌及び書籍は、渋沢がなしたことを報道し、また紹介してきた。渋沢の晩年には、彼のために特別に伝記を書いた人もいた。例えば大滝鞍馬が一九二五年に出版した『子爵渋沢栄一』は、渋沢に関する専門的研究の幕開けでもあった。

渋沢が亡くなった後、彼に関する研究はより重視され、関係論文と著書が相次ぎ発表され、出版された。そのうち、主要なものは、土屋喬雄の『渋沢栄一伝』（一九三一年出版）、白石喜太郎の分厚い著書『渋沢栄一翁』（一九三三年出版）、小貫修一郎が整理した『渋沢栄一自伝』（一九三三年出版）、幸田露伴の『渋沢栄一伝』（一九三八年出版）であった。これらの著書は、渋沢の人生経歴を詳しく記録し、異なる角度から渋沢の日本の近代化過程において果たした役割と貢献、及び彼の独特な実業思想を論述し、同時にまた、渋沢が日本近代の教育、公共事業及び外交関係の発展のために従事した活動等々について論述した。

如上の研究成果が世に問われたことは、渋沢栄一研究にとって良いきっかけとなった。また同時に、歴史人物研究に欠かせない基礎的作業も重視されるようになった。それを代表する研究は、東京大学経済学部土屋喬雄教授が責任編纂者となって一九三七年から着手された『渋沢栄一伝記資料』の編集であった。この『渋沢栄一伝記資料』は、渋沢栄一と関連するすべての文書や写真などの原資料を収集し、それぞれの分類に従って整理・編纂され、一九四四年に第一巻が出版された。原始資料の量が膨大であったため、整理・編纂にかかる時間は非常に長く、一九六八年に出版を完了するまで、三〇年もの年月を要した。人物伝記に関する無数の資料の収集、整理及び編纂ということからみて、『渋沢栄一伝記資料』はきわめて困難な仕事であったといえる。これは、本巻五八巻、別巻一〇巻、計六八巻であり、数量及び規模からいって日本の人物伝記資料の最たるものといえよう。『渋沢栄一伝記資料』が継続的に出版されたことは、渋沢栄一研究及び日本近代産業史研究に真に依るべき資料根拠を提供し、学者の研究範囲の拡大とともに研究レベルの向上に重要な推進力となったことはまちがいない。

2　一九六〇年代以降の渋沢栄一研究の発展

日本における渋沢栄一研究は比較的長い歴史を遡れるが、学術的研究としての顕著な進展は、二〇世紀六〇年代以降のことである。この注目すべき変化は、非伝記形式の専門的研究成果が著しく増加したことのほか、取り上げられる問題の範囲がより拡大したことに現れている。さらに重要なことは、新しい理論が吸収され、新しい研究方法が用いられたことであった。

よく知られているように、近代社会経済の発展はその行為主体すなわち企業家の出現及び発展と終始関連している。しかしながら、近代経済学による経済過程における行為主体の認識は、一つの簡単な仮説理論、つまり経済分析の出発点としての人間の動機と行動は完全に一致し、その両方とも自己の利益追求を表現しているという仮説に立脚してなされてきた。いわゆる「経済人」としては、いかなる企業家の行為もまったく差がないものとされた。しかし、資本主義経済の発展とともに、近代経済学の経済行為主体に対するこの仮説による経済現象の解釈は、いよいよ現実とはかけ離れたものになっていった。このため、経済学者たちは経済発展に対する経済主体の能動的作用（役割）に関する研究を重視しはじめた。この最も代表的な研究はシュンペーターが提出した「企業家イノベーション理論」であった。彼は、企業家が従事するイノベーション活動は経済発展の根本的動力であり源泉である、と指摘した。第二次世界大戦後、シュンペーターのイノベーション理論の影響を受け、企業家活動に対する研究がアメリカ経済史学界において重視されるようになったが、そのうち、ハーバード大学教授A・H・コール（Arthur Harrison Cole）が提唱し確立した研究方法が最も注目される。コールは、実際に基づいて、企業家活動の概念、企業家活動の内容及び機能、企業家活動の社会条件など、企業家活動に対する実証的考察の必要性等の問題について、深く掘り下げる緻密な分析を行った。彼によれば、いわゆる企業家活動は、シュンペーターがいうところの発明やイノベーション活動のみを含むだけではない。こうしたイノベーション活動を拡大し、推進する者をも含むものとしなければならない。いわゆる企業家はただ「革新者」に限定されるべきではなく、企業経営者や管理者もこのうちに包摂されるべきであるとした。[1]コールは、また、とりわけ企業家活動と文化及び社会環境との関連性を強調し、企業家活動は根本的には一種の社会歴史現象、非自然現象であるとして、「非経済面における刺激要因はきわめて重要である」[2]とも指摘した。こうした非経済面の要因が企業家の出現に畢竟いかほどの刺激的役割を果たしたかは、ある程度までは企業家の人生観や価値観及び行動方式によって決定されるので、人生観や価値観それに行動方式はそれぞれ異なる国において著しい差異があり、その差異の理由をそれぞれの国の文化環境（宗教、教育、心理、政治）の差異のうちに見出す以外にはないと結論づけた。こうしたことから、経済主体としての企業家に関する研究は広範囲な総合的研究とされ、採用される研究方法も多様な、つまり歴史的、学際的なものとなり、実証と比較研究方法も必要とされ、どれも欠かせないものとなっていったのである。

アメリカの学者たちが経済主体に関する研究分野で得たこれらの研究成果は、国際学術界において注目され、それは同時に、常に欧米の学術研究の新動向に関心を向けている日本の学者たちにも大きな影響を与えた。こうして、コールの理論と研究方法の啓発をうけ、一部の柔軟な思考能力を有し、新しい学術研究を常に追求する若手学者たちは、学際的方法を用いて、渋沢栄一をはじめとする代表的な企業家に対する全面的・系統的な研究を行い、相次ぎ高い学術水準の研究成果を完成し出版した。その主要なものとして、土屋喬雄『続日本経営理念史』（日本経済新聞社、一九六七年）、大島清・加藤俊彦・大内力『人物・日本資本主義3』（東京大学出版会、一九七六年）、宮本又次・中川敬一郎の編集した『日本の企業と国家』、『工業化と企業者活動』、『日本の企業と社会』、『日本的経営』（日本経済新聞社、一九七六年）、鳥羽欽一郎『企業発展の史的研究』（ダイヤモンド社、一九七七年）、J・ヒルシュマイヤー、由井常彦共著『日本の経営発展』（東洋経済新報社、一九七七年）、高橋亀吉『日本の企業・経営者発達史』（東洋経済新報社、一九七七年）、中川敬一郎『比較経営史序説』（東京大学出版会、一九八一年）、『日本的経営』（NHK大学講座、日本評論社、一九八一年）、土屋守章・森村英正編著『企業者活動の史的研究』（日本経済新聞社、一九八一年）を挙げることができる。これら著書の出版は、渋沢栄一研究の理論水準を以前に比し大いに引き上げたことのメルクマールであり、この研究を経営史学という新興学術分野に組み入れただけではなく、さらに多くの新しい学術観点を提出し、豊富な歴史資料を基礎とした渋沢に対する多面的、かつ多岐にわたる分析を行い、いくつかの問題に対してそれぞれの見解を存分に発表した。例えば、土屋喬雄『続日本経営理念史』は、日本が明治維新後に経済の飛躍的発展を実現できたのは、多くの日本企業家が有する独特な精神力と密接に関連しており、この精神力の形成過程において、渋沢が主張した「経済道徳統一論」、「公益私利一致論」、「士魂商才論」が重要な役割を果たしたと指摘した。こうした評価に対して、森川英正「渋沢栄一――日本株式会社の創立者」は、次のように指摘した。渋沢の「経済道徳合一説」は一つの経営倫理論であるが、その思想の底の浅さには失望せざるをえない。渋沢のいうような私利と公益の無原則的な一致などありえない。私利と公益の区分などは全く主観的なもので、企業人に常に要請されるものは、私利と公益の矛盾・緊張を厳しく自覚したうえで、この両者の高い次元における統合を目指す思想的苦闘でなければならない。渋沢にはこうした厳しさに欠けるところがある。(3) また、大島清・加藤俊彦・大内力『人物・日本資本主義3』によれば、渋沢は日本が西洋の先進技術や近代的産業を導入する過程において大きな貢献を果たしたことはいうまでもないが、しかし、明治政府が実行する対外的植民地政策の過程において、尖兵的な役割を演じたことも事実であり、日本が朝鮮と中国へ侵略する過程においては、それをいっそう煽り立てる役割を果たしたとして、続けて次のように指摘した。渋沢は主観的には帝国主義者であったとはいえないかもしれないが、客観的にみれば、彼が果たした役割については明瞭であり、少なくとも彼の存在が日本の対外拡張を助長したことはまちがいない。(4) いずれにせよ、これらの観点の提出は、渋沢栄一研究を活発にさせる大きな役割を果たしただけではなく、同時にこれまでの渋沢に対する評価の偏向を改変し、より全面的、客観的な評価を与えることになった。ここで特に強調しておかなければならないことは、これらの研究成果を通して、多くの学者が渋沢栄一研究を近代日本企業家全体の研究の枠組みのうちに置くことを心掛け、近代日本の企業家の形成条件に関する分析及び異なるタイプの類型化作業を通して、渋沢がいわゆる指導者型企業家として企業活動方式において特別であること、また工業化に対して民間組織者として大きな役割を果たしたこと等を論証したことであった。土屋喬雄、由井常彦、森村英正らは、渋沢を指導者型企業家として考察し論述したが、彼らからすれば、指導者型企業家としての渋沢は、次のような面において、政商型企業家あるいは商工庶民型企業家と異なっていた。その第一は、渋沢はかつて明治政府において重要な職務に就き、西洋諸国を理解し、かつ強い国家意識を持つ人物であり、官職を捨てて商業に従事したのは、個人的な致富（金儲け）のためではなく「興業強国」の抱負と理想を実現するためであり、自ら実際に行動して「官貴民賤」という封建的伝統意識の束縛から人々の思想を解放しようとしたことにあった。第二は、彼は明治政府の要人と密接な関係を維持し、明治政府が制定する諸般の国策を深く理解し、自発的に工業化のための民間組織者としての使命を担い、多くの人を奮起させ彼らを率いて近代的企業活動に従事させることを自己の務めとしたことにあった。また、明治政府と商工業界との関係を疎通・

密接にさせることを自身の企業活動の重要な責任としたことにあった。第三は、彼は西洋先進技術と近代的企業制度の導入に熱中し、踏み入れた企業活動の領域もかなり広範で、直接または間接的に創設あるいは経営に関与した企業は相当数に上り、近代工業部門の形成過程の推進に大きな役割を果たしたことにあった。第四は、彼は企業活動に従事すると同時に、産業における人材育成や実業界の道徳水準の向上を重視し、多くの価値ある実業思想を提唱し、工業化のための思想啓蒙において広範な影響を与えたことにあった。以上のことから、近代日本の工業化過程における指導者型企業家として渋沢の地位と役割は、他の企業家とは比較できない、取って代えることのできないものであった。

3　最近二〇年間の渋沢栄一研究の新展開

二〇世紀七〇―八〇年代、渋沢栄一研究の成果は非常に進展し、九〇年代に入って特に二一世紀以降、研究者らは時代とともに研究を深化させ、新しい研究成果を次々と世に問い、渋沢栄一研究の学術レベルはいっそう向上していった。

その第一は、国際比較の方法が取り入れられたことである。日本の経営史学界は「日本的経営」の問題を論証・説明する際に早くから国際比較の方法を用いる学者はいたが、企業家の個別事例研究にこうした研究方法を取り入れるということはみられなかった。一九九一年、「第一回張謇国際学術シンポジウム」が南京で開かれた時、中井英基は「張謇と渋沢栄一――日中近代起業家の比較」という論文を発表した(5)。この論文は、国際比較の研究方法を用い、人生経験、企業活動方式、社会環境などの面から、渋沢栄一と張謇を対象にした比較考察と分析を行った。中井英基によると、日中両国は歴史的に儒教文化が主導的な地位を占め、このことから企業家の活動方式や経営理念においていくつか類似するという特徴を有しているが、それは企業家の経営活動の成敗を決定する根本的な要因ではない。渋沢の企業家としての生涯は大成功を収めたといえるが、その主たる原因は、日本の明治維新後の資本主義的政治及び経済制度の確立が順調な企業活動の進行を保証したことにあり、そのために、渋沢は自らの経済活動に専念できたし、政府との暗黙の協力関係を保つことができた。他方、張謇が直面していたものはまったく別の状況であった。彼は、自身の実業活動を束縛する官僚や政府に対応するため、やむをえず時には企業経営を止め、批判活動や立憲運動に従事せざるをえなかった。中井英基は、また、渋沢と張謇の人生には多くの似通ったところがあり、彼らが実業に身を投じたのは時代の要求を反映したものであったとした。「しかし、企業家としては、ただ万難を排して利益を追求するという心得だけ、あるいはすべてを国家利益に捧げるという愛国心だけでは不十分であり、経済の合理性を運用して事を行うことが必要とされたのである」と指摘した。そうしたことから、彼は、張謇と渋沢の成果になぜ大きな差が生じたかということに関して、社会制度上の相違という要因もあるが、張謇は近代的企業家の素質を完全に備えていなかったことと関連していると指摘した。中井英基によれば、こうした比較研究の目的は、「先進列強の国際的圧力の下、遅れて工業化過程を歩まなければならない国家において、企業家はどのような役割を果たしたのか。また、儒教文化圏の経済はいかに発展してきたのか」を明らかにすることにあった。こうした比較研究によって、渋沢と張謇の同異点が明らかにされ、その分析を通して渋沢と張謇に対する新たな解釈がなされ、さらにまた儒教文化を背景とする工業化や企業家集団に対する一歩進んだ説明が行われるなど、これらすべては渋沢栄一研究の助力となり、それをいっそう促進することとなった。

第二は、実業思想に対する考察分析がさらに深化し、緻密になったことである。これまでの渋沢栄一研究では、渋沢の実業思想のみが非常に重視され、多くの論述もそれに関連してなされてきた。これらの論述では、渋沢の主張する実業思想の特徴は儒学経典『論語』に対する独特な理解を根拠としたものであり、そこには彼の揺るぎない儒教道徳と倫理を尊崇する思想信念が表明されているといったことが主張されてきたが、渋沢の言論と行動が日本近代儒学のいかなる流派の観点を継承したものであるか等については、具体的な考察や分析が行われることはきわめて少なかった。そのため、渋沢の実業思想形成の背景や源流を明確にするということについては、いまだもの足りなさを残していた。しかし、近年発表された成果をみれば、渋沢の実業思想に関するこの方面における研究は大きく前進した。この点では、若手学者坂本慎一の『渋沢栄一の経世済民思想』は際立つものであった。坂本慎一によれば、渋沢の実業思想の考察と論述の重点は彼の言行をいかに認識し理解するかということに置かれるべきであるとして、「渋沢の儒学はほぼ正統的な後期水戸学であったと考える」と指摘した(6)。この観点から、「渋沢栄一の経世済民思想」を多方面から緻密に論証し、次のような見解を述べた。後期水戸学は徂徠学（荻生徂徠）の伝統を継承し、儒学の特徴として「窮理」を重視する朱子学や陽明学と異なり、政治と社会に対する論説を重視した。そのことから、君主は安民という義務を負い、同時に臣子は君主に対して忠義を尽くす必要があったが、そのうちには自主的行動としての経済活動を含み、君主はそれを認めなければならなかった。渋沢の実業思想及び彼の著書『立会略則』において提唱された自由主義経済思想の色彩を持つ主張は、こうした水戸学の「正名論」の強烈な影響を受けていたことを示しており、いずれも「君臣論」及びそれに包含される国家と公意識を原点としており、西洋自由主義経済思想の影響をあまり受けなかった。坂本慎一は、古代の儒学と渋沢の儒学理解に差異が存在したか否かの問題に関しても考察、分析を行い、次のように結論づけた。「古代儒教は抑商思想さえ除けば、近代資本主義的な活動が理論的には可能である(7)」。「またこの商末・抑商思想は、荀子以降殆どの儒学の書物にみられる主張であるが、『論語』には存在せず、儒学全体の中でも常に少量しか述べられていないことから、相対的に重要性の低い主張であると判断できた。また前近代儒学の代表を朱子学とした場合、儒学の学統に所属する渋沢儒学とは異なり、朱子学は孟学の学統であることが確認できた。孟学は修身論重視であるのに対し、荀学は政治・社会論重視である。これは近代資本主義へ制度を変革しなければならなかった過去の儒教圏の国々において、制度変革への親和性を示すものである。渋沢の近代資本主義的な精神とは、より『論語』に忠実でその意味では復古的であり、また荀学の学統に所属することによって政治・社会論的視点を重視する精神であった(8)」。坂本慎一がその著書において提起した見解には明確な根拠と説得力があり、これまでの研究の不足や欠陥を補い、渋沢の実業思想の精神的含意を理解し把握するうえで、大いに参考にすべき価値があるものであった。しかし、この著書の論述にはいまだ検討すべき論点もあることを指摘しておかなければならない。例えば、渋沢が二年わたるヨーロッパ訪問を経験し、また日本が文明開化の時代を迎えていたという事実を考慮すれば、西洋近代経済思想は渋沢の思想にいかなる影響を与えたかということである。これは考慮すべき重要な問題であるが、それに対する坂本慎一の論証の根拠については、さらに一歩進んだ解読と議論が必要であるように思われる。

第三は、実証的研究レベルが大いに向上したことである。渋沢の株式会社制企業の普及における役割をいかに評価するかという問題は、二〇世紀七〇年代の日本企業発展史研究の関心を集めた問題であった。近年、この問題についての実証的研究が新たな進展をみた。高田あづみ「明治前期会社組織の充実と渋沢栄一」(『渋沢研究』第一三号、二〇〇〇年一〇月)は、その代表的な成果である。高田あづみは、企業定款(渋沢が参加した企業の定款は五一件、その他は三三〇件)を収集し、この企業定款の評価を行うために、「理想(ideal type)」の定款を設定し、実際の定款の項目をその理想の定款の項目と比較する手法を採った。理想の定款を一〇〇として、実際の定款の評価を試みたのである。まず、理想の定款の会社組織を以下の六分野とその構成項目に区分した。(1)法人格(会社名、本拠地、経営目的、会社印、資本金/株数/一株金額、株主の責任制、営業年限)、(2)資本金と株式(株式、株主の資格、株の譲渡)、(3)株主総会(定期総会、臨時総会、代理人と委任状、議決権、議事録)、(4)会計計算(会計計算期日、利益配当、営業報告書、帳簿の閲覧)、(5)法的手続き(裁判権、解散、規則の制定、定款改正)、(6)役員(役職名と人数、任期と再任、選考方法、株式取得、給与と賞与、役員会、欠員補充、解任)。次いで、計量統計分析方法を用いて、これらの項目を指数化する処理を行い、最後にこれらを総合した指数を算出した。渋沢が創設に参加した株式会社制企業が作り出した制度(定款)の総合評価において、次のような結論を出した。すなわち、企業が制定した定款から判断すれば、渋沢が関係した企業の定款は一般的企業の定款より完成度が高く、他の指標からみても、渋沢が関与した企業の制度は一般企業よりも整備されていた。このことから、渋沢が関係した企業は一般企業より株主権利の行使と株主利益の保証を重視していたといえる。こうした状況は、基本的に、渋沢の存在が株式会社制企業の制度改善において重要な役割を果たしたことの反映であった。高田あづみは、原資料を駆使して渋沢評価に関する問題に取り組み、渋沢の株式会社制度の普及過程における役割は無視できないとして、渋沢の評価に関する問題を解決した。株式会社という組織形態になお法律上確定した規定が存在しない状況において、渋沢が日本において株式会社企業制度を普及させた役割は、彼が創立した株式会社制企業の数量でしか判断できないとしたのである。高田あづみの研究には十分な説得力があるといえる。

渋沢の企業創立と経営活動に関する実証的研究では、島田昌和『渋沢栄一の企業者活動の研究』が集大成の作品(9)といえる。この著書は、大量の関連史料を整理し、それらに対して緻密な調査研究を行い、株式会社への創立参与の全体的状況、株主総会での能力及び役割、最高管理者としての企業経営手法、出資及び経営ネットワーク、経営者階層の啓蒙と組織化、自己資金の管理と運用、信用の供与、朝鮮での拡張活動、経済観及び経済政策に対する建議、企業系統及び出資型経営者モデルの確立等々、さまざまな方面における渋沢の企業活動に対して、全方位的な考察と系統的論証を行った。これらの問題のうちには、これまでの研究が考察してこなかった問題もあった。例えば、渋沢が創立した企業及び採用された経営方式を財閥企業と比較し、渋沢が確立した日本型企業系統には、多種多様な人間関係のネットワークと資金調達の方法が含まれ、市場競争型企業に属しているといえるが、同時に、そこにはさまざまな安全保護関係が存在していたので、比較的安定した経営を維持できる企業系統であったとしている。こうした系統は非財閥系の企業系統であり、財閥企業系統と大いに異なっていた。財閥企業系統は主に内部金融方法による資金調達に依存していたが、この企業系統では出資と経営の関係が密接であり、主として多様な方法で外部資金を調達していた。また、この著書では、明確に「出資者経営者（出資型経営者）」という新しい概念を提出し、渋沢に焦点を当てて、「出資型経営者」の役割の重要性を明らかにした。このように、この著書の内容はきわめて豊富で、学術研究上の革新と突破を実現し、渋沢の企業活動に関する研究を新しい水準へと引き上げた。

第四は、近代中国との関係についての研究が重視されはじめたことである。渋沢は日本財界の領袖として近代中国との間に多種の関係を形成し、それが研究すべきテーマとされたのである。九〇年代以前の日本の学界では、この問題に関する研究成果は比較的少なかったが、近年、こうした状況は大いに改善され、相次いで重要な研究成果が発表された。その代表的著作は、李廷江『日本財界と辛亥革命』と片桐庸夫「渋沢栄一と中国―その対中姿勢を中心として―」である。前者の『日本財界と辛亥革命』は、主に日清戦争と辛亥革命前後の日本財界の対中関係を対象として、日本財界の核心人物、渋沢栄一、大蔵喜八郎、阪谷芳郎らが果たした役割を考察したものである。この著書によれば、いわゆる日本財界は、経済界、金融界、産業界、実業界から構成される大資本家団体であり、それは政治、経済の二要素を包含し、経済面では日本経済の中枢を握り、政治面では政府と密接な関係を構築していた。日本財界は、巨額な政治資金の提供者としてより高い次元において政治に影響を与える存在として、日本の内外政策を左右しうる政治集団でもあり、甚だしき場合には第二政府とも呼ばれることがあった(10)。こうした日本財界によって日本の対中関係における渋沢の地位も確立されたが、こうしたことを基礎にして、この著書は、渋沢の中国問題に対する具体的な主張を考察し、渋沢が主張した「支那保全論」と「日本のアジア盟主論」を中心にして、渋沢が孫文の委託を受けた南京臨時政府の中央銀行の設立問題、及び渋沢が関与した最初の日中合弁企業である中国興業公司の設立計画問題等を考察・研究した。これらの問題に関する研究を通して、この著書は、日本帝国主義の形成過程においてきわめて重要な地位を占めていた日本財界の対中活動は方途を選ばずひたすら経済利益を求めることに集中して、日本の「大陸政策」の推進に測り知れないほどの役割を果たし、それは軍部の赤裸々な高圧政策、大陸浪人の基層へ点火する運動方式とは比べものにならないものであったが、この三者の相互関係が縦横に絡み合うことで、日中関係における多面性と複雑性が構成されたと結論づけた。また、李廷江は「渋沢栄一、阪谷芳郎らを代表とする日本財界の領袖が推進した対中経済拡張計画、例えば、南京臨時政府の中央銀行設立への参加、中国興業公司の成立と改組、渋沢の訪中の際に行われた会談において提起された経済協力プロジェクト等々、いずれも日本財界による海外市場の開拓、原料産地の略奪と確保、対外経済拡張の強化等といった要求を反映していないものはなかった」[11]と指摘した。片桐庸夫の「渋沢栄一と中国―その対中姿勢を中心として―」は『渋沢研究』において二回に分けて発表された（『渋沢研究』第一五号、第一七号）。この論文は、国際的視点から渋沢と中国との関係を捉え、東亜興業会社と中国興業公司（中日実業会社）及び日華実業協会を重点として渋沢の対中国観を考察した。片桐庸夫によれば、渋沢と密接な関係にあった会社や団体に対する考察を通して、渋沢は「論語算盤一致説」に基づいて中国と共存共栄の関係を築きたいとしていたという。著者がいうには、渋沢の中国認識には二つの面があり、一つは「長い歴史的結びつき、孔子を生んだ国、同文同種の関係を有する隣国」としての中国、もう一つは「西力東漸の時代に連携して対処すべき国であり、天然資源にも恵まれ巨大な市場を有する」中国であった。こうしたことから、渋沢にしてみれば、日本の実業界はより積極的に中国と貿易すべきであったのであるが、しかし、日中関係は彼の思った通りには進展しなかったのである。

第五は、社会と経済発展が要請する実際的必要が重視されたことである。二〇世紀九〇年代以降、渋沢栄一研究は著るしい成果を上げたが、その重要な一つの理由は、「渋沢栄一研究会」と「渋沢史料館」が一九九〇年に渋沢栄一研究の専門誌『渋沢研究』を創設、出版したことであった。同誌は定期刊行物（年刊、九一年には二期を発行）であり、これまで二五期まで発行した。この雑誌に登載・発表された論文からみると、取り上げられた問題点はかなり広範囲にわたっている。例えば、渋沢の労資関係に対処する思想及び経営倫理に関する特定研究、渋沢が取り組んだ民間経済外交活動と思想に関する研究、渋沢の企業家活動方式に関する研究、中国に対する認識と態度に関する研究、渋沢が東アジアの近代化過程に果たした役割に関する研究、渋沢の人倫思想に関する研究、渋沢が近代日本の商業教育の発展において果たした役割や地位に関する研究、渋沢の慈善事業に関する研究、等々であった。これらの成果をもとに、一九九九年、渋沢研究会は『公益の追求者・渋沢栄一』を編纂・出版した。この著書の内容からいえば、これまでの研究の範囲と枠組みを超えるものではなかったが、注目すべきことは、渋沢栄一研究と日本の経済発展が要請する実際的必要との結びつきを重視したことであった。これが近年の渋沢に関する研究の新動向を代表するものとなっている。周知のように、日本経済は、戦後の長期に亘る高度成長期を経て、一九九〇年代以降、前代未聞の挫折に遭遇し、長期の衰退からなかなか抜け出せないでいる。こうした状況について、多くの学者は、日本政府の景気対策の限界を指摘しただけではなく、日本政府が実行する過度の保護政策が戦後日本の企業家の挑戦と革新精神の形成に影響し、それを妨害していると考えた。そのためには、国内外の経済環境が急激に変化し、しかも困難に対応する能力と精神力に欠ける現状に際して、こうした状況を改変するには、改めて近代以来の経済発展の歴史的経験を振り返り、総括する必要があり、前人から知恵と力を吸収し、近代企業家の革新的伝統を継承し発揚する必要があるとした。このようなことを背景として、日本の学界は渋沢栄一研究において以前にまして現実的意義を強調するようになったのである。渋沢研究会編『公益の追求者・渋沢栄一』が提起した問題は、何よりもまず、どのように渋沢栄一研究の現実意義を認識するかであった。この著書は次のように指摘した。「総じて日本は内外ともに大きな転換の渦中にある。その結果、さまざまな取り組むべき課題に直面している。しかし、経済自立、経済大国という戦後日本の国家目標を達成し、豊かさを手中にしたせいか、政財官の関係は公的責務をないがしろにし、公益の陰に隠れて私的利益を追求するために機能したり、官僚が金銭や過剰な接待を企業に要求するなど、政財官の癒着による不祥事を引き起こし、新たな時代に向けての対応能力を失う様相を呈している」。他方、「民間企業の場合にも、バブルを演出した金融機関に代表されるように、多くの企業が自らが私的利潤を追求しながらも、同時に公的ないしは社会的存在であることを忘れ、企業倫理の在り方を問われることになった。個人レベルでも同様の現象が現われている」。しかし、「残念ながら、私達が注目する渋沢栄一は今日いささか忘れ去られた感がある」。渋沢は日本の近代化が急速に推進された激動の時代を「時代の児」として駆け抜けてきた人物であり、とりわけ公益と企業倫理を提唱し、そのために尽力した彼の功績は、現在の企業家の模範になるべきものでもある。今日の日本が大きな節目にあることを思うとき、「多くの示唆や教訓を得るには先人・渋沢は最適な人物である」から、彼の豊かな思想を掘り起こし、困難を克服する知恵と力量を彼から学ぶべきである(12)。

二〇〇五年九月二一日、日本経済評論家の田中直毅は「日本経済新聞」で連載を発表し、制度的革新の追求、公共精神の提唱、行動の合理性の追求、『論語』と経済道徳など、時代の変化と日本が直面する現実とを結びつけて、渋沢という歴史人物を研究することの現実意義を強調した。田中直毅は、渋沢の経済思想や企業家的革新精神が現在の日本の企業家、経済界、延いては日本社会全体に対して重要な啓発的効果があると指摘した(13)。

第二節　中国の学界における渋沢栄一研究

渋沢は、生前、日本商工界と経済界の指導的人物として、明治維新後、三度の中国訪問を行った。特に第三回目の訪問は時間が長く、上海、南京、武漢、北京などの都市を訪問し、中華民国政府から盛大な接待を受け、政界及び商工界の重要人物とも接触した。そのため、この訪問は中国において広範囲な関心を呼び起こし、当時の中国で最も影響力がある「申報」は渋沢の中国訪問を追跡的に連続して報道し、渋沢が講演した主要な内容も紹介した。かつて孫文の訪日の際、同行して翻訳の仕事を担当した戴季陶は、著書『日本論』において渋沢に言及し、渋沢の封建時代における商人の性格に関する論述を大幅に引用した。こうしたことから、中国ではその時からすでに渋沢という人物は知られており、馴染みない人物ではなかった。しかし、現在、収集された歴史資料や関連研究成果をみると、中国の学界において、渋沢を重要な歴史上の人物として専門的に研究した時間は短く、二〇世紀八〇年代以降にようやく始まったにすぎなかった。「改革開放」の急速な発展にともなって、日本に関する問題の研究が重視されるようになった。このようなことを背景にして、渋沢に関する研究も比較的速く進展し、三〇年余りの努力を経て、一定数量の研究成果が積み重ねられ、日本関係の研究学界からも重視されはじめ、いくつかの問題に関する研究では、比較的高い学術的評価を得られるまでになった。

1　渋沢栄一に対する概括的な紹介と評価

二〇世紀八〇年代に入り、渋沢栄一の名前は日本近代史及び日本経済史に関する書籍のなかに相次いで出現した。例えば、一九八七年に出版された『日本歴史人物伝』は、渋沢の人生経験を総合的に紹介した。この著書は、渋沢が近代日本資本主義制度の変革において果たした貢献を肯定し、渋沢が一方において欧米資産階級における私有財産の神聖不可侵性と自由経営の理念を喧伝しつつ、他方では日本の新興資産階級の勢力を強め、その社会的地位を高め、官商合一を鼓吹し、伝統的勢力の障害を取り除き、資本主義的経済制度と経営方式を日本において普及させるための世論作りに積極的な役割を果たしたことを指摘した(14)。また、楊海軍監修の『世界著名商人伝』と朱庭光主編の『外国歴史名人伝』は、それぞれ「日本近代第一の大政商―渋沢栄一」、「渋沢財閥の創始者―渋沢栄一」と題して、渋沢を専門的に紹介した。特に万峰は、著書『日本資本主義史研究』において、渋沢について論述したのみならず、彼に高い評価を与えた。万峰は次のように指摘した。

日本が（西洋からの）移植によって近代的資本主義制度を確立していく歴史過程において、三人の人物が最も影響力のある在野の指導者であった。時には彼らは日本資本主義の創立者とも称されたが、それは福沢諭吉、渋沢栄一、五代友厚であった。福沢諭吉は、資本主義制度の移植においていくつかの仕事を成し遂げたが、どちらかというと著名な啓蒙思想家、教育者であった。五代友厚は早くにこの世を去り、それほど多くの事業を成し遂げられなかった。この三人のうちでは、渋沢栄一が最も突出した人物で、彼は多くの企業、事業を創立し、資本主義の移植のために大きな仕事をなした。とりわけ、彼の経済思想の影響力は巨大であり、日本近代資本主義経営の指導思想になった(15)。

2　渋沢栄一の実業思想に関する紹介と研究

近年に発表された成果からみると、中国の学者の渋沢栄一研究は、彼の実業思想に対する考察、研究に集中している。この問題に率先して取り組んでいるのは、南開大学の王家驊である。彼は、一九九五年に出版した《儒教思想与日本的現代化（儒家思想と日本の近代化）》という著書において、渋沢が主張した「経済道徳合一論」、「公益私利統一論」、「義利統一論」及び「士魂商材論」に含まれる主たる内容を要約・紹介し、その儒学思想の淵源を掘り起こした。王家驊の研究によれば、渋沢の実業思想の立脚点は『論語』の富の概念に対する新しい解釈と運用にあり、その鍵は富を獲得する手段を必ず「道」に合致させることであったと強調し、この「道」は国家利益を基準として自分の行動を制限し規範にするというものであったと指摘した。王家驊は次のようにいう。「渋沢栄一からすれば、個人あるいは企業が利潤を追求し、資本を増加させたとき、それが国力の増強に有益であるならば、まさに光栄であり、大義に適うものであった。渋沢栄一は国家利益ということを媒介にして、経済と道徳を、義と利を、士魂と商才を統一的にとらえかえし、旧来の賤商的義利観を資本主義的商工業の発展に有利な倫理観に転換させたのである(16)」。また、王家驊によれば、渋沢のこの「義利観」は明らかに真の近代的倫理観とは別物であり、社会本位主義を体現したものであって、個人本位主義のそれではなかったが、それは社会の大多数の人々に受け入れられやすいものであったことから、日本経済の発展を推進する大きな精神的力として重要な役割を果たしたとした。さらに王家驊は、渋沢の実業思想はある面では時代を超える意義を有しており、それは日本の儒教資本主義と企業文化（企業と政府間の協力関係、企業における労資双方の調和的関係と団体精神の構築に注目している）の形成に大きな影響を与えたことを看取しうるとした。

渋沢の実業思想の紹介と研究における成果では、張建立の《渋沢栄一経済思想評述（渋沢栄一の経済思想評述）》と劉岳兵主編の《明治儒教与近代日本（明治儒学と近代日本）》が論じた観点も注目すべきものであった。張建立の渋沢の経済思想に対する認識と分析は王家驊の観点と異なる。張建立は、渋沢の経済思想が日本近代資本主義の形成と発展過程において積極的な影響を与えたことを否定すべきではないとしつつも、しかし同時に、渋沢の経済思想のうちには一部の学者によってあまり重視されてこなかった問題があるという。それは彼の経済思想が日本の国家主義を背景として形成されたものであるということであった。張建立によれば、渋沢は水戸学国体思想の影響を受けて、すでに青年時代に日本天皇制国家へのアイデンティティによる忠誠意識を強め、国家社会のために利益を求めることは、国に忠誠を尽くすことであり、そのためには皇室を中心とする国家社会の形成が必要であると考えていたとして、渋沢は皇国史観を採用し、日本の万世一系の皇統の正当性を肯定していたと断じた。渋沢が近代日本の経済発展の原因はその独特な国体にあると結論づけたため、日本国民の大和民族優越意識はさらに強化され、そのことから日本国民を容易に日本統治者が宣揚する国家主義に盲従させ、甚だしきにいたっては盲目的に対外侵略戦争の行列に参加させたという。張建立はその論文において次のように主張した。渋沢は、西洋近代が重視する物質利益の思想を吸収したが、人々の経済活動と道徳との弁証法的関係の視角から、比較的客観的に道徳と経済との合一の必要性を明確にして、儒教が無条件的に利益を追求することを非道徳とみなす観点を改め、西洋の功利主義が汲汲として私的利益のみを追求し、道徳を無視すると曲解されている欠陥を克服した。しかし他方、渋沢の「経済道徳合一説」には欺瞞性があり、虚偽的であることにも注意しなければならないとして、渋沢が積極的に日本の対中国経済侵略に参加した事実からして、彼が主張した「道徳経済合一」は、実際は日本という一国内に限定された「道徳経済合一」論であり、いうところの合理的利益も日本の国家利益にすぎず、中国・朝鮮などのアジア国家の利益ではないとした。張建立はさらに続けて、渋沢の「道徳経済合一」説には道徳の役割を過大評価する傾向があり、そこには明らかな国家主義的傾向も看取しうるのであり、道徳の役割を過大評価し、国家利益を一方的に強調することは、逆に個人の利益追求を抑制することになり、健全な功利意識の育成を阻害すると指摘している(17)。

劉岳兵主編の《明治儒教与近代日本》は、渋沢の経済思想に対する認識には独自性があるとして、渋沢の経済倫理思想は彼の生涯の実践の総括であり、読書を通して得られた「悟道（さとり）」ではないとし、そうであるから、ウェーバーの方法に倣って、儒教思想史のなかに、むやみに彼の思想の根源を探るべきではないとし、次のように指摘した。近代日本では、「義利の辨」はすでに「公私の辨」に変化しており、さらに近代日本の国家思潮の影響を受けていただけではなく、より生々しい伝統的要素、つまり日本社会のなかの「共同体主義」の思想も付加されていたからである。

3　渋沢栄一と張謇の比較研究

二〇世紀九〇年代以降、中日両国学術界の交流はますます頻繁となり、各種のセミナーが開催され、中国の学者による日本の学者の最新の研究成果に対する理解も八〇年代に比していっそう高まった。他方、勉学を終えて帰国した留日研究生及び訪問学者たちは、日本で勉強した研究方法を自らの研究に運用し、新しい問題の探究を重視するだけではなく、両国と密接に関連する問題に対する研究も重視するようになった。このような背景のもと、渋沢栄一研究にも注目すべき新しい動向が現れた。それは主として中井英基の研究に啓発を受け、渋沢と中国近代の著名な企業家張謇に対する比較研究が重視されたことであり、一定の高い学術価値がある研究成果が得られた。その代表的なものは華中師範大学歴史学部の馬敏と筆者周見の研究であった。

馬敏《中国和日本的近代士商―张謇与涩泽荣一之比较观（中国と日本の近代士商―張謇と渋沢栄一の比較）》は、中国の学者による初めての渋沢と張謇の比較研究の学術論文として大いに注目され、評価された。この論文は、渋沢と張謇の人生経歴を紹介し、両者の間には多くの類似点があり、比較対象として取り上げるのに相応しい人物であるとした。その類似の第一は、渋沢と張謇が生きた時代は基本的に同時代であり、二人とも農家出身であった。その後、両者とも政府官僚を歴任したが、官を辞し商に従事する道を歩み事業に成功し、両国の近代化推進に貢献した。第二は、張謇も渋沢も企業家としての価値観と思想理念において非常に近似的であり、両者とも儒教倫理を核とし、西洋資本主義の経営を補とすることを主張した。彼らが商工実業及び企業経営に従事した目的は同一であった。また「義と利」の関係に対する認識も同様で、「義利」の両者を統一することに賛意を示し、道徳倫理に拘束されず、手段を選ばずに私利を追求することに反対した。第三は、渋沢と張謇は公益と教育に熱心に取り組み、深く広い社会関心度を持っていた。以上の三つの事柄から、馬敏は次のように結論づけた。すなわち、張謇に代表される中国の「士商」（紳士かつ商人）と渋沢に代表される日本の「士商」（武士かつ商人）は、思想と性格において、類似した特徴を備えており、近代的西洋の商人とは異なっている。渋沢と張謇の比較研究は、東アジア社会経済の発展過程を把握し、東アジア企業家精神の起源を明確にすることに大いに寄与する。こうして馬敏は、渋沢と張謇の一身上に表現されている近代東アジアの士商倫理を論証し分析した後、深く熟慮すべき問題は次のことであると指摘した。中国と日本の歴史において、それぞれの士商の運命は全く異なっていた。張謇の事業は最終的に失敗に終わり、渋沢は成功を収めた。同じ思想理念でも異なる経営効果をもたらす。企業家の成敗の鍵は理念以外の経済要素にあり、さまざまな経済関係と社会条件ということでは、日中両国は、同時代にあるといっても、同日の談ではなかったのである。[18]

中井英基と馬敏の研究成果は、日中両国における渋沢と張謇の比較研究の展開に重要な促進作用をなした。その価値と意義は次のことにあった。張謇と渋沢に関する研究はそれぞれの分野で豊富にされ、さらに検討すべき問題や人々の思考を啓発する新たな問題も提出され、今後の研究により広い空間を提供した。中井英基と馬敏の後、渋沢と張謇の比較研究は大きな進展をみた。代表的な研究は筆者が著した《近代中日两国企业家比较研究—张謇与涩泽荣一(近代日中企業家の比較研究—張謇と渋沢栄一)》である。この著書は、渋沢と張謇の人生経歴、実業思想、企業活動の目的・方法・内容等について系統的に考察し、具体的な比較を通して、日中両国の異なる政治体制、経済条件、歴史と社会文化が両国の近代企業家の運命を左右した影響を緻密に分析し、新しい視点から日中両国の近代化過程に出現した巨大な差異の根源を探究し、これまでの研究では触れられなかった問題にも言及した。それは次のように要約していうことができる。

第一は、馬敏が指摘したように、張謇と渋沢の実業思想はいずれも儒家倫理を核としていた。この意義からいえば、いわゆる士商は儒商と称してもよいが、両者が主張した儒商思想にはそれぞれ異なる特徴があった。渋沢の儒商思想の出発点は、「忠君報国」にあったが、他方、張謇の儒商思想は、孔子(の弟子有若)が述べた「百姓足らば、君孰れと与にか足らざらん(民の生活が足りていれば、君主はいったい誰と一緒に足りないといわれるのですか)」(顔淵九)という民が豊かになることを優先視する「民本主義経済思想」が主線をなしていた。それは具体的には次の四つ、すなわち「救民、富民、育民、護民」であった。両者間にこのような差異が生じた原因は、両者の実業活動が直面した問題や環境が異なっていたことにあった。清朝政府は当時の社会及び制度的変革の機能をまったく果たしえなかったから、張謇はどうすれば政府が民を思うことに着手できるかを考えなければならず、「仁者愛人」を主張して仁政を施すことにした。こうしたことを根拠にして、張謇の実業思想を論じた。他方、日本についていえば、制度的変革がすでに完成し、どうすれば人々を励まして商工業に身を投じさせることができるかが当面の急務となっていた。こうしたことが渋沢に企業家と国民がいかに君主に忠誠を尽くすかということを考えさせた。こうした観点から、渋沢の実業思想を論じた。両者の対応しようとした焦点には相違があり、張謇が対応しようとして重視したことは、政府がどのようにすべきかの問題に答えようとしたことであったのに対して、渋沢のそれは企業家がいかになすべきかの問題に答えようとしたものであった。また、張謇と渋沢の儒商思想は形成の出発点が異なっていたというだけではなく、それが語る境遇についても大いに異なっていたことを明確にした。渋沢が主張した「経済道徳合一論」と「士魂商才論」は、広範囲に受け入れられ、企業家の普遍的なアイデンティティとしての経営理念になっていった。これに対して、張謇が主張した「非私而私、非利而利（私にあらざるも私であり、利にあらざるも利なり）」という思想はついに大多数の企業家が受け入れる信条や理念とはならなかったことを指摘した。(19)

第二は、近代の中国と日本では、西洋の先進的な株式会社制度の導入と普及に対してどのような態度を採ったかということが、企業家がイノベーション精神を持っていたかどうかを判断する重要な基準であった。張謇と渋沢は、いずれも株式会社制度の導入と普及に熱心であったが、結果からみれば、株式会社制度の近代中日両国での普及程度は大いに異なっていた。その主要な理由は、日中政府のこの過程において果たした役割に大きな違いがあったからである。両国政府の出発点、指導方針、関与措置及び具体的やり方がすべて異なっていた。清朝政府は株式会社制度の知識を普及させることにおいて何もしなかっただけではなく、封建統治を維持するために、一貫して企業活動への直接的な関与を放棄しようともせず、民間企業が経営活動に従事する自由を与えず、支持と支援といったこともある種の特権を付与するだけであった。こうした資本主義市場の競争原則に違反するやり方は、企業の健全な発展に不利であるだけではなく、同時に他の企業の利益や発展する権利をも阻害するものであった。また、官利制度の問題についても言及し、日本の株式会社制度の普及過程に比較して、近代中国では官利制度が長く存続したが、それは中国の資本蓄積が先天的に不足していたという客観的歴史条件によるというよりも、中国政府に近代的経済管理意識や知識が欠けていたからであると指摘した。中国政府は官僚資本主義の既得利益の保護のみに目を奪われ、新興資産階級と企業家の起業意欲を鼓舞し、呼び起こすことに意を払うことはなかった。この官利制度の長期的存続は、近代中国における株式会社制度の導入と普及過程を非常に遠回りさせたことを意味したのである。(20)

第三は、張謇と渋沢の企業活動方式における共通した特徴は、いわゆる「通官商之郵（官と商、政府と企業の橋渡し）」にあった。これに関して、馬敏の研究でも言及されたが、詳しい分析と比較は行われなかった。周見は、張謇と張之洞、渋沢と井上馨との親密な関係を考察することによって、この「通官商之郵」の問題を詳細に分析した。「通官商之郵」という独特な企業活動方式に関していえば、「指導者型企業家」としての渋沢も「紳商型企業家」としての張謇も、いずれも本質的には官と商が結合した「産物」であったことはまちがいない。しかしそれと同時に、近代の日中両国政府の性質（特性や本質）が異なっていたため、どの観点からみても、張謇と渋沢の「通官商之郵」活動は、その特性や本質において大きく異なっていたことに注意しなければならない。例えば、「公（的活動）」という観点から比較してみると、張謇が対応した清朝政府は腐敗を極めた封建専制統治王朝であった。他方、渋沢が対応した明治新政府は「一意に欧米を模倣する」、私企業の合法利益の保護を一切の政策の出発点とする資産階級政府であった。こうした根本的差異が張謇と渋沢の「通官商之郵」の（公的）活動における効果を必然的に異なるものにした。また、「私（的活動）」という観点からみても、張謇が密接な関係を持っていた官僚と渋沢が親交していた官僚とを比べて、彼らは、思想、階級属性、政治態度及び政府における地位などにおいて、明らかに差異があった。こうしたことが張謇と渋沢の「通官商之郵」の（私的）活動にも異なった影響を及ぼしていた。このほか、張謇と渋沢の個人的経歴や地位及び社会環境等の主観的要因も「通官商之郵」活動における思想や意識に影響を与え、そのことから両者間にはいくつかの差異が生じたこと、等々をも指摘した。(21)

4　近年の渋沢栄一研究の新成果

渋沢と張謇の比較研究の展開は、日中両国の学術交流に新しい交流のプラットホームを構築し、中国における渋沢栄一研究の持続的展開に大きな推進効果をもたらした。二〇〇五年、中国張謇研究センター・復旦大学歴史学部・渋沢栄一記念財団の三者が共同主催する第一回「渋沢栄一と張謇の比較研究国際セミナー」が開催された。日中両国及びアメリカ・香港・台湾地域の学者を含む六〇名以上がこのセミナーに参加し、提出された論文も三〇数篇を超えた。論文内容も多岐にわたり、例えば近代産業の発展と社会環境問題、経済思想、経営者の経営倫理問題、社会救済事業問題、教育事業と文化出版事業の問題、等々が提出された。中国の学者による渋沢栄一研究は、張謇研究と比べて相当な隔たりがあったが、以前より視野が広げられ、その後の渋沢栄一研究の発展に大きな影響を与え、そのことによって、近年、多くの新しい成果が発表された。そのうち、以下の二点に関する問題が注目された。

第一は、中国に関連する問題について成果を上げた諸論文であった。金東の「渋沢栄一の日米連合による中国開発とその試み」(22)、「渋沢栄一と日中の西征借款」(23)、「渋沢栄一の対華実業思想における『利権』」(24)、梁紫蘇の「渋沢栄一の対外観の萌芽に関する試論」(25)、李佩・李廷江の「古来興邦、老成に頼る─張謇父子と渋沢栄一」(26)、曹敏・尹雪萍の「葉適と渋沢栄一の義利観の比較研究」(27)、史少博の「渋沢栄一の『論語と算盤』における儒商の道とその啓示」(28)、等々を挙げることができる。とりわけ、金東の「日米連合による対中開発問題」、及び「日中による西征借款の問題」に関する研究は、比較的深く掘り下げて考察されており、中国の学界においては、これまで専門的にこれを考察・論述した者がいなかったから、その研究成果は十分肯定されるべき価値を有していた。そのほか、金東の博士論文《王道与霸道：涩泽荣一対华态度与交往研究（王道と覇道：渋沢栄一の対中態度と交流に関する研究）》は、渋沢の対中外交思想と早期対中経済思想に関する詳細な考察と分析を行った成果であった。

第二は、関係史料の収集と整理において上げられた大きな成果であった。渋沢は、日本財界の核心人物として、直接、日本政府の対中経済拡張政策の制定と実施に参加した。彼は一生のうち、三度中国を訪問したが、三回目の一九一四年の訪中は三五日間の長きに及び、中国の大半を訪問した。この訪問は、両国の関係史上の一重大事件として、日中両国の各方面において大きな関心が寄せられ、両国の新聞各紙も大量の追跡報道と評論を発表した。しかし、遺憾ながら、これまで長期間、中国においても、日本においても、中国の関連報道や評論を収集・整理し、これらを編纂する者はいなかった。今回、『一九一四年の渋沢栄一の中国の旅』[29]が出版され、渋沢栄一研究における史料の空白を補った。疑いもなく、渋沢栄一研究にとって貴重な研究成果であった。この著書は三部からなり、第一部は渋沢栄一、第二部は山座（圓次郎、日本公使）、水野（幸吉、日本参事官）の突然の死、第三部は関連報道と評論である。本書に収録された資料は豊富で、編者は苦労を厭わず大量の調査研究を行い、民国時期の主要新聞、雑誌及び文献を閲読した。こうして、資料の完全性と実用性が保証され、渋沢栄一研究に重要な資料的典拠を提供した。本書の出版は各方面から歓迎され、好評を博し、日本の渋沢栄一記念財団の研究部長木村昌人は次のように評した。本書は中国側が渋沢栄一の訪中をいかにみていたかを研究する際の第一級の資料である。資料として収録された中国各地のメディアによる渋沢一行に関する報道は、きわめて意義深いものであり、本書を通して初めて、第一次大戦前期の欧米各国と日本の中国市場をめぐって展開された行動を詳細に考察することができるようになった[30]。

第三節　今後の課題――さらに深く検討すべき問題

長期の努力と蓄積を経て、渋沢栄一研究が企業家史という新しい研究分野の「一陣地」として、日本と中国の学界に認可された。しかし、これまで本書においてトレースしてきた日中両国の渋沢栄一研究に関する考察と概述からすれば、いくつかの特定問題における研究を除けば、中国の学界の渋沢栄一研究の成果とレベルは日本と比べてまだ大きな隔たりがあり、同じ次元に立っていないといわなければならない。とはいえ、このことから、両国の渋沢栄一研究には、共同して立ち向かわなければならない問題がなお多く存在していることを否定することはできない。今後、共同してより一歩踏み込んだ考察を必要とする問題が数多く存在する。例を挙げてみると以下のようになる。

（一）、これまでの研究成果からすれば、渋沢の政治的立場と態度を対象とする専門研究がいまだ空白状態となっている。いうまでもなく、この状況は、渋沢が実業活動に熱中し、彼自身もかつて何度も政治には興味がないと述べていたことと関係する。しかし、彼のいわゆる政治には興味がないというのは、政治態度や政治観点がないということと同義ではないし、そうした自己表白は歴史事実とも符合しない。実際、渋沢の生活は終始内外政治の渦中にあり、かつて議員選挙に参加したこともある。また、党派政治や内外政策に対して多くの評論をなし、日本財界の領袖として、従事する一切の活動は政治的制約や影響から抜け出すことはできないし、彼の行動はいずれにせよ政治的目的と意義を帯びざるをえないのである。渋沢の政治的立場と態度に対する考察と分析の必要性をどうして否認することができようか。この空白が埋められなければ、彼に対する認識が全面的、徹底的に明確になったということはできない。

（二）、渋沢は日本財界の領袖であり、日本の対中経済侵略と拡張活動の組織者でもあった。三井財閥はこの侵略拡張活動の尖兵でもあり、主力軍でもあった。渋沢と三井財閥は相互に依存しあい、密接な協力関係を構築していた。この両者の関係については、日中両国の学者の研究成果によってある程度明らかにされたが、いまだ豊富とも、系統的ともいえない。今後、より深く探究されるべき問題がいくつか残されている。例えば、史料の発掘や整理が十分ではないということもあるが、いまだに渋沢と三井家族間との事実関係などに関する内幕事情についての研究成果は発表されていない。

(三)、渋沢の対外経済拡張思想には独自性があり、渋沢に関する研究のなかでも特別に注目すべき問題の一つとされている。これまでの研究成果はさまざまな角度からこれについて論述してきたが、多面的な考察と論述に欠けるところがある。本書第三章においても、渋沢の対外経済拡張思想を多面的に分析しようと、「引玉之磚(優れたものを引き出そうと誘い水となる)」の思いで筆を進めたが、未熟を自覚しつつ、より充実した研究が必要であることを痛感している。

(四)、渋沢の中国に対して実施した経済拡張活動は、政界、軍界、独占的財閥との密接な合作(協力)によって実現された。この過程において、渋沢は各方面の重要人物と頻繁に接触し、経済拡張問題に関して数多く協議・討論し、交渉も行った。この活動過程及びその内容を詳しく知ることができれば、対中経済拡張活動の政策決定の内幕(舞台裏)、さらに各界要人の態度及び政策決定過程における役割を究明することに繋がる。現在のところ、関連歴史資料の調査研究やその精査作業があまり重視されていないように思われる。今後の研究に期待される。

以上、総じて、渋沢に関する今後の研究のより充実した発展は研究者たちのたゆまぬ努力にかかっており、学術価値があり、現実的意義のある問題の発掘や検討が俟たれるところである。特に中国における渋沢栄一研究についていえば、以上のような問題について思考をめぐらすと同時に、日本の学界の新動向にも細心の注意を払い、新しい研究方法を学び吸収し、中国の実際が必要とすることに基づいて課題を選択することに重点を置き、中国での研究の特徴を際立たせる必要がある。そうしたことは、両国の渋沢栄一研究の交流及び双方の学術レベルの向上に大きな役割を果たすにちがいない。

注

（1）Ａ・Ｈ・コール著、中川敬一郎訳『経営と社会―経営者史学序説』ダイヤモンド社、一九七三年、一二頁。
（2）同上、九八頁。
（3）森川英正（責任編集）『日本の企業と国家』（日本経営史講座４）日本経済新聞社、一九七六年、六八―七一頁参照。
（4）大島清・加藤俊彦・大内力『人物・日本資本主義３』東京大学出版会、一九七六年、三二六頁。
（5）南京大学外国留学者留学生研修部，江南经济史研究室编《论张謇―张謇国际学术研讨会论文集》江苏人民出版社，一九九一年，二一三―二二二页。
（6）坂本慎一『渋沢栄一の経世済民思想』日本経済評論社、二〇〇二年、一三頁。
（7）同上、二八六―二八七頁。
（8）同上、一八五頁。
（9）島田昌和『渋沢栄一の企業者活動の研究　戦前期企業システムの創出と出資者経営者の役割』日本経済評論社、二〇〇七年。
（10）李廷江《日本财界与辛亥革命》中国社会科学出版社，一九九四年，三二七页。
（11）同上，三三〇页。
（12）渋沢研究会編『公益の追求者・渋沢栄一』山川出版社、一九九九年、四―六頁。
（13）「日本経済新聞」二〇〇五年九月二二、二三、二六、二七、二八、二九、三〇日。
（14）尹文成、汤重南、贾玉琴《日本历史人物传》黑龙江人民出版社，一九八七年，一九二页。
（15）万峰《日本资本主义史研究》湖南人民出版社，一九八四年，一三九页。
（16）王家骅《儒教思想与日本的现代化》浙江人民出版社，一九九五年，一五七页。
（17）南开大学日本研究院《日本研究论集二〇〇四》天津人民出版社，二〇〇四年，三五三页。
（18）马敏《中国和日本的近代士商―张謇与涩泽荣一之比较观》，《近代史研究》一九九六年第一期，一二〇―一三九页。

（19）周见《近代中日两国企业家比较研究—张謇与涩泽荣一》中国科学出版社，二〇〇四年，二二七—二五二页（周見『張謇と渋沢栄一　近代中日企業家の比較研究』日本経済評論社、二〇一〇年、一六七—一九〇頁）。
（20）同上、邦訳書、二二二—二三八頁。
（21）同上、邦訳書、三一六—三三二頁。
（22）金东《涩泽荣一的日美联合开发中国论及尝试》《历史教学》总第六〇九期，二〇一〇年第二〇期。
（23）金东《涩泽荣一与中日征西借款》《阜阳师范学院学报（社会科学版）》总第一四五期，二〇一二年第一期。
（24）金东《涩泽荣一对华实业思想中的〝利权〞论述—以一九一四年访华为中心》《日本问题研究》第二四卷第四期，二〇一〇年。
（25）梁紫苏《试论涩泽荣一对外观的萌芽》《湖北社会科学》二〇一三年第五期。
（26）李佩，李廷江《自古兴邦赖老成—张謇父子与涩泽荣一》《清华大学日本研究（第一辑）》社会科学文献出版社，二〇一四年四月。
（27）曹敏，尹雪萍《叶适与涩泽荣一义利观比较研究》《大江周刊论坛》二〇〇九年八月。
（28）史少博《涩泽荣一《论语与算盘》的儒商之道及其启示》《学术交流》总第一九二期第三期，二〇一〇年三月。
（29）田彤编《涩泽荣一中国行》华中师范大学出版社，二〇一三年。
（30）同上、三页。

訳者あとがき

著者周見氏の前著『張謇と渋沢栄一――近代中日企業家の比較研究』（日本経済評論社、二〇一〇年）の書評を「経営史学会編集委員会」の依頼を受けて書いた時から三年になる。この間、氏は、学術振興会の招聘教授として日本を訪問され、私の勤務する北海商科大学にも顔を出された。その際、渋沢栄一に関する大量の資料を抱えてこられ、北海道の気候の良いところでこれを読破するのですという。私もついつい彼の気迫に圧倒されて、一緒に勉強することになった。渋沢研究の門外漢にとって大変貴重な時間となった。古体文交じりの難解な日本語を彼が中国語に読み取っていく作業をみているうちに、この本が完成したら、今度は私がその中国語を日本語に直しましょうと約束した。彼の勉学の姿勢に圧倒されたからである。

それから約一年半後の二〇一五年の春に周見氏の『涩泽荣一与近代中国（渋沢栄一と近代中国）』が送られてきた。先の「書評」では、「儒学」と日本資本主義の発展との関係が渋沢研究でもっと掘り下げられるべきではないか、さらに日本にとっても、中国にとっても、「西洋事情」は学ぶべき融合対象ではあったが、破棄されるべき帝国主義でもあったのではないか、という疑問をぶつけてみた。本書はこうした私の疑問についていくつかの解答を与えてくれた。それに加えて、本書が紹介する渋沢栄一をめぐる中国の研究者の研究状況についての詳細な情報を通して、中国における渋沢の「経営観」に対する批判的根拠を垣間見ることができた。本書の翻訳作業のうちからこうしたさまざまな理解を得ることができた。

だが、この作業のなかで、また新たな疑問も生じた。渋沢の日本の近代化における歴史役割を評価する際には、渋沢が近代の欧州を経験したことを重視すべきであると周見氏は強調している。その際、周見氏は「兼容併蓄」（丸ごと受け入れる）という中国語を用いて、日本人の他所から物事を学ぶ、模倣する、あるいは受け入れることの態度を表現している。何気ない表現であるので、周見氏がどれほど意識してこの語句を用いたか推測の域を出ないが、私が日頃から考えていることにフイットしたこともあって、近代化の過程における日中間の「西洋文明（西洋の衝撃）」の受け入れ方に対する「文化的」相違が両国の「歴史的環境」の相違以上に重要な要因として作用したのではないかと思われて仕方がない。儒教のシンクレティズム（融合ないし混合）では「鄭声を放ち、佞人を遠ざく、鄭声淫にして、佞人殆し（鄭の音曲は追放し、追従を言う人間は遠ざける。なぜなら、鄭楽は行き過ぎであり、追従を言う者は危険である）」という。これは、いまある文化を破壊するようなものは排斥して、よいものを選んでそれを取り入れるという儒教文化政策の髄を表現したものと解釈されている。しかし、「よいものとする価値判断」を何に委ねて、取捨選択するのであろうか。

渋沢の訪中感想を興味深く読んだ。渋沢は、この時の中国人に「個人主義」と「利己主義」がはびこり、国家的観念の貧困さが当時の中国の大欠点であるとした。このことが儒教文化の形骸化や衰退とどのような関係にあるのか憶測せざるをえないが、儒教文化は異なった文化に接触した時に「兼容併蓄」を排除するものなのか、個人主義・利己主義は本質的に国家主義を排除するものなのか、これらの問題は「文化」範疇の問題なのか。また、昨今、世界において、とりわけ中国においては、「企業の社会的責任」をめぐる議論が盛んであるが、この時の「社会」の捉え方が彼此では異なっている。「社会」は国家を意味するのか、その範囲を超えるものなのか、「責任」は道徳規範の問題なのか、法的規制の問題なのか、こうしたさまざまな問題に波及する課題は、本書を通して得られた私たちの責務でもあるのではないかと考えている。

本書は、周見『涩泽荣一与近代中国』（中国社会科学文献出版社、二〇一五年四月）の翻訳であるが、このうちから、付録として載せられた「渋沢栄一日記摘録（中国関係の活動記載）」は、ここでは割愛した。周見氏が渋沢の日記のうちから、中国関係の記事を摘出した貴重なものであるが、「日記」の原文を記載すべきか、摘録された文章を翻訳すべきか、判断がつかなかったからである。また、本来なら訳者注記とすべき事項もいくつかあったが、著者とのやり取りで原文や注に取り入れても問題がないという了解を得て、訳者注記としなかった。こうした著者との確認作業において、一部であるが段落の入れ替えも著者の了解のもとにおこなったところがある。

本書の訳出にあたっては、北海商科大学博士課程の郭倩さんの献身的な努力に多くを負っている。感謝に堪えない。そのほか、多くの方々の援助があって、本書が完成した。この場を借りて、心から感謝の意を表する。

二〇一六年七月　研究室にて

〈著者〉**周　見**（Zhou Jian）
1951年　中国遼寧省瀋陽市生まれ
現　在　中国社会科学院世界経済と政治研究所教授、経済学博士（神戸大学）
著　書『涩泽荣一与近代中国』（社会科学文献出版社、2015年）
『張謇と渋沢栄一』（日本経済評論社、2010年）
『近代中日两国企业家比较研究―张謇与涩泽荣一』（中国社会科学出版社、2004年）
分担執筆『近代東アジアの経済倫理とその実践』（陶徳民・姜克實・見城悌治・桐原健真編、日本経済評論社、2009年）
『北東アジア地域協調体制の課題』（西川博史・谷源洋・凌星光編、現代史料出版、2009年）
『中国の中小企業改革の現状と課題』（西川博史・谷源洋・凌星光編、日本図書センター、2003年）

〈訳者〉**西川博史**（にしかわ　ひろし）
1943年　北海道生まれ
現　在　北海商科大学商学部教授、北海学園北東アジア研究交流センター副センター長
主要著書『戦中戦後の中国とアメリカ・日本』（HINAS、2014年）
『日本占領と軍政活動』（現代史料出版、2007年）
『日本帝国主義と綿業』（ミネルヴァ書房、1987年）ほか

渋沢栄一と近代中国

2016年10月31日　第1刷発行

著　　者　周　見
訳　　者　西川博史
発 行 者　赤川博昭

発 行 所　株式会社現代史料出版
〒171-0021　東京都豊島区西池袋2-36-11
TEL03-3590-5038 FAX03-3590-5039
発　　売　東出版株式会社
印刷・製本　亜細亜印刷株式会社

ISBN978-4-87785-329-7 C3030
定価はカバーに表示してあります